변방의
인문학

역사의 땅, 중국 변방을 가다
변방의 인문학
ⓒ윤태옥, 2021

초판 1쇄 2021년 12월 17일 펴냄
초판 2쇄 2022년 1월 5일 펴냄

글·사진 윤태옥
펴낸이 김성실
책임편집 박성훈
교정교열 정재윤
표지 디자인 위앤드
본문 디자인 김성은
제작 한영문화사

펴낸곳 시대의창 **등록** 제10-1756호(1999. 5. 11)
주소 03985 서울시 마포구 연희로 19-1
전화 02)335-6125 **팩스** 02)325-5607
전자우편 sidaebooks@daum.net
페이스북 www.facebook.com/sidaebooks
트위터 @sidaebooks

ISBN 978-89-5940-770-5 (03910)

변방의 인문학

역사의 땅,
중국 변방을 가다

윤태옥
지음

시대의창

일러두기

중국의 인명 지명 족칭 등의 고유명사는 외래어 표기법에 따랐으나, 다음과 같은 경우에는 가독성을 높이기 위해 우리말 독음으로 표기했다.

* 행정구역 단위: 성, 시, 현, 진, 향, 촌, 자치구, 자치주, 자치현, 자치기, 민족향, 지구.

* 자연물의 접미어: 산, 강, 하, 령, 호, 해, 봉, 도. 강과 하는 황하를 제외하고는 강으로 통일했다.

* 건축물의 명칭: 자금성, 오문, 신무문, 태화전, 영원성, 산해관, 가욕관, 양관, 옥문관 등.

* 족칭의 접미어는 족으로 했다. 만족(滿族)은 우리의 관행에 따라 만주족자치현 등으로 표기했다.

* 외래어 표기로는 산시성으로 동일한 섬서성과 산서성은, 섬서성과 산시성으로 구분했다.

* 지명의 뜻을 드러낼 필요가 있는 경우(신강, 동북, 성수해), 우리에게 익숙한 일부 지명(대흥안령, 발해, 발해만, 동중국해, 남중국해 등)은 우리말 독음으로 표기했다.

* 행정지명 네이멍구자치구 이외에는 몽골(내몽골, 남몽골, 서몽골, 몽골공화국 등)로 표기했다.

* 만주어로 된 과거의 지명은 만주어 발음을 살려서 퍼알라, 허투알라(외래어 표기로는 보아라, 허투아라) 등으로 표기했다.

자금성은 환관과 궁녀의 좌표일 뿐이고, 창업 군주인 황제는 정작 변방에서 온다. 거칠게 태어나고 치열하게 성장하여 대륙을 제패하면 중원에 깃발을 꽂는다. 사방을 관제하기 제일 좋은 중원에 거하니 황제를 칭하고 자금성을 꿰차는 것이다. 황제는 변방에서 왔지만 황태자는 자금성에서 태어난다. 황태자는 궁녀와 환관과 먹물 대신에 둘러싸여 상속받아 황제가 되지만, 또 다른 변방 어디선가는 그다음 황실을 낳으려는 배란과 수정과 착상이 수없이 일어난다.

동아시아의 역사와 문화를 읽고 중국을 여행하면서 나는 변방과 중원이라는 관념이 조금 더 뚜렷해졌다. 여행객의 좁은 소견이고 귀동냥에 지나지 않지만 내 나름의 역사관이다. 이런 생각은 동아시아 역사를 북방과 남방이 충돌하고 융합해 온 시대의 변천으로 이해하면서 머릿속에 자리 잡은 것이다.

흉노는 한나라를 힘으로 밟고 약탈했지만 중원에 눌러앉지는 않았다. 약탈의 정치경제학에 만족했을 뿐 그것을 넘어서지는 않았다. 흉노와 한나라는 결국 둘 다 시대의 저편으로 사라졌다. 선비족 탁발부는 중인으로 들어와 부위를 세워 북중국을 통일하고는 강제로 호(胡)와 한(漢)을 융합했다. 흉노와는 다른 접근 방법이었다. 북위의 권력자들은 자기들끼리 권력 쟁탈전을 벌이면서 최후의 승자로서 대당 제국을 탄생시켰다. 거란과 여진은 선비족 계통의 당나라와는 달리 호와 한을 분리하여 통치했다. 그들은 말 위의 정복자로서 대륙을 호령했다.

칭기즈칸과 그 후예들은 북방초원에서 사방으로 내달려 세계 제국을 만들어냈다. 흉노와 선비, 거란과 여진과는 달랐다. 동양과 서양을 연결하고 아우르는, 그때까지는 존재하지 않았던 새로운 차원의 세계사를 개창한 것이다. 변방의 만주족 역시 오랑캐란 멸시 속에서 기병했다. 그들은 누르하치에서 건륭제까지, 자금성을 삼키고 중원은 물론 유라시아까지 동아시아 최대 판도의 대청 제국을 이루어냈다.

지금의 신중국 체제는 중국공산당이 변방과 다를 바 없는 상하이의 골목에서 겨우 착상시켰으나, 중국국민당이라는 중원의 힘에 목 졸려 변방에서 변방으로 죽음의 탈주를 해야 했다. 그러나 고난의 장정은 역주행으로 성공을 가져왔고, 결국 중원의 황태자 장제스에게 역전승을 거두었다. 자신들의 공화국을 선포한 것은 곧 승리의 선언이었고, 그것은 천안문에서였다. 모든 거대 권력이 변방에서만 오지는 않았지만 많은 권력은 변방에서 생장하여 중원을 차지했다.

북방의 제국들 사이사이에 송나라 명나라가 있었다. 송나라는 북방의 힘에 눌려 허덕였다. 북송과 남송이라는 왕조의 구분이 송나라의 궁색한 처지를 직설적으로 말해준다. 명나라는 북방으로 통하는 길뿐 아니라 바다로 나가는 길마저 닫아걸었다. 명나라의 쇄국은 조선에게도 같은 정책을 강제했고 두 나라는 19세기 20세기에 걸쳐 해양 세력에게 밟히고 뜯기는 치욕의 시대에 빠졌다. 밖으로는 닫아걸고 안으로는 중원에 웅크리면서 송나라나 명나라나 문화적으로는 융성했다. 무력에 눌린 문사들이 농익은 문화에 빠지면서 북방이라는 정치 외교학을 외면해버린 결과가 아닐까.

남북의 충돌과 융합이라는 생각의 틀은 동아시아 서북을 변방으로 상정한 것이다. 그러나 변방은 지리적으로 서와 북, 동북이라는 나의 고정관념이 황하 발원지에서 깨졌다. 내가 어려서 교과서에서 배운 소위 황하문명은 황하의 중하류 지역에서 발달했다. 황하 전구간을 답사하기로 하고 여행을 준비하면서 나는 황하문명의 근원 내지 역사를 찾아간다고, 관념적으로 주절거렸다. 그러나 정작 황하 발원지에 도착했을 때에는 황하의 발원지는 지리적으로 발원지일 뿐 중원의 문명과는 별개인 세계였고 그곳이 변방이란 것을 뒤늦게 알아차렸다. 동시에 황하가 흘러들어가 강의 형태를 상실하는 바다 역시 변방이 아닐까 하는 생각을 하게 됐다.

중국의 발해, 동중국해, 남중국해로 이어지는 바다, 그 바다와 접해 있는 긴 해안 지대 역시 중원의 시각에서는 변방일 수 있다고 나는 생각했다. 대양으로 나가는 시대에 바다는 역사의 무대가 되었지만 바다를 금지하던 시대에 바다는 경계였고 변방이었다.

거대 권력의 향배를 보면 더욱 그렇다. 거대 권력을 잡고 중원을 꿰찬 황실은 북방에서 온 경우가 많지만 18세기 이후 지금까지 동아시아 대륙을 뒤흔들고 압박하는 힘은 그들이 금지했던 바다에서 있다. 지금도 그렇다. 동아시아의 근현대 역사를 전통적인 대륙 문명과 새로 등장한 해양 문명이 충돌한 것으로 보는 시각이다. 동아시아의 수천 년 역사는, 전통 시대일수록 내륙의 변방과 중원의 충돌이 골간을 이루었지만, 최근 300년의 역사는 대륙과 해양의 충돌을 기본 구도로 해서 전개되어 왔고 앞으로 상당 기간 그렇게 전개될 것이다.

이런 발상을 깔고 중원의 대륙과 변방의 해양이라는 구도에서 바다의 역사를 탐색해 보고 싶었다. 그러나 내 능력도 부족했고 코로나19라는 상황이 심각해지는 바람에 답사 여행을 제대로 시도하지 못했다. 다만 신라, 고려, 조선 등 우리 조상들이 중국 해안 지역에 남긴 흔적들을 짚어보고 음미하는 것까지는 이 글에 담았다. 여행객의 호기심에 지나지 않지만 앞으로도 바다의 역사에 관한 탐구는 책 속으로든 길 위에서든 계속할 생각이다.

이 글의 마지막 한 덩어리는 변방의 조선인 혁명가들에 관해 다루었다. 중원에서 보면 변방의 망국노 출신에 지나지 않았을 것이다. 그러나 한탄에 빠지지 않고 오히려 뜻을 세워 총을 들고 일본 제국주의라는 거대 권력에 혼연히 맞선 사람들. 한국인으로서 역사 본능적인 발상에서 비롯된 것이지만 변방의 중요한 움직임으로 인식할 가치가 있음은 물론이다.

변방이란 여러 가지 생각을 밑자락에 깔고 여행하면서 생각한 것들을 글과 사진과 지도로 정리한 것이 이 글이다. 달리 보면 나의 중국 여행을 변방이란 키워드로 다시 반추한 것이다. 2006년부터 코로나19가 가로막기 전까지 만 14년 동안 나는 중국이란 나라의 영토를 꽤 많이 여행한 편이다. 매년 6개월은 중국 어디선가 혼자 또는 동반자들과 함께 먹고 자고 돌아다녔다.

변방이라고 구체적으로 의식하고 여행한 지역은 서역, 곧 신장이었다. 황량하고 광막한 지역이다. 사람이 살기 어려운 자연환경이지만 뭐라 형용할 수 없는 장엄한 무엇이 나를 감동시켰고 나를 유혹했다. 그렇게 다녔어도 변방의 황량한 매력에 질려본 적은 없다. 지금 글을 쓰는 이 순간에도 사막과 초원과 고비와 설산과 고원이 떠오른다. 그것들이 보여준 한 장면 한 장면은 내 가슴을 두근거리게 한다. 그런 자연 풍광 속에서 역사나 문화라고 하는 것들이 끼어들 여지는 없었다.

그러나 서서히 변화가 일어났다. 황량함을 몇 번이나 반복해서 음미하다가 그 속에 축적된 시간, 세월, 역사 같은 것들이 느껴지고 만져지기 시작한 것이다. 처음에는 천만 년, 억 년과 같은 시간 단위로 나타났다. 그러한 지질시대를 지나 백만 년, 십만 년과 같은 선사시대를 거쳐 역사시대로 다가오면서 몇천 년, 몇백 년, 몇십 년, 때론 최근 몇 년까지 다가왔다. 길 위에서도 그랬지만 집에 돌아와서도 하나하나 찾아보았다. 역사, 지리, 문화, 여행 관련 책들을 읽고 자료들을 찾아 공부했다. 그럴 때마다 "아! 이게 그거였어? 그게 이거였구나! 아, 그래서 그랬구나! 그랬다고?"를 연발하곤 했다. 뒷북으로 하는 중장년의 공부가 주는, 작지만 큰 즐거움이 나를 점점 들뜨게 했다. 그렇게 찾아본 것들을 메모하기 시작했다.

변방을 여행하면서 맥락 없이 떠오른 생각이나, 무심한 시선이 마구잡이로 캐치하는 것들을 구체적인 글로 풀어내고 담아내고 싶었다. 그러자면 그렇게 할 수 있는 지식과 정보를 빌려와야 했고, 이 단계에서 많은 시간을 들였다. 인생은 커닝이고 지식은 빈

대인 내 여행객 처지를 어찌 벗어나겠는가. 힘닿는 대로 관련 도서를 구해 읽고, 많은 선생님에게 수시로 질문했다. 고맙게도 지인들의 추천으로 양서를 수월하게 구했고, 내가 손을 들면 선생님들은 친절하게 답을 해주었다. 잘난 척하고 쓴 글에는 가차 없는 질책이 날아왔다. 뒷골이 서늘하니 혼나지 않으려고 나름 애를 써보긴 했으나, 무지의 여행객이란 본질이 크게 바뀌지는 않았다.

2018년 1월에는 지인의 도움을 받아 부여의 한국전통문화대학교 도서관에 붙박이처럼 자리 잡고 집중적으로 정리했다. 그래서 그랬는지 그해 봄이 되자 나의 호기심에 인연이 따라붙었다. 중앙일보의 지인들과 만나 두서없는 중국과 여행 이야기를 주고받다가 서역의 이야기를 지면에 연재하자는 쪽으로 이야기가 흘러간 것이다. 중앙일보 주말판인 중앙선데이에 〈변방의 인문학〉이란 제목으로 전면 크기의 글을 연재했다. 2018년 8월부터 2021년 8월까지 3년간 37회.

연재를 한다는 것 자체가 내 능력에 비추어 과분한 일이었지만, 연재가 반을 넘기면서는 쌓인 글들이 모아지면 책으로 내겠다고 마음먹었다. 남들이 읽을 만한 글인지, 책으로 묶어내는 것이 가당키는 한 일인지에 대해서는 조심스럽지만, 내 욕심을 스스로 주저앉히지는 않았다. 내 능력은 부족했고 지면은 독자들에게 가감 없이 전달될 뿐이니 결국 이 글은 나의 무지에 관한 자술서가 되고 말겠지만.

이 글은 신장에서 시작해 칭하이와 간쑤를 거쳐 북방초원으로, 동북에서 산해관을 거쳐 자금성으로, 다시 중국의 동해와 남해를 따라 광둥까지, 그곳에서 중국 서남 내륙을 훑어서 옌안까지 다루고 있다. 지도에 그리면 시계 방향으로 크게 한 바퀴 돌았으니 순서상으로도 변방이란 지리적 일관성이 있는 셈이다. 그다음의 마지막 덩어리는 동아시아의 동쪽 변방에서 망국노로 망명해 온 조선인 혁명가들의 이야기이다.

글을 쓰면서 밑에 깔린 생각의 하나는 변방이 남의 나라 먼 땅으로 보이지만 우리와 연관된 역사가 적지 않다는 것을 상기시키고 싶다는 것이었다. 그렇다고 그 땅에 우리의 손길이 닿았으니 그것도 우리 것이라는 소위 '국뽕'식의 억지를 부리자는 것은 결코 아니다. 우리와 관련이 있으니 우리와 그들이 공유하는 역사가 있다는 것이 내 생각이다.

묶음별로 묻혀 넣고 싶은 메시지가 조금씩은 있었다. '1장 서역으로'와 '2장 신장에서'에는 우리의 역사 경험을 남의 나라에 단순하게 대입하는 데에는 좀 더 신중했으면 좋겠다는 생각이 밑자락에 깔려 있다. '3장 북방기행'에서는 동아시아의 남북이 충돌하는 역사를 조금 더 드러내고 싶었다. '4장 만주족 역사'에서는 오랑캐라는, 허무하기까지 한 편견을 물리고 그들의 역사를 역사로 음미하자고 말하고 싶었다. '5장 바다의 역사'에서는 중국의 동해와 남해에서 우리 조상의 국제 교류 역사를 찾아보았다. 해양으로는 특히나 좁았던 나의 시야를 조금이라도 넓혀보고 싶었다. '6장 가까운 오지'에서는 서남의 소수 민족을 다루면서 아름다운 여행을 되새겼다. '위드 코로나'가 열리거든 이런 여행은 어떠냐는 귀띔이다. '7장 변방의 혁명가'에 관한 대서는 그동안 충분히 주목받지 못한 사회주의 계열의 독립운동가를 찾아다녔다.

의욕은 앞섰고 의도는 이러이러했으나 결과물은 앞에서 고백했다시피 부지의 자술을 크게 넘지 못한다. 그저 독자 여러분의 넓은 이해를 구할 뿐이다.

길을 나서기 전에 하나 첨언할 것은 내가 말하는 변방이란 중국의 국경 지대만을 의미하는 것은 아니라는 것이다. 그보다 더 넓게 보는 동아시아의 변방이다. 나는 중국 비자를 갖고 여행했지만 내가 그곳 여행에서 돌아와 말하려는 역사와 문화는 지금의 중국만의 것은 아니다. 오늘의 국가로 말하면 중국과 붙어 있는 여러 나라, 우리나라를 비롯해 일본과 러시아, 몽골, 중앙아시아의 여러 국가들, 서남의 베트남과 동남의 타이완까지 한데 묶어 동아시아라고 생각했다.

그럼에도 불구하고 중국의 영토를 주로 다닌 것은 여행의 편의에 따른 것이다. 어느 해에는 직접 차를 몰고 신장에서 중앙아시아로 건너가려고 했으나 온갖 번잡한 절차와 과도한 비용으로 인해 포기할 수밖에 없었다. 여권과 비자와 세관과 검문소로 나타나는 국경은 여행자의 발걸음을 심하게 제약한다. 나는 이와 적당히 타협했을 뿐, 여행지를 중국에 국한할 생각은 없었고 그건 지금도 그렇다.

변방과 중원이란 용어에 대해서도 한마디 덧붙인다. 변방은 중심이나 수부에서 먼 접경지대이다. 대도시의 화려한 재부나 권력의 심부와는 거리가 먼 지역이다. 변방에 대조되는 중원이란 말은 좀 두루뭉술하다. 고대의 중원은 좁게는 허난성 지역이고, 약간 넓히면 허난성의 동서남북을 합친 지역이다. 지금은 지리적 의미보다는 권력을 다투고 경쟁하는 무대라는 의미가 더 강하고 역사성의 뉘앙스도 담겨 있어 이 글에서는 종종 변방의 반대말로 사용했다.

이 글이 여행객의 여행기에 지나지 않지만 변방과 중원이라는 역사의 한 시각을 음미하는 기회가 되기를 조금은 기대한다. 중국 국경에 접한 몽골공화국, 중앙아시아의 '스탄' 공화국들, 서남의 베트남과 타이완 등을 여행하는 독자들에게도 약간의 참고가 되기를, 그리고 중국 땅을 여행할 때는 조금 더 구체적인 여행 준비에 작게나마 기여할 수 있기를 바랄 뿐이다.

이제 책 속으로 여행을 나설 시간이다. 먼 길 여행을 가자고 초청하고는 서두가 길어졌지만 끝으로 한마디 덧붙인다. 지난 14년 동안 중국에서 놀러 다닌 것을 여행이라 돌려 말하고, 여행에서도 답사라고 과장하면서 스스로 부추기던 나만의 주술을 한번 더 웅얼거려 본다.

학교는 책으로 가는 여행이고 여행은 길에서 읽는 책이다.

목차

1장

서역으로

키질석굴에서 맞닥뜨린 한락연

신장위구르자치구는 면적이 우리나라의 17배 정도 된다. 이렇게 넓은 땅이지만 통째로 오지라고 할 수 있다. 오지란 해안이나 도시에서 멀다는 뜻이다. 세계에서 대양으로부터 가장 먼 땅이 바로 신장이다. 신장의 허리춤에 있는 쿠처에서 가장 가까운 바다는 아라비아해다. 직선으로 2,300킬로미터가 넘지만 히말라야산맥, 칭짱(티베트)고원과 파미르고원, 타클라마칸사막이 가로막고 있다.

쿠처는 신장의 아커쑤 지구에 속하는 현이다. 톈산산맥의 남부, 타클라마칸사막의 북쪽 가장자리를 흐르는 타림강(塔里木河)의 북안에 걸쳐 있다. 투루판에서 카스로 이어지는 실크로드 톈산남로의 중간에 있는 교역의 요충지이고, 인도 불교가 중원으로 전해지는 길목이었다. 정치사로 보면 고대에는 서역 36국의 하나인 구자(龜

몽골공화국

카자흐스탄

톈 산 산 맥

우루무치

키르기스스탄

● 톈산신비대협곡

키질석굴 ○

쿠처

○ 투루판 지구

○ 아커쑤 지구

신장위구르자치구

간쑤성

카스 지구 ○

타림분지

쿤 룬 산 맥

칭하이성

네팔

티베트자치구

키질석굴과 톈산신비대협곡

茲)였다. 한나라가 서역을 '개척'했다고 하는 일부 기간을 제외하면 청나라 이전까지는 중원의 황제가 호령하지 못했던, 멀고 먼 남의 땅이었다.

쿠처는 연평균 강수량이 80밀리미터밖에 되지 않는 대단히 건조한 곳이다. 이로 인해 자연 풍광은 극단적으로 황량하지만 황량함이 오히려 장관을 이뤄 여행객은 찬탄을 내지르게 된다. 옌수이거우(鹽水溝)는 도로 양옆으로 펼쳐진, 자연 그대로의 지질 공원이다. 우주선도 없이 화성에 착륙했다고나 할까, 입장료도 없이 화성의 표면에 내려앉은 느낌이다. 원형 톱니를 세워놓은 것 같은 능선에서 기괴한 형상의 봉우리까지, 상상 그 이상이다. 이 풍광만으로

톈산신비대협곡

도 주눅이 들 만큼 웅장하다.

 옌수이거우를 지나면 톈산(天山)신비대협곡이 나온다. 톈산신비
대협곡은 황량한 외계 행성 같은 옌수이거우와는 달리 붉은색으

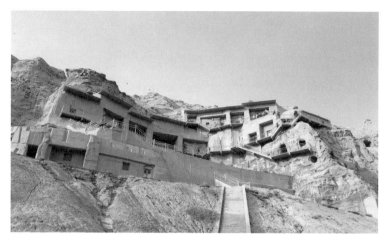

키질석굴

로 두껍게 칠한 거대한 유채화 같다. 주 협곡과 거기서 갈라진 일곱 가닥의 협곡이 모두 5킬로미터 정도 이어진다. 계곡 절벽의 높이가 200미터가 넘지만 폭이 아주 좁은 협곡이다. 마주치는 두 사람이 비켜가기 어려운 곳도 있다. 바닥에 가늘게 흐르는 물이 굵은 모래 속으로 사라졌다가 몇 미터 아래에서 다시 지면으로 솟아나기도 한다. 좁은 협곡 안으로 파고드는 햇살은 최고의 조명이다. 감탄사가 일상의 언어들을 압도하는 풍광이다.

텐산신비대협곡에서 돌아 나오면 쿠처 북서쪽에 있는 키질석굴로 갈 수 있다. 자연에서 인문으로 전환하는 셈이다. 키질(Kizil)은 중국어로 커쯔얼(克孜尔)이다. 중국 땅에서는 최초의 석굴사원으로, 3세기부터 9세기에 걸쳐 조성된 석굴군이다.

인도에서 발생한 불교는 간다라에서 중국으로 전해졌다. 쿠처가 길목이었다. 불교의 전파는 신게로 불상과 불경, 불승 삼보(三寶)가 중국으로 간 것이다. 키질석굴에는 고대의 삼보가 담겨 있다. 석굴 입구에 들어서면 유려한 몸매로 눈을 감은 듯 뜬 듯 알 수 없는 표정의 구마라집(鳩摩羅什) 동상이 여행객을 맞이한다. 불경을 한어로 번역한 초기의 역경가로 유명한 불승이다. 바로 이곳 쿠처에서 출생했다. 구마라집은 401년 장안에 도착해 후진(後秦)에서 국사(國師)로 12년 동안 제자들과 함께 반야경과 법화경, 금강경 등 74부 384권을 번역했다.

구마라집 동상을 지나야 석굴로 올라간다. 지금까지 확인된 석굴은 236개다. 이 가운데 10여 개의 석굴이 일반에게 개방되어 있다. 불상과 벽화 대부분은 훼손되었다. 19세기 말, 20세기 초 탐험대라는 이름을 내건 서양의 문명 도굴꾼들이 저지른 짓이다. 지금도 벽화가 200여 개 굴에 1만 제곱미터 정도 남아 있다지만, 보존 상태가 좋은 상당량의 벽화는 도굴꾼들이 뜯어내 서방으로 가져갔다. 뜯긴 벽화는 서양에서 오리엔탈리즘 수장가들에게 비싼 값으로 팔려나갔다. 현지인들의 오랜 문화와 역사는 그들에게는 돈벌이였고, 그들의 고상한 역사학과 인류학은 신장에게는 약탈의 깊은 상처였다. 특히 독일의 베를린인도예술박물관이 키질석굴의 벽화를 다량 소장하고 있다고 한다. 역사의 유물인 동시에 도굴꾼의 장물이다.

키질석굴 가운데 한국인에게는 특별한 석굴이 하나 있다. 10번 석굴이다. 사진 한 장 찍지 못하게 철저하게 관리하는 석굴인데도, 승방굴 하나를 조선인 한락연(韓樂然 1898~1947)의 기념관으로 조성했다니 놀랍지 아니한가. 한반도에서 3,500킬로미터도 더 되는 이곳, 눈 파란 사람들의 땅에 검은 눈의 조선인 한락연이라니.

아무것도 모른 채 처음 키질석굴을 갔던 그날은 '10번 굴의 충

키질석굴이 걸려 있는 한락연 자화상

격'이라 할 정도였다. 한동안 멍하게 쳐다봤다. 이렇게 멀고 먼 땅, 황량한 사막의 오지, 그것도 불교 석굴사원에서 조선인을 맞닥뜨리다니, 이게 무슨 일인지 가늠하기 어려웠다. 사진 촬영이 엄격하게 금지된 곳이지만 감시원이기도 한 안내원에게 통사정을 하면서 한락연의 자화상을 핸드폰으로나마 정성스레 촬영했다. 안내원은 CCTV 때문에 말로는 촬영하지 말라는 소리를 반복하면서도 얼른 촬영하라는 손짓을 계속해 주었다. 이후에 동반자들과 여행하면서 키질석굴을 몇 번 더 참관했다. 그때마다 동반자들은 한락연이란 존재에 놀라워했다.

처음 키질석굴에 갔다가 아무런 준비 없이 한락연을 맞닥뜨린 그날 밤, 나는 숙소로 돌아와 부리나케 중국 웹사이트에서 한락연을 검색했다. 한락연은 20세기 전반 '중국의 피카소'라고 불렸던 중국 국적의 조선인 화가였다. 서역의 석굴들을 중국 측에서 본격적으로 연구한 초기 전문가 가운데 한 사람이었다. 그래서 승방굴 하나를 그의 기념관으로 조성했던 것이다.

한락연은 단순한 화가나 석굴 벽화 연구자만이 아니었다는 게 내겐 놀라움이었다. 그는 1898년 옌벤의 룽징(龍井)에서 태어났다. 윤동주나 송몽규와 마찬가지로 간도로 이주한 조선인 2세다. 1919년 3·13반일시위를 준비하면서 반세위 태극기를 그린 뒷에 블라디보스토크로 피신해야 했다. 1920년 상하이에서 고려공산당 창건에 참여했고 대한민국임시정부에 들어가 호위위원을 맡았다. 1921년 상하이미술전과학교에 들어가 본격적으로 미술을 공부했다.

당시 임시정부는 독립운동에 아무런 성과도 내지 못한 채 파벌 싸움까지 벌였다. 조선의 젊은이들은 러시아에서 울려온 볼셰비키 혁명으로 시선을 돌렸다. 청년 한락연도 그랬다. 1923년 상하이에서 중국공산당에 가입했다. 조선인으로서는 최초였고, 중국 미술계에서도 최초의 입당이었다. 그는 1924년에 랴오닝성 선양으로 파견되어 중국공산당의 만주 지역 초기 개척자가 되었다. 선양에서 개인전을 열었고 당시 동아일보는 '예술계의 수재'라고 보도했다.

중국공산당의 후원으로 1925년 3개월 동안은 소련에서, 1931년부터 1937년까지는 파리루브르예술대학에서 미술을 공부했다. 중일전쟁이 터지자 귀국했다. 우한에서 저우언라이가 이끄는 동북항일구국총회에서 일했다. 이곳에서 미국인 기자 아그네스 스메들리(주더의 전기 《한 알의 불씨가 광야를 불사르다》의 저자)와 에드거 스노(《중국의 붉은 별》의 저자) 등과 교류했다. 1938년 국공합작 일선에서 활동했고, 1939년 중국인 류위샤(劉玉霞)와 결혼했다. 1940년 봄 시안에서 중국국민당 특무대에 의해 체포되어 공산당 활동 혐의로 투옥되었다가 1943년 가석방되었다.

1944년에는 중국공산당으로부터 간쑤, 신장, 칭하이 등 서북 지역 해방을 위한 비밀 임무를 부여받고 간쑤성의 수도인 란저우로 갔다. 한락연은 공개적으로는 화가이자 석굴 벽화 연구가로 활동했다. 이때 키질과 둔황의 석굴 벽화를 연구하는 한편 현지인들의 소박한 일상을 화폭에 담아냈다.

그러나 불운했다. 1947년 국민당 군용기를 타고 우루무치에서 란저우로 돌아오는 길에 비행기가 추락하고 말았다. 49세였다. 그의 부인은 남겨진 작품 135편을 모두 국가에 기부했다. 지금은 베이징의 중국미술관에 영구 소장되어 있다.

한락연이 세상을 떠나고 40여 년이 훌쩍 지난 1993년, 한중수교 1주년을 기념하여 서울에서 〈조선족 예술혼 천재 화가 한락연 유작전〉이 열렸다. 2007년 대한민국 정부가 광복 60주년을 기념하면서 한락연에게 대통령 표창을 수여했다. 한국의 국립미술관과 중국의 중국미술관이 서울에서 한락연 전시회를 공동으로 열었다. 중국에서는 한락연을 중요한 인물로 기억하고 있다. 옌볜조선족자치주의 룽징시 한복판에 낙연공원이 있다. 그곳에 그의 흉상도 세워져 있다. 내가 중국에서 독립운동 역사를 답사하면서 찾아갔던 공원이다.

키질석굴에서 한락연을 조우하고 나서 나는 나의 알량한 독립운동사 지식을 되짚어 보았다. 일본 제국주의에 사회주의로 저항한 것은 당시 역사에서 거대한 흐름이었다. 어떤 이들은 중국 땅에서의 반제국주의 혁명은 중국공산당이 중심이라고 생각하고 중국공산당에 입당해서 활동했다. 중국의 반일 혁명 투쟁이 우리의 독립으로 가는 지름길이라고 생각한 것이다. 천재 화가 한락연은 물론 광저우기의(廣州起義)의 김산과 김성숙, 허형식을 비롯해 만주 벌판을 피로 물들인 수많은 동북항일연군, 일제가 패망할 때까지 일제와 실제 전투를 벌인 타이항산이 조선의용군도 그랬다. 그들은 서로 다른 곳이지만 같은 아리랑을 부르면서 자신의 일생을 기꺼이 내던졌다. 거대한 역사의 '플래시 몹 아리랑' 속에서 죽어간 이들이다. 한락연도 그 가운데 하나였다.

일제는 패망했지만, 남북 분단과 한국전쟁이란 거대한 비극이 우리를 덮쳐버렸다. 남북 대결 속에서 한락연 같은 인물은, 권력의 입맛에 맞게 꾸며진 역사 교과서에서는 투명 인간처럼 배제됐다. 다행스럽게 1990년대 들어서서 정부는 한락연의 독립운동에 대해 뒤늦게나마 포상했지만, 대중적으로는 여전히 미지의 인물에 가깝다. 우리는 아직도 분단의 편견과 전쟁의 비극이라는 진창에서 충분히 벗어나지 못하고 있는 셈이다. 독립운동사의 지평을 더 넓혀야 하는데, 아직 멀기만 한 걸까.

신장은 우리와의 연관은커녕 중국 땅도 아니라고 생각하기 쉬운 곳. 이런 낯선 오지에서 조선인의 흔적을 대면하는 것이 신기할 수도 있다. 그러나 신기한 일은 아니다. 우리 관념 속에 우리의 역사와 선조들의 활동 영역을 한반도라는 좁은 땅에 좁게 설정해 두고 있으니 그것이 신기하게 느껴지는 것이다. 지리적으로도 생각의 영역을 넓혔어야 하는 역사였고, 그게 오늘의 현실이기도 하다. 이제 신장에 첫발을 내디뎠다.

가욕관까지 갔던 조선 상인 문초운

변방은 국경이라고도 읽을 수 있다. 오늘날 각국이 만든 역사 부도에서는 어느 왕조든 최대 판도만 보여주는 게 대부분이다. 실제로 시대마다 밀고 밀린 국경선을 전부 이어 붙여 동영상을 만들면 춤추는 상모와 같이 요동을 칠 것이다. 그런 면에서 누적된 역사를 종합하여 설정한, 국경선이 아닌 구분선은 역사의 큰 흐름을 이해시켜 주는 좋은 자료가 되기도 한다. 후환융(胡煥庸)라인도 그 가운데 하나이다.

1930년대에 활동한 중국의 역사지리학자 후환융은 당시의 중국을 강우량, 지형, 민족, 인구밀도가 뚜렷하게 대조되는 두 지역으로 구분했다. 헤이룽장성의 헤이허(黑河)와 윈난성의 텅춘(騰衝)을 잇는 직선으로 '서북'과 '동남'을 구분한 것이다. 서북은 대부분 사

후환융 라인

막과 초원으로 인구밀도가 낮은 유목민 지역이고, 동남은 인구밀
도가 높은 농경 지대로서 전통적인 한족 지역이란 것이다. 이것을
후환융라인이라고 한다. 동북까지 한족 지역이라 한 것은 적절치
않지만 그것을 제외하고는 동아시아 대륙의 판세를 음미하는 데
나름의 효용이 있다.

  후환융라인으로 서북과 동남을 구분해 보면, 농경과 유목 두 이
질적인 세력이 상대 지역으로 진출하는 길목이 선명하게 드러난
다. 산시성(山西省)과 간쑤성이 바로 그것이다. 유목 세력이 화북으
로 진출할 때는 산시성을 통과해 타이항산 계곡을 넘었다. 간쑤성
은 후환융라인을 뚫고 서북 방면으로 가늘고 깊이 들어가 있다.
중원의 군대가 서북으로 진출하던 길목이 바로 간쑤성의 하서주
랑이었다.

옥문관

　간쑤성의 서북 끝자락에는 옥문관(玉門關), 양관(陽關), 가욕관(嘉峪
關)이라는 세 개의 유명한 국경 관문이 남아 있다. 둔황 북쪽의 옥
문관과 둔황 서쪽의 양관은 한대에 세워진 것이다. 옥문관은 커다
란 관문의 일부가 사막에 남아 있다. 찬찬히 바라보노라면 회고의
감상이 슬며시 일어난다. 양관에는 봉화대의 흔적이 일부 남아 있
을 뿐 일망무제(一望無際)의 사막이 펼쳐져 있다. 양관이 있었던 자
리를 알려주는 표지에 서서 사막을 바라보면 크기를 묘사하기 힘
든 사막의 풍광에 숨이 멎을 것 같다. 이에 비해 명대의 가욕관은
많은 건축물이 남아 있거나 복원되어 있다. 번성했던 국경 도시라
는 인상이 강하게 남는다. 명대에 다시 쌓은 만리장성의 동쪽 끝
은 산해관(山海關)이고 서쪽 마지막 관문이 바로 가욕관이다.
　옥문관, 양관, 가욕관 세 개의 관문은 한나라와 명나라가 간쑤성
을 통로로 하여 서북으로 힘을 펼쳤다는 것을 보여주는 표지인 셈

양관

이다. 관문은 걸어 닫는 국경이 아니라 양쪽 지역을 이어주는 통로로 음미할 수도 있다. 옥문관을 나선 길은 쿠처로 가서 실크로드 중로로 이어진다. 양관을 통과한 길은 지금의 뤄창, 체모 등 실크로드 남로로 이어졌다.

세 개의 관문 모두 한국인들에게는 거리감이 상당하다. 한대는 2,000년 전이고, 명대라고 해도 600여 년 전이니 우선 시간적인 거리감이 있는 건 당연하다. 지리적 거리 역시 마찬가지다. 우리 쪽으로 조금 가까운 가욕관까지는 어느 정도일까. 인천에서 산둥성 옌타이까지 직선으로 450여 킬로미터의 바다를 건넌 다음, 옌타이에서 고속도로를 타고 2,500킬로미터나 가야 한다. 민항기를 탄다면 베이징이나 상하이에서 환승해야 하는데 당일 도착조차 만만치 않다. 그러니 가욕관까지 걸어서 간다는 것은 상상도 못할 일이다. 그런데 이 가욕관까지 걸어서 간 조선인이 있었다면?

가욕관

있었다. 그것도 1883년의 일이다.

그는 문초운(聞肖雲)이라고 하는 조선 상인이다. 최근 역사학자들이 중국과 한국 양쪽에서 찾아낸 문초운에 관한 기록에 따르면, 그는 간쑤성 가욕관까지 가서 허가 없이 홍삼을 매매하다가 현지 관헌에게 불법 무역으로 적발되었다. 그리고 조선과 청나라가 1882년 체결한 〈조청상민수륙무역장정〉에 근거해서 베이징을 거쳐 조선으로 압송된 인물이다.

조선 사헌부의 심문 기록에 따르면 그는 동지사 사행단에 합법적으로 동행한 상인이었다. 처음부터 불법체류를 한 것은 아니었다. 청심환(약품)을 가지고 베이징으로 갔다가 병 때문에 현지에 남았고, 거지의 처지가 되어 청나라 관헌에 잡혀왔다는 것이다. '거기의 저기' 운운하면서 않는 소리를 했지만 청나라의 기록은 약간 다르다. 문초운은 가욕관에서 삼약(蔘藥)을 사고팔다가 체포됐다.

청의 관원들은 문초운이 무허가 무역을 해서 무역장정을 위반했고, 그래서 윤선에 태워 조선으로 돌려보냈다는 것이다.

문초운은 어떻게 사행단에 동반했을까. 조선의 사행단은 외교 업무만 수행한 것이 아니라 국가 사이의 공무역도 담당했다. 이때 역관들이 실제 무역 업무를 담당했는데 자신들이 직접 하기도 했지만 적지 않은 경우 상인들을 대동하기도 했다. 사행단이 공무역을 시작했을 때에는 자신들의 사행 경비를 충당하는 수준이었다. 그런데 이익이 커지면서 사역원의 재정 수입이 되고, 나중에는 중앙 부처인 호조의 재정 보충 수단이 될 정도였다.

당시 조선의 주요 수출품은 홍삼이었다. 채취에 의존하던 산삼은 18세기 중후반 조선에서 가삼(家蔘)으로 재배하는 데 성공했다. 이를 가공하여 홍삼으로 만드는 제조 기술도 함께 발전했다. 홍삼은 가볍고 보관이 용이한 데다 가격이 비싸 국제무역에서는 조선 최고의 상품이었다. 당시 인삼은 조선의 특색 있는 상품 정도가 아니라 세계시장에서 통용되는 훌륭한 명품이었다. 이미 16세기 동아시아에 대항해 대교역의 시대(5부 '바다의 역사' 참조)가 열렸을 때 동북 지역에서는 인삼이 중요한 교역품이었다. 17세기 초 누르하치가 명나라에 반기를 들고 기병을 한 것은 인삼 교역 때문이었다. 명나라는 여진족에게 인삼 교역권을 부족별로 나눠주면서 여진족을 압박하다가 갈등이 폭발한 것이다.

문초운이 청나라에 남아 장사를 했다는 것도 흥미로웠지만 그가 체포된 지역이 가욕관이라는 게 더더욱 흥미로웠다. 문초운이 베이징에서 병을 이유로 잔류한 것은 있을 수 있는 일이다. 그러나 어떤 경위로 가욕관까지 갔는지는 아직 확인되지 않았다. 상식적인 추론으로, 그는 상인이었으니 당연히 더 큰 이익을 찾아갔을 것이다. 베이징에서 가욕관에 이르는 이동 거리로 봐서는, 괴나리 봇짐에 홍삼 몇 뿌리 넣고 가지는 않았을 것이다. 그 정도로는 길바닥에 깔리는 여비도 충당하기 어려웠을 것이다. 그렇다고 무허가 외국 상인인 만큼 눈에 뜨이는 우마차 행렬도 아니었을 것 같다. 관헌에 적발되었다니 등짐 머슴 두셋 정도는 대동하지 않았을까. 규모가 어떻다고 해도 가욕관까지 갔다는 것 자체만으로도 대단한 상인이었다고 할 수 있다.

지금 문초운을 소환하면서 무역의 역사와는 차원이 다른, 섬뜩한 역사를 떠올리게 된다. 조선 상인 문초운은 전혀 의식하지 못했겠지만, 당시 그가 무허가 장사꾼으로 적발된 가욕관 너머의 신장은 조선과 치명적으로 연결될 뻔했었다. 1864년 신장 지역에서는 반청 농민반란이 일어났다. 그러자 러시아와 밀접한 카자흐족과 키르기스족 사이에서 적지 않은 동요가 발생했다. 러시아는 이들을 보호한다는 핑계를 대고는 군대를 보내 1871년 신장의 이리(伊犁) 지역을 점령해 버렸다. 내부적으로는 농민반란이 일어나고 외부적으로는 러시아에 침입을 당하자 청나라 조정은 국가의 전략적 선택을 심각하게 고민했다. 제한된 국력을 러시아 등이 노골적으로 넘보는 서북 변경의 방어(邊防)에 우선 투입할 것인가, 아편전쟁 이후 서구의 침탈이 계속되는 동남 해안을 우선 방어(海防)할 것인가.

변방과 해방에서 청나라는 변방을 선택했다. 서구 제국주의가 동남 해안에서 밀고 들이오는 것은 교역 기지를 획보하려는 것이지만, 서북 변경을 영국과 러시아가 파고 드는 것은 영토 그 자체가 목적이라고 인식했기 때문이다. 신장이 무너지면 몽골이 넘어가고 그다음은 베이징이 엎어진다는 위기의식이 강력하게 작동한 것이다. 청나라가 만주족과 몽골의 연합 정권이었기 때문에 이런 위기의식을 갖게 되었을 것이다. 아무튼 청나라는 좌종당(左宗棠)을 흠차대신으로 임명해 1875년 신장 반란을 우선 진압하기 시작했다. 좌종당은 성공적으로 농민반란 등을 진압하여 신장에 대한 청나라의 통치력을 회복했다. 러시아는 강점했던 이리 지역을 당연히 반환해야 했지만 순순히 물러나지 않았다.

이때 청나라 주재 영국공사 케네디는 러시아가 해군을 기동하여 청나라를 선제공격할 것이라고 본국에 보고했다. 이것은 영국공사가 본국에 보고한 정세 판단을 위한 기밀 자료가 공개되면서 확인된 사실이다. 놀라운 것은 러시아 해군의 첫 번째 공격 대상이 청나라 영토가 아닌 조선의 원산 주변(Port Lazareff, 함경남도 영흥만)이라는 것이다. 실제로 그렇게 전개되지는 않았다. 그러나 남의 나라의 멀고 먼 변방에서 발생한 청 - 러 갈등이 조선 영토에 대한 선제공격으로 돌출하여 거론되다니, 당시 조선의 국제정치적 위상이 어떠했는지 적나라하게 드러난다.

조선 상인 문초운은 자기 사업을 위해 가욕관까지 진출했다. 상인으로서 직업적 의욕은 대단했고 외국인으로서 낯선 땅에서 시도한 엄청난 도전이었다. 이에 반해 조선의 집권층은 어땠을까. 당사자가 아님에도 불구하고 원산 일대를 공격당할 수도 있다는 긴박한 국제 정세를 제대로 파악이나 하고 있었을까. 이미 열강의 제국주의 전쟁에서 누구나 뜯어먹을 수 있는 먹잇감으로 간주되는 판국이었으니 무엇을 더 말하겠는가. 안으로는 권력과 재부를 독점하여 백성은 빈곤하고 나라는 중병에 들게 했고, 정권 유지를 위해서라면 이 나라 군대를 끌어들였다가 저 나라에 기댔다가를 반복했다. 조선의 권력 엘리트들이 보기에는 하찮은 상인이었겠지만, 그들은 상인 문초운과 비교할 것도 없는 한심한 처지였으니.

역사는 반복된다. 19세기 후반이나 21세기 오늘날이나 국제정치의 본질은 달라지지 않았다. 그것이 130여 년 전의 해프닝이라고 하기에는 뒷골이 서늘하다. 21세기 오늘날 우리의 운명이 관련된 중대한 담판에 당사자로서 정당한 발언권을 제대로 행사하고 있는가. 아니면 19세기 조선과 마찬가지로 그들의 담판에 휘둘리는 부차적인 존재인가. 그들이 그들의 이해관계를 위해 우리를 주물럭대다가 느닷없이 협상의 제물로 던져버리는 일은 과연 없을 것인가. 그런 사태를 사전에 저지할 수 있는 역량과 힘을, 우리는 갖추고 있는 것인가.

카라코람 하이웨이

중국 서북의 변방 신장이 나를 당겼던 가장 큰 매력은 장엄한 자연 풍광이다. 신장 지역에서 보통의 여행객이 쉽게 볼 수 있는 가장 뛰어난 풍광을 묻는다면 나는 주저 없이 카라코람 하이웨이를 꼽는다. 설산과 빙하, 고지대 초원과 호수와 습지가 다채롭게 등장해서 제각각 엄청난 풍광을 보여준다. 전문 등산가처럼 포터를 앞세우고 텐트를 치는 게 아닌, 달리는 차창으로 훤히 보이거나 길가에서 둘러보는 풍광만으로도 그렇다는 것이다.

카라코람 하이웨이는 신장 카스(喀什, 카슈가르)에서 파키스탄 타고트(Thakot)까지 1,032킬로미터이다. 카라코람(중국어로는 喀喇昆侖 카라쿤룬)은 파미르고원에서 동남으로 뻗어가는 산맥의 이름이기도 하다. 중국 구간은 카스에서 훙치라푸(紅其拉甫, 쿤제랍패스) 국경 검문소까지

416킬로미터, 파키스탄 구간이 616킬로미터이다. 카라코람 하이웨이는 파미르고원을 관통한다. 쿤제랍패스 국경 검문소는 해발 4,733미터로 세계에서 가장 높다고 알려져 있다.

1,300년 전 당나라 시대로 돌아가면 현장과 혜초가 인도를 오간 길이다. 고선지의 서역 원정 가운데 소발률국 원정길 상당 부분이 카라코람 하이웨이와 겹친다. 21세기에는 중국이 국가 전략으로 추진하는 일대일로(一帶一路)의 핵심 구간 가운데 하나다. 카라코람 하이웨이는 1960년대 개통할 때에는 고지대라서 '하이'웨이였지만 최근에 도로를 새로 정비해서 그야말로 고속도로 '하이웨이'가 되어 있다. 카라코람 하이웨이를 돌아보지 않을 수 없다.

출발지 카스부터 이국적인 이슬람 풍취가 가득하다. 진한 눈썹과 파란 눈동자의 미남 미녀, 그렇게 예쁠 수 없는 아이들과 살아온 인생을 묵언으로 말할 것 같은 수염 긴 노인들에게 시선을 종종 빼앗긴다. 카스 시내를 벗어나 사막의 평지를 달리다 보면 어

아단지모

느새 산이 보이기 시작하고, 곧이어 아단지모(雅丹地貌)를 만난다. 국도와 나란히 달리는 가이쯔상(盖孜河)의 양안에는 진한 색의 유채화가 펼쳐진다. 흙이 어쩌면 저리 붉을까. 붉은 흙 사이로 연두색 지층이 드러나기도 한다. 검은 돌이 보이는가 하면 밝은 회색의 지층이 조화를 이루기도 한다. 경이롭다.

아단지모를 지나면 곧 검문소를 만난다. 검문소를 통과하면 본격적인 산길, 파미르고원으로 올라가는 길이다. 계곡은 깊어지고 산허리는 가파르고 능선은 까마득하다. 그 위로 쿤룬산맥 서부 최고봉인 궁거얼봉(公格爾峰, 7,649미터)이 솟아 있다. 이 지역은 일대일로의 신규 철도 공사가 한창이다. 고가도로와 터널이 계곡을 직선으로 가로지르고 있다.

고원에 올라섰다 싶을 때 산허리를 돌아가는 순간 기이한 백사산(白沙山)이 눈앞에 나타난다. 환상적인 옥빛 호수의 건너편이다.

백사산

백사산은 사막처럼 보이지만 사막은 아니다. 바람에 날린 모래가 지표면에 달라붙어 생긴 기묘한 지형이다. 모래는 날카로우면서도 유려한 곡선을 그려낸다. 모래의 빛나는 회색과 호수의 옥색 물빛이 환상적인 대조를 이룬다. 백사산을 둘러싸고 있는 설봉들과 푸른 하늘은 여행객으로 하여금 감탄을 쏟아내게 한다. 인간이 사는 세상인지 의구심이 들 정도다.

고원지대를 계속 가다 보면 멀리 설산의 연봉이 보이기 시작한다. 바로 무스타거봉(慕士塔格峰 7,509미터, 등산계에서는 7,546미터로 공인한다)이다. 무스타거봉의 둥근 능선은 고산 반응에 숨이 가빠진 여행객을 편안하게 해준다. 설산 바로 아래의 카라쿠러호(喀拉庫勒湖, 카라쿨러라고도 한다. 해발 3,600미터)의 짙푸른 물은 필설로 형용할 수 없을 지경이다. 호수 주변에 천천히 움직이는 검은 야크 떼는 또 어떠한가.

무스타거봉 주위로는 분지의 초원이다. 초원 하나를 지나면 완

무스타거봉

만한 경사를 한참이나 오르게 된다. 능선에 올라서면 거대한 분지가 발아래로 한눈에 늘어온다. 이렇게 넓은 땅이 한눈에 들어온다는 것 자체가 감동이다. 타하만(塔哈曼)습지가 그다음 순서다. 무스타거봉의 빙하가 녹은 물이 지하수로 내려와 지표를 촉촉하게 적시고 있다.

중국 구간의 끝은 타스쿠얼간현(塔什庫爾干縣, 타슈쿠르간)이다. 아침에 일어나서 해 뜨는 방향으로 조금만 걸어가면 진차오탄(金草灘)이란 습지가 있다. 햇살이 부서지는 습지의 수면이 영롱하다. 그리고 습지를 훤히 내려다보는 언덕 위에 허물어진 고성이 있으니 해발 3,112미터의 석두성(石頭城)이다. 이 높은 고원에 누가 이런 성을 세웠을지……. 입구의 표지에는 한대에 포리국(蒲犁國)이 있었고 당대에는 총령수착(蔥嶺守捉)을 설치했다는 설명이 있다. 이곳에서 카라

카라코람 하이웨이와 고선지의 원정로

코람 하이웨이의 중국 구간이 끝난다. 그러나 한국인의 눈에는 총령수착을 거쳐 파미르고원 한복판으로 진군했던 고구려 출신 당나라 장군 고선지가 등장한다.

고선지는 고구려 유민의 2세이다. 아버지 고사계는 고구려가 멸망하면서 당나라로 끌려와 하서군(河西軍)에 종군했다. 고선지는 하서군이 있던 지금의 간쑤성 우웨이(武威)에서 출생했다고 추정한다. 아버지는 하서군을 떠나 안서도호부(지금의 쿠처)의 장군으로 복무했다. 고선지는 아버지의 후광으로 20세에 유격장군에 등용되었다. 741년 톈산산맥 북쪽의 달해부(達奚部, 돌궐의 일파)가 반기를 들자, 고선지는 2,000명의 기병을 이끌고 토벌했다. 첫 번째 출정에서 공을 세워 안서도호부의 부도호가 되었다.

747년 산악 제국 티베트가 파미르 지역으로 세력을 확대하자 당나라에 복속하던 소발률국 등 일부 나라가 티베트로 돌아섰다. 고

진차오탄에서 바라본 석두성

선지는 원정군 사령관이 되어 보병과 기병 1만 병력을 이끌고 소발률국 원정에 나섰다. 이때 타스쿠얼간의 석두성을 거쳤다. 지옥의 원정길이 시작된 곳이 바로 석두성이다. 고선지는 쿤제랍패스를 넘어 원정 목표였던 연운보(티베트군 주둔지, 지금의 파키스탄 사르하드)로 바로 가지 않고, 먼 길을 돌아 호밀국(지금의 호루그 지역)을 먼저 정복해 식량과 병력을 보충했다. 이곳에서 다시 세 길로 나눠 연운보를 공격하기로 했다. 세 갈래 군대는 검은 새벽을 틈타 정확하게 같은 시각에 서로 다른 방향에서 공격했다. 난공불락으로만 보이던 절벽 위의 사륵성과 연운보는 함락됐다. 경이롭다고 평가되는 대단한 승전이었다.

연운보에서 다시 남쪽으로 진격하면서 최악의 고갯길, 해발 4,703미터의 탄구령(지금의 다콧패스)을 넘을 때에는 속임수까지 써서 지친 병사들을 바짝 끌어당겼다. 산악 제국 티베트는 고산지대에 적응하기 어려운 당의 군대가 이렇게 빠른 속도로 연운보를 정복하고 탄구령을 넘어올 것이라고는 예상하지 못했다. 고선지는 티베트보다 먼저 소발률국을 점령했다. 이것이 전쟁사에서 나폴레옹이나 한니발의 원정보다 더 위대하다는 전투이다.

그러나 이기고 지는 것은 병가지상사, 고선지는 751년 3만의 병사를 이끌고 아바스왕조(수도 다마스커스)의 이슬람 군대에 맞섰지만 탈라스전투에서 패퇴했다. 고선지는 패배에도 불구하고 하서절도사로 전임되었다. 다시 장안으로 돌아가서는 우우림군 대장군(右羽林軍 大將軍)에 임명됐다. 수도권 근위대의 최고 보직이었다. 755년 안녹산의 난이 일어나자 토벌군 부원수로 임명되었으나, 임의로 군대를 이동해 피해를 입혔다는 모함을 받아 결국 진중에서 참형

되었다.

고선지에 대한 나의 감상법은 '고구려인의 기상'과 같은 맥락은 아니다. 고선지에게 기회를 부여한 당나라의 개방적인 시스템이다. 아버지는 망국 유민으로 끌려왔으니 신분상으로 노예와 다를 바 없었다. 그러나 당나라 시스템에서 그는 군인으로 나갈 수 있었다. 아버지가 군인으로 살아간 것은 고선지에게도 기회가 되었다. 아버지 덕분에 젊은 나이에 장교가 될 수 있었다. 그리고 상당한 전공을 세웠다. 업적으로 평가받았고 출세로 이어졌다. 황제의 수도권 근위대 최고직까지 올랐다.

고선지는 고구려 노예라고 욕을 당한 일도 있었다. 소발률국을 정복하고 나서 전승 결과를 보고할 때였다. 고선지는 자신을 총애하던 상관인 안서절도사 부몽영찰(夫蒙靈詧)을 거치지 않고 황제에게 직접 보고를 했다. 부몽영찰은 이에 대로했고 고선지를 거칠게 비난했다. 둘 다 이민족 출신이다. 새로 떠오르는 미래의 경쟁자에 대한 정치적 감정적 견제였으니 거친 언사가 나올 만했다.

중요한 것은, 당나라가 망국 유민의 자식에게도 출세를 허용했다는 것이다. 당나라가 개방적 체제였기 때문에 가능한 일이었다. 그들은 서로 다른 민족과 종교와 문화에 대해 관대했다. 역사학자들은 이것을 '호한융합, 호한체제'라고 한다. 서로 다른 것들이 개성을 유지하면서도 하나로 융합되는 것이 곧 당나라라는 제국 시스템이었다. 그래서 신라인 최치원은 남의 나라에서 과거를 거쳐 관직 생활을 했다. 일본의 엔닌은 당나라에서 많은 것을 배워 자신의 나라로 돌아갔다. 신라 출신 승려 혜초 역시 출신에 구애받지 않고 불공삼장(7세기 당나라 고승. 밀교의 6대조)의 여섯 제자에 당당하게 끼어 있었다. 출신을 가리지 않고 실력과 업적으로 평가받고 보상받는 체제가 아닌가.

어느 사회나 상하층이 나뉜다. 그 사이사이에 출세와 추락의 사다리가 수없이 놓여 있는 법이다. 곳곳에 서로 다른 높이의 사다리가 놓여 있어야 건강한 체제이다. 그것이 당나라였고 그 속에서 출세한 변방 출신 하나가 바로 고선지였다.

고선지 시대에서 1,300년이 지난 오늘의 대한민국은 어떠한가. 어느 분야는 사다리가 하나밖에 없다. 사다리 위에는 끼리끼리 뭉쳐진 기득권의 카르텔이 견고하기 이를 데가 없다. 아래로는 사다리 하나만 늘어뜨린 채 치열한 경쟁만을 강요한다. 사다리를 오르지 못한 사람들을 루저로 천대하는 일이 비일비재하다.

군대는 사관학교라는 사다리 하나만을 허용한 셈이었다. 몇 기라는 딱지가 있어야만 유효한 경쟁에 참여할 수 있었다. 수십 년 지속된 단 하나의 사다리는 결국 사다리 위쪽의 카르텔을 무능과 부패에 빠뜨렸다. 법조인도 마찬가지다. 사법시험을 거치면 연수원 몇 기라는 딱지가 따라붙었다. 초보 시절의 연수원 기수는 환갑을 넘긴 나이에 장관이 될 때뿐 아니라 무덤까지 가져가는 표지가 될 정도로 강력했다. 그렇게 누적된 결과의 하나가 정치 검사와 사법 농단이란 참담한 사건들로 터져나왔다. 검사에 의한, 검찰을 위한, 검사의 수사라는 탄식이 이어지고 있다.

권력 엘리트들만 그런 것이 아니다. 전국에는 크고 작은 공공 도서관이 각급 학교 도서관이나 전문 도서관을 제외하고도 1,096개(2018년)가 있다. 각 도서관의 관장 가운데 애초 전문직으로 채용한 사서가 관장에 보임된 경우는 얼마나 되는가. 국립중앙도서관에 사서 출신 관장이 몇 명이나 있었을까.

외국인에 대해서도 생각해야 한다. 대한민국에 와서 살아보려는 외국인은 과연 고선지와 비슷한 기회를 부여받을 수 있을까. 우리가 필요해서 데려온 외국인도 마찬가지다. 출입국사무소의 높은 문턱에서부터 각종 규제와 주위의 시선에 이르기까지, 수많은 장벽을 쌓아 외국인들을 사회 하층에만 가둬두고 있다. 이런 장벽은 2세에까지 그대로 대물림된다. 망국 유민의 2세로 태어난 고선지의 출세를 '고구려인의 기상'으로만 볼 것은 아니다. 우리가 닫힌 체제에 스스로를 얼마나 가두고 있는지 확인하는 거울로도 삼아야 하지 않을까.

알타이산 남록의 카나쓰호*

이곳은 중국 서북 변방의 북쪽 끝, 카나쓰호(喀納斯湖) 인근의 산장이다. 영하 20~30도, 호수는 얼었고 수면은 눈밭이다. 두꺼운 얼음 아래로 흐르던 물은 얼음이 벌어진 틈을 비집고 계곡으로 흘러나간다. 계곡의 설경은 너무나도 아름답다. 자연의 수묵화다.

알타이[중국어로는 아얼타이(阿爾泰)]산맥 주봉인 타반보그드산 정상(해발 4,374미터)에서 서남으로 85킬로미터 정도 된다. 신장위구르자치구의 카자흐족자치주 아러타이지구 부얼진현에 속한다. 부얼진현 행정 중심에서도 눈 덮인 산길 170킬로미터를 넘고 넘어 돌아와야 한다. 겨울에는 산길에 눈까지 쌓이기 때문에 고가의 사륜구동 랜

---

*이 글은 어느 해 12월 31일을 지내고 새해 첫날을 맞으면서 독자들에게 새해 인사로 쓴 글이다.

알타이산맥과 카나쓰호

드크루저가 카나쓰로 가는 길을 지배한다.

나는 12월 31일 이 마을에 들어와 변방의 설국에서 새해를 맞았다. 독자 여러분께 건강하시라고 인사를 올린다. 몇 해 전부터 꿈꿔오던 '신년 설국 카나쓰'다.

카나쓰는 몽골어로 아름답고 신비한 호수라고 한다. 중국에서 가장 아름다운 시골 마을의 하나로 꼽힌다. 가장 아름다운 가을을 꼽아도 첫 손으로 꼽는다. 여름과 가을이면 수많은 여행객이 몰린다. 알타이산맥에서 남록으로 흐르는 계곡물이 카나쓰호를 이룬다. 옥색 물빛은 환상적이다. 알타이의 만년설이 녹은 물과 넓은 원시림을 적셔주던 빗물이 합쳐지면서 만들어진 호수다.

가을은 아침 물안개가 특히 장관이다. 햇살이 카나쓰호 계곡 안에 스며들면 물안개가 일어난다. 동화에서나 볼 것 같은 아름다운 풍광이 눈앞에 펼쳐진다. 수많은 사진 애호가가 몰려들어 카나쓰 계곡을 셔터 소리로 채우기도 한다. 그러나 10월 초 국경절 연휴와 함께 카나쓰의 여행 시즌은 별안간 끝난다. 막이 툭 떨어져 느닷없이 끝나는 무대 위의 연극이랄까. 6월에 문을 연 객잔과 식당들은 10월 10일이면 대부분 문을 닫고 산 아래 마을로 내려간다. 10월 중순이면 눈이 내리기 시작하고 눈이 쌓이면 일반 차량은 통행이 어렵다. 겨울에는 작심하고 찾아온 소수만이 목도하는 북위 48도의 설국이 된다.

내가 신년을 맞은 카나쓰호의 전후좌우로 알타이란 말이 두루두루 밟힌다. 우리말이 우랄-알타이어족 또는 알타이어족에 속한다고 배운 기억 때문에 귀가 솔깃해진다. 알타이는 몽골어로 황금의 산이란 뜻이다. 알타이산맥의 주봉 타반보그드산에서는 중국과 몽골, 러시아, 세 나라의 국경이 만난다. 그곳에서 다시 50여 킬로

카나쓰호 계곡의 가을 물안개

미터 서쪽에서는 카자흐스탄과도 접경을 이룬다. 타반보그드산을 중국에서는 외교적 터치를 가미해서 우의봉(友宜峯)이라 부른다.

알타이산맥에서 남록으로 흘러내린 물은, 알타이 남부의 커커퉈하이(可可托海) 계곡에서 줄기를 이뤄 흘러온 어얼치쓰강(額尔齐斯河)에 차례대로 합류한다. 이 강은 북류하여 카자흐스탄과 시베리아를 통과해 북극해로 흘러간다. 중국에서 유일하게 북극해로 흘러가는 국제하천이다. 신장에서는 신장 밖으로 흘러나가는 유일한 외류하이기도 하다.

알타이산맥의 남부는 중국 행정구역으로는 아러타이지구(阿勒泰地區)이다. 아러타이 역시 알타이에서 나온 말이다. 이곳에서 동으로 넘어가면 몽골 초원이 끝없이 펼쳐진다. 알타이산맥을 북으로 넘어가면 러시아의 알타이공화국과 알타이주가 이어진다. 알타이공화국은 오이라트 자치주에 속했다가 1922년 자치공화국이 되었다. 알타이공화국과 알타이주에는 6만 7,000여 명의 알타이족이 산다. 알타이족은 시베리아의 다른 민족과는 달리 알타이 지역에 사는 여러 혈통이 하나로 묶인 민족이다. 혈연이 아니라 언어와 문화, 관습 등에서 많은 공통분모를 갖고 있어 별도의 민족으로 구분한 것이다. 이들의 언어를 알타이어라고 한다.

알타이라는 말은 우리말과 민족의 시원에 대한 상상을 자극하곤 한다. 알타이어족은 비교언어학에서 제기된 하나의 가설이다. 많은 언어학자가 19세기부터 아시아의 여러 언어를 비교하여 연구해 왔지만 아직도 증명되지 않은 가설에 머물러 있다. 비교언어학은 인도-유럽어족에서 시작됐다. 서구의 여러 언어가 인도 유럽어족의 조어(祖語)에서 하나의 계통을 이루며 갈라져 나왔다는 것이

카나쓰호의 가을

다. 음운과 문법, 어휘에서 상당수의 비교 연구가 축적되어 완성된 이론이다.

언어학자들은 인도-유럽어족 다음에 아시아의 언어에 눈을 돌렸다. 처음 제기된 가설은 우랄-알타이어족 가설이다. 한국어도 이에 속하는 것으로 분류됐다. 그러나 1930년대 우랄어족과 알타이어족은 일찌감치 분리되면서 우랄-알타이어족설은 진작에 폐기됐다. 그렇다고 해서 알타이어족 가설이 학문적으로 완성된 것도 아니다. 일부 언어학자는 알타이어족 자체를 부정한다. 알타이어족의 여러 언어는 조어가 동일해서가 아니라 교류가 많았기 때문에 유사하다는 것이다. 한 할아버지의 손자들이 아니라, 인접해서 살아온 오래된 이웃일 뿐이라는 것이다. 물론 알타이어족의 존재를 인정하는 학자들도 많다. 그들은 알타이어족의 여러 언어를 튀르크어파, 몽골어파, 만주-퉁구스어파 셋으로 나누고 있다. 모두 50여 개 언어가 이에 속한다고 한다.

나의 첫 번째 관심은 한국어가 알타이어족에 속하는가 하는 것이었다. 학자들의 찬반으로 말하면 반반 정도인 것 같다. 찬성하는 측은 한국어는 알타이어족에 속하며, 알타이어족의 다른 언어와의 친연성이 강한 편은 아니지만, 만주-퉁구스어파와는 비교적 가까운 언어라는 것이다. 그 근거로서 언어의 구조가 비슷한 것, 음운을 대응시킬 수 있다는 것, 문법의 형태소가 일치한다는 것 등을 제시하고 있다.

알타이어족에 속한다는 견해에 대해 반대론도 상당하다. 앞에서 말했지만 알타이어족 자체가 아예 성립하지 않는다고 주장하기도 한다. 알타이어족이 동일 조어에서 나온 어족으로 성립한다고 해도, 한국어가 동일 계통이라고 논증할 수 있는 음운, 문법, 어휘 등이 인도-유럽어족에 비해 빈약하다는 것이다. 최근에는 한국어가 알타이어족에 속하지 않는 어족 분류상의 독립어 또는 고립어라는 주장도 제기되고 있다.

이를 종합하면 한국어는, 만일 알타이어족이 성립된다면 이에 속할 가능성이 크지만, 그에 속하지 않는다는 주장도 만만찮다. 그렇다면 내가 어려서부터 기억하는 알타이어라는 용어는 익숙하기는 하지만, 실제로 우리와 그렇게 가깝지는 않은 셈이다.

가설이라는 것 이외에 내게는 또 하나의 착각이 있었다. 알타이어족은 알타이산맥 인근에 사는 러시아 알타이족의 알타이어가 기준이 되는 어족이 아니라는 것이다. 터키에서 동북아시아까지 알타이어족의 분포 지역에서 알타이산맥이 중간이기 때문에 그 이름을 차용해 명명한 것이다. 알타이족의 알타이어 때문에 알타

카나쓰호 계곡의 겨울

이어족이라고 명명된 것이 아니란 것이다. 알타이어는 알타이어
족 튀르크어파의 킵차크 제어(諸語)에 속한다. 알타이어족의 조어가
분포했던 지역은 중국 서북의 알타이산맥이 아니라 동북의 대흥
안령산맥 일대라고 추정한다는 것도 의외다.

　신년 설국 카나쓰로 떠나는 겨울 여행을 준비하면서 우리나라

에서 발간된 몇몇 언어학 저술을 찾아보았다. 그들의 조사 연구 보고서를 보면 경외심이 생길 정도다. 특정 언어를 사용하는 발화자들을 오지까지 찾아가서는 발화 사례를 일일이 녹음하고, 옛 문헌과 기존 논문들을 하나하나 대조하고, 두서너 언어를 놓고 음운이 대응하는 사례를 찾아내 비교 분석한다. 그 속에서 규칙성을 규명하고, 수많은 어휘들을 점검하여, 차용해서 유사한 것인지 조어가 같아서 유사한 것인지를 규명하려고 한다. 이런 연구 과정은 문외한인 내 눈에는 그야말로 우공이산(愚公移山)으로 보인다. 발굴지 구석에 쪼그리고 앉아 모종삽으로 흙을 한 겹씩 파 들어가거나, 토기 한 조각만 나와도 붓으로 조심스레 털어내는 고고 발굴자들을 지켜보는 느낌이다. 이런 과정을 통해 비교언어학의 벽돌이 차곡차곡 쌓여왔다는 것에 대해 알타이산맥 한구석에서 경의를 표할 뿐이다.

이런 경의의 다른 한편으론 씁쓸한 마음도 있다. 최근 들어 유사 역사에 유사 비교언어까지, 학술의 상식을 훌쩍 뛰어넘어 '아무 말 대잔치'를 벌이는 사례를 종종 목도한다. 수사, 신체어 등의 기초적인 어휘나 고유의 지명 몇 개기 표기나 음상(音相)이 유사하다는 것에서 시작하여 비약에 비약을 거듭한다. 비약의 귀착점은 이미

정해져 있던 결론이다. 민족의 시원을 위대한 선사시대와 화려한 고대사로 마구마구 치장하는 것이나.

자신의 혈통이나 언어의 시원을 찾는 것은 본능이다. 그렇다고 해서 합리적 논증을 건너뛰어 가설을 사실로 단정해 버리거나, 역사를 판타지 소설로 덧칠하는 것은 곤란하다. 그것은 정치적 상업적 목적으로 가공한 조작된 전설이고 꾸며진 신화, 곧 거짓에 지나지 않는다. 광고도 수사적 과장을 넘어서면 허위 광고가 된다. 나는 젊은 시절 킴 베이싱어라는 멋진 배우를 기억하고 있다. Kim이라는 로마자 표기가 같으니 친근감을 표시할 수는 있지만, 그것을 근거로 우리나라의 김해 김씨의 먼 핏줄이라고 주장하면 얼마나 우스운가.

민족의 시원은 찬양하기 시작하면 신앙이 되기 쉽다. 신앙이 되면 객관성을 잃고 일방적인 주장이 되고 만다. 그런 함정에 한번 빠지면 일부 합리적인 추론과 추정마저 도매금으로 버려지기 십상이다. 우리의 역사는 우리만의 역사일 수 없다. 주변의 역사와 더 넓은 세계의 역사와 끊임없이 맞물려 돌아가면서 형성된 것이다. 최소한의 객관성을 유지해야 한다. 물론 역사의 해석은 주관성을 벗어날 수 없다. 그렇다고 객관성을 빼 버린 아무 말 대잔치가 용인되는 것은 아니다. 주관성이란 관점의 차이에 의한 다양한 해석으로서 의미가 있는 법이다.

또 하나 안타까운 것은 알타이어족 여러 언어가 사라져가는 현실이다. 언어의 다양성은 곧 사고와 문화의 다양성이다. 그것이 한 뭉텅이씩 사라지고 있다. 근현대에 걸쳐 문명이 급속하게 발달하고 물밀 듯이 세계화가 진행되면서 19세기 20세기에 초강대국들이 만들어졌다. 언어에서도 그 영향은 심각하다. 미국, 중국, 소련 등의 지배적 언어는 이미 수많은 소수민의 언어와 문화를 증발시키고 절멸시켰다. 지배력이 약한 언어는 사회적 언어에서 가정 내의 언어로, 전체 세대의 언어에서 노인만의 언어로, 결국 언어학자의 논문에서나 발견할 수 있는 화석 언어로 스러져가고 있다.

21세기 들어서서 우리나라 언어학자들이 알타이어족 언어에 대한 현장 조사와 연구를 본격적으로 시작한 것 같다. 한국어 계통론을 우리 손으로 연구한다는 의미도 있고, 사라지는 언어들을 붙들어두려고 노력한다는 의미도 있다. 그러나 취업과 경쟁이 대학의 목을 조르면서 이런 순수 인문학 연구는 외면당하고 있다. 그곳에 우리말과 민족의 시원이 어떻게든 연관되어 있는 것 같은데, 우리 손으로 하는 언어 연구도 답보에 빠져버린 것 같다. 카나쓰호의 겨울은 동화처럼 환각처럼 아름답지만 알타이란 말을 짚어보는 여행객의 마음 한구석은 쓸쓸하다.

한무제의 자책—윤대의 죄기조

　룬타이현(輪臺縣)은 투루판에서 카스로 이어지는 실크로드 톈산남로의 중간에 있다. 타클라마칸사막 북쪽 가장자리의 작은 오아시스 도시에 지나지 않는다. 가까운 도시로 말하면 쿠얼러와 쿠처의 중간이다. 룬타이는 타클라마칸사막을 관통하여 타중(塔中)을 거쳐 민펑현(民豊縣)에 이르는 사막공로(216번 국도)의 출발 지점이기도 하다. 전반적으로는 인구 12만의 작은 현으로 산업이나 관광에서도 뚜렷하게 주목받지는 못한다.

　그러나 룬타이 남부에 있는 타림분지 호양림(胡楊林)공원은 사막의 노란 보물이다. 호양수가 군집을 이룬 호양림은 가을이면 노란색으로 물들면서 경이로운 사막 풍경 하나를 연출해 준다. 눈이 부시도록 푸른 광활한 하늘 아래, 키 큰 호양수의 노란 잎들이 반

룬타이와 신장의 주요 도시

짝이면 황홀할 지경이다. 한번 들어가면 살아 돌아올 수 없다는
타클라마칸사막에도 생명이 풍성하게 존재한다는 것을 보여주는
일례랄까.

　호양수는 극한의 사막에서도 살아남은 생명의 기적이다. 다른
식물들에서는 찾아보기 힘든 생존력을 갖고 있다. 지상으로 30미
터까지 자라는 호양수는 지하 20미터까지 깊이 뿌리를 박는다. 염
도 높은 지하수에서도 염기를 제외하고 수분만 빨아들이는 능력
도 있다. 일반적인 식물이라면 삼투압 현상으로 인해 고염도의 지
하수에 수분을 빼앗겨 고사할 수밖에 없다. 그러나 호양수는 세포
액의 농도가 높아 염기 지하수로부터 오히려 수분을 빨아들인다.
껍질이 아주 견고한 덕분에 수분이 증발되는 것을 막는 한편, 줄
기 안에 대량의 수분을 저장할 수 있다. 그래서 황량한 모래사막

호양림

에 봄여름에는 초록의 잎을 내고 가을에는 환상적인 노란색을 뿜어내는 것이다.

호양수는 살아서 천년 동안 사막을 생명으로 장식해 주는데 죽어서도 그 존재감은 계속된다. 고사목은 천년 동안 넘어지지 않고, 넘어져도 그다음 천년 동안 썩지 않는다고 한다. 사막이란 화폭에 멋진 필획으로 살아남아 있다는 것이다. 사막에 우물이 숨어 있다는 생텍쥐페리의 이야기가 사막을 동화로 장식했다면, 호양림은 찬란한 색과 형상의 조합으로 사막의 실경을 장식한다.

룬타이는 적어도 내게는 아주 인상적인 고대사의 한 장면을 떠올리게 하는 곳이다. 룬타이의 우리말 독음은 윤대, 바로 한무제가 말년에 신하들에게 내린 '윤대의 죄기조(輪臺 罪己詔)'가 바로 이곳 룬타이에서 비롯되었다.

조(詔)는 윗사람이 아랫사람에게 알리는 글이다. 죄기조는 황제

한무제

가 신하에게 자신의 과오를 고백하는 일종의 반성문이다. 한무제의 죄기조는 윤대에 둔전을 설치해서 흉노와의 전쟁을 다시 벌이자는 대신들의 건의에 대한 회답이었다. 한무제는 죄기조에서 지난 43년간 해온 흉노와의 전쟁 등이 자신의 과오였다고 고백하고, 더 이상은 전쟁을 하지 않고 백성을 쉬게 하겠노라는, 전쟁 포기 선언이자 명령이다. 죄기조의 말미는 다음과 같다.

朕即位以来, 所为狂悖, 使天下愁苦, 不可追悔. 自今事有伤害百姓, 糜费天下者, 悉罢之.

현대 중국어: 朕自即位以來, 幹了很多狂妄悖謬之事, 使天下人愁苦, 朕後悔莫及. 從今以後 凡是傷害百姓, 浪費天下財力的事情, 一律廢止!

짐은 즉위한 이후 망령되고 그릇된 일을 많이 저질러 천하의 백성을 근심케 하고 고통스럽게 했다. 후회가 막급하다. 오늘 이후 백성을 힘들게 하고 국가의 재력을 낭비하는 일을 일체 중단하노라!

한나라의 전성기를 열었다던 한무제, 북으로 흉노를 정벌하는 등 사방으로 위세를 떨쳤다던 한무제, 그의 파편 하나를 맞아 고조선도 사망하고 말았던 한무제 ㄱ가 죄기조를 썼다니, 이상하지 않은가. 전성기라는 말은 정상에 다다랐고 곧 쇠락과 하강이 시작된다는 뜻이 숨어 있다. 한나라는 한무제 때부터 망하기 시작한 것이다.

한무제는 한고조 유방으로부터 여섯 황제가 다스리는 동안 계속된 흉노와의 굴욕적인 화친을 깼다. 한무제의 전쟁은 흉노와 43년이나 지속됐다. 전쟁광이란 소리를 들을 만했다. 기동력의 흉노는 지구력의 한나라와 장기전을 견디다가 끝내 부서지기 시작했다. 한나라가 치른 대가도 엄혹했다. 유방 이후 80년 동안 쌓아올린 한나라의 국부가 한무제 단 한 세대 만에 탈탈 털리고 만 것이다.

화친(和親)의 시작은 한고조 유방이었다. 유방은 기원전 200년 흉노에 포위되는 절체절명의 위기에서 화친이란 그럴듯한 이름으로 패배의 굴욕을 포장했다. 이때부터 한나라는 온갖 진기하고 귀중한 물품에 황실의 공주까지 얹어서 흉노에게 바쳤다. 불평등한 국경무역도 허용했다. 외교적 명목은 화친이었지만 실제로는 국가 간 뇌물이자 전쟁 없는 약탈이었다. 흉노도 한나라를 정복하고 지배하기보다는 그들이 필요로 하는 물자를 약탈하는 것에 만족했다. 유방이 사망하고 나서 섭정을 하게 된 여태후는 흉노의 묵돌 선우로부터 '너는 남편이 없고 나는 아내가 없으니 함께 살아보면 어떻겠느냐?'는 치욕적인 서신까지 받았다. 그러나 겉으로는 이에 반발하지 않고 "나는 늙어서 추하니 젊은 처자를 보낸다."는 회신을 보냈다.

황제의 외교는 이랬으나 백성의 살림과 나라의 재정은 크게 달라졌다. 백성이 휴식하면서 유민들이 농토로 돌아왔다. 생산이 늘고, 세수도 증가하고, 국력도 날로 증강되었다. 5대 문제와 6대 경제의 선정을 묶어 문경의 치(文景之治)라고 하는데 바로 이 굴욕적인 화친의 시대였다. 요즘 말로 하면 흉노에게 '퍼주기'를 했으나 흉노와의 전쟁을 회피함으로써 안으로는 풍요로워진 것이다.

당당하게 제위에 오른 7대 한무제(재위 기원전 141~87)는 선조들과는 달랐다. 화친의 굴욕을 파기하기로 했다. 황제의 권위를 만천하에 바로 세우기 위해 대대적인 흉노 정벌 전쟁을 준비했다. 장건을 월지국(月氏國)에 밀사로 파견한 것도 그 일환이었다. 그동안 축적된 엄청난 국부는 든든한 밑천이었다. 기원전 133년 한무제는 드디어 흉노와 43년 전쟁을 개시했다. 돈 퍼주기를 중단하고 폭탄 퍼붓기를 시작한 것이다. 창고를 열어 국가의 재부를 전장의 전비로 퍼부었다. 장군들을 앞세워 병졸과 군마를 전장으로 내보냈다. 흉노는 유목민 특유의 기동력으로 한나라 대군과 승패를 주고받긴 했지만 결국 한나라가 엄청난 국부를 쏟아부은 지구전에 서서히 무너져갔다.

한나라는 어찌 되었는가. 한나라는 오랜 전쟁을 치르느라 국부를 탕진했다. 아들의 출정을 환송하던 아버지까지 병졸로 차출되었다. 그러나 아무도 돌아오지 않았다. 마을의 남정네가 모두 전장으로 사라지고 불행했던 불구자 한 사람만이 운 좋게 살아남았다. 새옹지마(塞翁之馬)에 기실(紀實)이 있다면 바로 이 흉노와의 전쟁이었을 것이다. 초원도 파괴됐지만 중원도 피폐해졌다. 한나라의 인구는 4,000만에서 2,000만으로 반 토막이 나고 말았다. 전쟁은 갈수록 지지부진해졌다. 북방초원의 흉노는 새 떼와도 같았다. 공격을 하면 흩어지고 숨을 돌리면 날아들었다. 황제에게 승전보는 계속 올라왔으나 실제로는 허위 보고투성이였다.

한무제는 전쟁에 지치고 한나라는 재정 적자에 허덕였다. 이런 상황에서 대신들은 또 다른 전쟁 속개 방안을 냈다. 세금을 추가로 걷고 윤대에 둔진제 방식으로 군사를 보내자는 것이다. 대신들은 온갖 명목으로 증세에 증세를 거듭 주장했다. 공공연히 관직을 팔았고 죄수는 돈을 받고 사면했다. 백성들은 징병으로 인구가 감소했고 과중한 세금에 질식하던 농민들은 농토를 떠나 유민으로 떠돌았다. 한무제는 고심 끝에 무의미한 전쟁을 중지하기로 했다. 그게 바로 윤대의 죄기조다.

전쟁이 그쳤으니 한나라는 되살아났을까. 아니다. 후유증은 너무 심각했다. 나라가 피폐해지자 내치에서도 심각한 사건들이 꼬리를 물었다. 흉노에게 항복한 이릉 장군을 두고 조정에서 논쟁이 벌어졌다. 무리한 전쟁을 반대하는 사마천은 이릉을 옹호했다가 사형이 선고되었다. 그는 무모한 전쟁으로 중원의 문명이 망가지는 현실을 역사 기록으로 남기기 위해 궁형을 자처했다. 궁형으로 사형을 면하고는 피눈물로 《사기》를 써 내려갔다.

황실도 무너졌다. 한무제 말년에는 반란으로 몰린 황태자가 자결하는 사건까지 일어났다. 이로 인해 한무제는 멘탈마저 붕괴됐다. 얼마 지나지 않아 기원전 87년 재위 55년 만에 세상을 떠났다. 황태자는 이미 죽었고 제위는 배다른 어린 동생에게 넘어갔다. 더 큰 악순환이 시작되었다. 황제가 어리니 친모인 황태후가 수렴청정을 했다. 친모는 친정 형제들을 끌어들였다. 외척의 정권이 된 것이다. 그 속에서 황제는 환관에 둘러싸여 성장했다. 공부하면 환관이 선생님이었고 식사를 해도 환관이 시중을 들었다. 배변의 뒤처리는 물론 사춘기 남자의 첫 섹스도 환관이 연출해주었다.

그렇게 성장한 황제는 외가가 휘두르는 권력이 원래 자기 것이란 사실을 알아차렸다. 그러나 궁내는 물론 행정부도 외가 일족이 장악하고 있었다. 황제가 동원할 수 있는 힘은 환관밖에 없었다. 환관을 동원해 외척을 몰아냈다. 그랬더니 황제가 원하던 황제의 시대가 아니라 환관의 시대가 됐다. 외척과 훈구 대신은 환관들이 설쳐대는 황제의 친정에 반격을 가했다. 황제는 걸핏하면 독살당하거나 젊은 나이에 병사했다. 다시 갓난아이 황제가 앉혀지고 외척의 시대로 돌아갔다.

집권 세력으로서 외척과 환관이 치고받으면서 한나라는 치유 불능에 빠져들었다. '왕망의 신나라'라는, 개혁을 빙자한 푸닥거리도 그래서 생긴 것이었다. 그 마지막 단원은 곳곳에서 황건적이 출몰하는 삼국시대였다. 껍데기뿐이었던 한나라는 폐기되고 조조 조씨의 위나라를 거쳐 사마의 사마씨의 진나라로 뒤집혔다. 진나라는 팔왕의 난이라는, 사마씨들 사이에 여덟 번이나 연이어 벌어진 궁중 쿠데타 끝에, 한무제가 정벌하려 했던 흉노의 손에 종말을 고했다. 그 사건을 영가의 상난(311)이라고 한다.

춘추전국시대에 백가쟁명이란 문명 차원의 탐색 끝에 구축된 중원 문명이 몰락하고, 이제 5호16국 남북조시대로 넘어갔다. 몰락의 커튼을 열어젖힌 장본인이 바로 한무제였다고 아니할 수가 없다. 유방의 돈 퍼주기를 중단하고 폭탄 퍼붓기를 감행했던 바로 그 한무제.

우리나라에서 멀고도 먼 신장의 룬타이라는 작은 현에서 우리 현대사도 읽게 된다.

남북 문제는 지금 우리가 겪고 있는 고통의 상당 부분을 발생시키는 근원이다. 이념을 핑계로 한 권력 갈등은 민족 대부분이 희생을 당하는 비극의 전쟁으로 터졌다. 그 이후에도 서로의 머리 위에 폭탄을 퍼붓겠다는 위협과 실제 퍼부은 사건은 수십 년간 계속됐다. 잠시 퍼주기를 한 시기도 있었다. 퍼주니 퍼준다는 비난의 폭탄이 퍼부어지기도 했다.

한고조 유방은 퍼주었다. 황제의 권위에 끼얹어진 굴욕을 감수했지만 백성은 편안해지고 나라는 부강해졌다. 한무제 유철은 황제의 권위과 명분을 살리기 위해 폭탄을 퍼부었다. 백성들은 고통스러웠고 나라는 피폐해졌다. 결과는 처음 시작한 의도의 반대가 된 것이다.

국부를 전비로 퍼부을 것인가, 아니면 전쟁 회피 비용으로 퍼줄 것인가는 쉬운 결정이 아니다. 국제정치적인 현실과 국내의 복잡다단한 이해관계를 면밀하게 검토하고 신중하게 대처할, 대단히 어려운 선택의 문제다. 전장에서 퍼부을 것인가, 시장에서 퍼줄 것인가. 권력의 시선과 백성의 일상은 다르다. 역사는 간명하게 보여주고 있다. 윤대의 죄기조가 그것이다. 퍼주라.

2장

신장에서

토르구트의 동귀와 시보족의 서천

　신장의 동부 하미(哈密) 부근에서 시작하여 서쪽으로 달리는 텐산 산맥은 해발 평균 4,000여 미터이고 남북으로 폭이 250~350킬로미터나 된다. 우리의 통상적인 지리 관념으로는 실감이 나지 않는 광대한 산지다. 텐산은 우루무치 부근을 지나면서 주간(主幹)과 남맥, 북맥, 세 갈래로 갈라진다. 넓게 퍼져가는 텐산은 설산 아래로 계곡과 산록을 펼치면서 곳곳에 푸른 초원을 들여앉혔다.

　바인부루커(巴音布魯克)초원은 그 가운데서도 가장 아름답다. 구릉에 구릉이 이어지면서 진하지만 부드러운 녹색의 유채화를 펼쳐준다. 먼 곳에 시선을 던지면 눈부시게 파란 하늘 아래 하얀 설봉들이 이어진다. 눈 녹은 물은 지표를 적시고 강으로 모여 흐른다. 남천(藍天)과 설산과 초원과 강물의 조합이 너무나 아름답다.

바인부루커초원의 사행천

　백조의 호수 톈어호(天鵝湖)도 바인부루커초원에 있다. 설산이 되비치는 호수의 수면에 백조 무리가 우아한 자태를 뽐낸다. 진저리치는 뱀처럼 제 몸뚱이를 이리 휘고 저리 틀면서 장관을 이루는 사행천은 여행객의 시선을 강하게 잡아당긴다. 그 위에 석양이 붉은빛을 쏟아 부으면 그야말로 환상이다. 잠시 후에 깨어나면 이번에는 별들의 대합창이 불꽃놀이처럼 퍼진다. 신장 사람들은 이 초원을 유라시아에서 가장 아름다운 초원이라고 주장한다. 신장에 가기 전, 여행객들은 네이멍구자치구 동북 끝자락에 자리 잡은 후룬베이얼초원에 심취하지만, 바인부루커초원을 보고 나서는 이곳을 첫손가락에 꼽는 데 주저하지 않는다.

　자연의 매혹만 있을 것 같은 초원이다. 그러나 중국 신장위구르자치구 바인궈렁(巴音郭楞) 몽골자치주 허징현(和靜縣)이란 주소가 그곳에 쌓인 역사를 말해준다. 바인부루커초원은 현재는 중국의 영

바인부루커초원

토이지만 과거에는 몽골 사람들의 역사가 쌓인 그들의 강역이었다. 몽골에서 오이라트라고도 하는 서몽골의 토르구트족(중국어로 土爾扈特투얼후터) 사람들의 땅이다.

1771년 어느 여름날, 당시 청나라의 국경 지대인 이리강(伊犁河)의 강변. 청나라 군대의 한 장수가 8~9만(4만 3,000명으로 추정하기도 한다)명에 이르는 부중(部衆)을 맞이했다. 장수는 석백영(錫伯營) 총관 이창아(伊昌阿), 이창아가 맞이한 부중은 우바시가 이끄는 토르구트족 사람들이었다. 이들은 몽골 오이라트의 내전을 피해 3,000여 킬로미터나 서쪽으로 집단 이주를 했다가 143년 후에 다시 옛 땅으로 돌아온 것이다. 7개월에 걸쳐 러시아의 추격군에게 시달리던 이들에게, 청나라는 식량 창고를 열어 구휼하고 아름다운 바인부루커초원을 그들의 목양지로 내주었다. 이들은 왜 떠났고, 청나라는 왜 이들에게 호의를 베풀면서 받아들였는가. 그 이면에는 만주족과 몽골이 주연과 조연으로 등장하는 거대한 북방의 역사가 있다.

청나라는 이전의 명나라나 지금의 신중국보다 훨씬 넓은 판도를 이룬 동아시아 최대의 제국이었다. 서쪽으로는 신장을 넘어 카자흐스탄의 발하슈호까지, 북으로는 지금의 몽골공화국 영토까지 모두 복속시켰다. 동으로는 우수리강과 아무르강에서 태평양 연안에 이르는 광활한 땅도 전부 청나라였다.

청나라는 중원의 문명을 통째로 삼켰을 뿐 아니라 명나라를 연접하여 둘러쌌던 몽골, 신장, 티베트 등 변방을 전부 정복하면서 대제국을 세웠다. 청에게 정복당한 명나라는 서북으로는 장성을 쌓고 동남으로는 정화의 방대한 항해 기록을 태워 없애면서까지 쇄국을 했다. 명나라와는 달리 청나라는 광활한 영토에 서로 다른 민족과 체제와 문화가 공존하게 함으로써 한 차원 높은 제국을 세웠다. 그야말로 대청(大淸)이란 제국이었다.

대청 제국은 민족의 구성과 연대란 측면에서 만주족이 몽골을 동맹으로 끌어들여서 이뤄낸 거대한 업적이다. 몽골은 광대한 지역에 여러 부로 나뉘어 있었다. 만주족은 이들을 하나하나 복속시켜 자신들의 팔기(八旗) 체제 안에 흡수했다. 그러고는 혼인과 교육과 회맹(會盟)을 통해 동맹으로 촘촘하게 얽어맸다. 만주족 황제의 황후나 비빈 가운데 상당수가 몽골 수장들의 직계가족이다. 그러나 동맹으로 품어 들이지 못한 몽골의 나머지 부족들은 만주족 황제들에게는 가장 위협적인 존재로 인식됐다.

17세기 몽골은 남몽골, 서몽골, 북몽골 셋으로 나뉘어 있었다. 대략적으로 말하자면 지금의 중국 네이멍구자치구, 신장위구르자치구, 몽골공화국에 각각 해당한다. 청나라가 흥기하던 17세기 전반 남몽골과 북몽골은 이미 만주족의 리더십 안으로 들어와 있었다. 멀리 떨어진 서몽골, 곧 오이라트는 쉽게 복속되지 않았다. 오이라트는 준가르, 호쇼트, 호이트, 토르구트 등으로 구성되어 있었다. 이들은 준가르를 주력으로 하는 유목국가를 이뤘고, 그 위세가 당당했다.

청나라와 준가르는 1690년 베이징에서 300여 킬로미터밖에 되지 않는 츠펑(赤峰) 인근에서 첫 전투를 벌인 이후 1758년까지 70년 가까이 상쟁했다. 최후의 결과는 청나라의 승리였다. 청나라는 최후의 순간 준가르에 대해서는 가혹했다. 60만 인구의 90퍼센트를 죽이거나 포로로 잡아감으로써 준가르를 절멸시켜 버린 것이다. 그러고는 광대한 서역 땅을 통괄하여 새로운 강역이란 뜻으로 신장(新疆)이란 명칭을 부여했다. 그래서 지금도 신장이다. 만주-몽골 동맹에 편입되지 않았던 서몽골에 대한 불가역적 승리를 선언

한 셈이다.

준가르가 청나라와 본격적으로 상쟁하기 전, 지금의 신장 서북부 타청(塔城) 지역에 살던 토르구트는 준가르의 압박에 시달렸다. 그들은 1628년 서쪽으로 이주하기 시작했다. 카자흐초원을 지나 우랄강을 넘어, 볼가강 하구에 자리를 잡았다. 3,000킬로미터에 가까운 대이동이었다. 그러나 얼마 지나지 않아 러시아가 동진해 왔다. 러시아와 정치적 협력과 군사적 갈등이 교차했으나 러시아의 간섭은 갈수록 심하고 거칠어졌다. 토르구트는 결국 러시아의 간섭에서 벗어나 조상의 땅으로 돌아가기로 결정했다. 1771년 1월 초 다시 고난의 행군에 나선 것이다.

청나라 입장에서 토르구트의 귀순은 커다란 정치적 선물이었다. 몽골의 마지막 유목국가 준가르를 힘으로 정복하고 절멸시켰는데, 얼마 지나지 않아 과거 서몽골 오이라트의 일파였던 토르구트가 자발적으로 귀순해 온 것 아닌가. 귀순해 온 사람들을 구휼하고 받아들임으로써 신장은 이제 완전히 청나라의 영토라는 것을 만천하에 재확인한 셈이었다.

건륭제는 토르구트의 수장인 우바시를 열하(지금의 청더 承德)의 피서산장으로 불렀다. 우바시는 호위병들과 함께 3,000여 킬로미터나 되는 길을 이동해서 건륭제를 알현해야 했다. 피서산장은 애당초 청나라 황제가 변방 제민족의 수장들을 접견하고 회동하던 북방 통치의 중심지였다. 건륭제는 손수 토르구트의 귀순기와 구휼기 두 편의 글을 쓰고 이를 비석에 새기게 했다. 두 개의 비석은 피서산장의 외팔묘(外八廟) 가운데서도 가장 규모가 큰 보타종승지묘 안에 세워졌다. 비문은 만문, 한문, 몽골문, 티베트문 등 네 개의 문

토르구트의 귀환을 묘사한 역사화

자로 새겼다. 이것은 청의 황제는 '만주의 한이자 몽골의 대칸이고 티베트의 차크라바르틴(극락정토의 불법을 현세에 구현하는 존재)이자 중원의 황제'라는 화려한 정치적 선언이었다.

　이리강에서 펼쳐진 토르구트의 귀순 장면에는 또 하나의 드라마가 삽입돼 있다. 토르구트를 맞이한 석백영 총관 이창아가 그 주인공이다. 석백은 신장의 정반대편인 동북에 살던 시보족의 한자 표기이다. 시보족은 대개 몽골계로 분류된다. 남천하지 않고 남은 선비족의 한 갈래인 실위(室韋)의 후손으로 추정하기도 한다.

　1758년 청나라가 준가르를 멸망시킨 결과, 이리강 일대는 사람이 없는 빈 땅이 될 형편이었다. 그러나 이 지역은 몽골에 대한 지배력을 유지하기 위한 중요한 거점이었다. 청나라는 성채를 건설하면서 이곳에 영구 주둔시킬 병사들을 차출했다. 이때 시보족도 선발 대상이 됐다.

시보족 가운데 20~40세의 병사 1,020명과 가족 3,275명이 차출되었다. 이들은 1764년 4월 18일 선양의 가묘(家廟)에 집결하여 제사를 지내고 친인척들과 작별을 했다. 15개월 동안 몽골 초원을 가로질러 알타이산을 넘어 이리 지역까지 장장 4,000킬로미터 가까이 이동했다. 이것을 시보족의 서천(西遷)이라고 한다.

시보족은 신장에 도착해서 병사로서의 의무를 다했을 뿐 아니라 스스로 농지를 개간하고 경작도 해야 했다. 석백영은 이들 시보족으로 조직된 청나라 군대이자 행정조직이다. 이들의 후손은 지금도 이리 카자흐자치주의 차부차얼(察布查爾) 시보족자치현에 많이 살고 있다. 이들은 4월 18일을 서천절이라 하여 민족의 중요한 기념일로 삼는다. 현대에 들어와서는 선양의 시보족과 신장의 시보족이 상호 방문을 하기도 한다. 시보족은 만주어를 사용했다. 지금 만주족의 언어는 사어로 간주되지만 일상에서 만주어를 사용하는 극소수가 있으니 바로 신장의 시보족이다.

잠시 이리강 강변으로 다시 돌아가보자. 3,000여 킬로미터 고난의 행군으로 동귀해 온 토르구트를, 4,000여 킬로미터를 서천해 온 시보족 장군이 맞이하는 광경, 그 자체는 각론이다. 총론은 그것을 둘러싸고 있는 만주와 몽골의 북방 동맹이랄 수 있다. 숫자만으로도 그 크기에 놀랄 만하다. 우리에게는 실재하지 않는 거리들이다.

이 역사 드라마를 보면서 누구나 각자의 발상이 있을 수 있다. 나는 그 무대와 그 거리를 음미한다. 우리의 육로는 자동차로 네댓 시간이면 바다나 DMZ에 막혀버리고 만다. 큰 나라에 기대어

안온할 수도 있지만, 닫힌 사고에 갇힐 수도 있다. 우리 역사는 동아시아의 북방 또는 변빙과 맥을 같이해온 게 많다. 고조선은 물론 고구려의 삼국시대, 고려와 발해의 남북국시대가 그랬다. 그러다가 조선에 와서는 소중화를 자처하면서 반도의 나라로 굳어진 것 같다. 우리는 동귀서천의 대하드라마를 보면서 반도 안으로 고착된 우리의 상상력을 넓힐 수 있을까? 그랬으면 좋겠다.

끝으로, 토르구트가 고향으로 돌아가기로 했을 때 볼가강 서안에 있던 토르구트는 귀향길에 합류하지 못했다. 강이 얼어야 건널 수 있는데 약속한 그날까지 강이 얼지 않았던 것이다. 동귀에 합류하지 못했던 잔류자들이 살던 볼가강 서안은 지금 러시아연방의 칼미크공화국이다. 칼미크란 말은 투르크어에서 남은 자를 의미하는 '칼막'에서 유래한 것이라고 한다. 남은 자들은 아직 그곳에 살고 있다. 그들에게 조상의 고향이 어떤 의미인지는 알 수 없지만.

치열한 역사가 남긴 미라 ― 폐허삼제

도시와는 달리 사막의 폐허에서는 심미안도 다르게 작동한다. 보이는 것은 오직 폐허뿐인데 오로라와 같은 환상이 자꾸 덧칠해진다. 살 수 없는 곳이지만 찾아보고 잠시라도 머물고 싶다는 여행자의 로망이 퍼덕거린다. 노숙이라도 하면 검은 하늘의 밝은 별 사이로 은하철도999가 내게 날아올 것 같기도 하다. 그러다가 언젠가 다시 오겠다는 기약 없는 다짐까지 한다. 나는 지금도 폐허의 미학에서 자유롭지 않다. 오히려 그 기억을 즐기며 이 글을 쓰고 있지 않은가.

사막에는 우리의 상상 이상으로 폐허의 고성들이 많다. 이들 폐허는 일정한 패턴을 갖고 있는 것 같다. 사막이기 때문에 물이 나오는 오아시스에 사람이 살기 시작하고, 주로 상인들의 이동이 빈

교하고성, 렁후석유기지 그리고 통만성 위치

번해지면서 작게나마 도시를 이룬다. 그러다가, 자연재해도 있지만 주로 정치 군사적인 이유로 사람들이 일시에 떠난다. 다른 사람들도 오지 않고 사막은 빈 도시를 바람과 모래로 덮어버린다. 오랜 시간이 흐른 다음 누군가가 찾아낸다. 시신은 미라로, 건축물은 폐허로 나타난다. 폐허라지만 귀중한 사초(史草)들이다.

중국 서북의 변방에서 일반인에게 가장 잘 알려진 사막의 폐허는 투루판의 교하고성(交河故城)이다. 건조 지대에서는 강물이 흐르면서 양안을 수직으로 깎아내리곤 한다. 양안이 파일수록 협곡이 깊어지고 물길의 수위는 하강한다. 이런 물길이 갈라졌다가 다시 모이면 가운데 땅은 외부와 차단된 대지(臺地)가 된다. 강물은 천혜의 해자(垓子)가 되고 침식된 협곡의 직벽이 곧 성벽이 되는 셈이니 외적 방어에는 최고의 성터가 된다. 교하고성이 이런 지형이다.

교하고성

　교하고성의 지반은 강물이 수천 년간 실어 나른 퇴적토이다. 고운 흙이 강렬한 태양에 바짝 말랐다. 단단한 것 같지만 파내기는 수월한 지질이다. 그리하여 교하고성의 모든 건축은 기본적으로 대지의 윗면에서부터 파 내려가면서 만든 것들이다. 좁고 길게 파

내서 바닥을 고르면 길이요, 그 길에서 방형으로 넓게 파 들어가면 마당이 된다. 마당에서 다시 수평으로 파 들어가 방을 만든다. 중국말로 감지유장(減地留墻)이라 한다. 담장이 남게끔 파 내려가기 때문에 담장 또는 벽체는 1미터 정도로 두꺼운 게 보통이다. 정말 신기한 도시 건축이다.

교하고성은 서역 36국 가운데 하나였던 차사인(車師人)이 2~5세기에 세운 도시다. 위진남북조시대와 당대에 교역으로 번성했고, 실크로드의 주요 도시 가운데 하나였다. 9세기 이후 전란이 계속됐다. 결국 14세기에 몽골제국 내분의 폭풍이 몰아쳐 주민들을 인근 지역으로 집단 이주시켰고, 교하고성은 버려졌다.

고성에는 사원 구역도 있고 수공업 방(坊)도 있고 거주 구역도 있다. 집과 집, 골목과 골목 사이의 길을 걸어보면 다른 유적에서 느낄 수 없는 폐허의 미학이 진하게 젖어온다. 실크로드 교역사가 손안에 잡히고 유목민들의 오아시스 경영사도 한눈에 보이는 것 같다.

중국 역사학자들이 가장 많이 주목한 폐허의 고성은 아마도 통만성(統萬城)이 아닐까 싶다. 섬서성 위린시 징벤현(靖邊縣) 외곽에 있다. 멀리서도 20미터 높이의 돈대와 길게 이어진 백색 성벽이 압도적인 느낌으로 시야에 들어온다. 성벽의 두께는 4~5미터는 족히 된다. 성벽을 말의 대가리처럼 바깥 방향으로 돌출시킨 마면(馬面)도 선명하게 남아 있다. 성벽 아래의 적군을 삼면에서 동시에 공격하기 위한 구조물이다. 성안으로 들어서면 건축물과 도로는 흔적조차 없어졌고 성 밖의 사막에서 날아온 모래뿐이다. 내가 찾아갔을 때에는 한쪽에서 고고 발굴이 진행되고 있었다.

통만성

통만성은 흉노족이 남긴 유일한 성이다. 유목민은 가축을 몰고 풀과 물을 좇아 이동하기 때문에 성을 쌓지 않는다. 놀이도 생업도 전쟁도 말 위에서 하는 사람들이지 성벽 안에 웅크리고 있는 사람들이 아니었다. 그러나 흉노의 시대가 끝날 무렵 세상은 바뀌었다. 고대 동아시아 북방의 강자였던 흉노가 중원의 한나라와 수백 년간 사생결단의 전면전을 벌였던 이야기는 '한무제의 자책— 윤대의 죄기조'에서 짚어본 적이 있다. 사생결단의 최종 승자는 사실상 없었다. 한나라는 국력을 탕진하고 황건적의 먼지 속에 삼국시대로 넘어가서 절명했다. 흉노 역시 일부는 서쪽 어딘가로 사라졌다. 잔여 부락은 북방의 새로운 강자 선비족 탁발부에게 흡수되었다. 탁발선비는 극한의 전쟁으로 치닫다가 양자가 모두 망한 역사를 목도했을 것이다. 그들은 군사력을 앞세우긴 했어노 성시식 문화적으로는 호(胡)와 한(漢)을 융합하는 방향으로 선회했다. 시대정신이 바뀌기 시작한 것이다.

통만성은 흉노의 마지막 타자이자 호한융합 시대의 첫 주자로 등장한 혁련발발(赫連勃勃. 381~425)이 세웠다. 혁련발발이 407년 하(夏)나라를 세우고 413년 도성으로 축성한 것이다. 북방 유목민이 남방-농경 스타일의 성을 쌓고 그 안에 농경문화와 수공업을 채우고 성 밖에는 유목문화를 포진시켰다. 북방이 남방을 약탈만 하던 것이 아니라 남방의 농경문화와 결합을 시도한 것이다. 통만성은 427년 선비족 탁발부의 북위로 넘어갔고, 수당 시대에도 중요한 군사기지였다. 당대 후기에 일어선 탕구트족의 서하(西夏)는 송나라와의 전쟁 끝에 통만성을 차지했다. 그러나 서하가 13세기에 몽골제국에 멸망당한 이후에는 버려진 성이 되고 말았다. 통만성이 축성될 당시에는 물과 풀이 풍부하고 아름다웠다고 한다. 그러나 장기간에 걸친 기후변화와 정치 군사적인 격랑 속에서 지금은 사막의 폐허이다. 고대 도성을 연구하는 학자나 나와 같은 여행객이나 가끔 찾아간다. 붉은 노을이 흰 성벽을 덮어오면 유구한 역사 속에 사라져가는 영웅들의 뒷모습처럼 회고의 감이 진하게 배어나올 뿐이다.

내가 세 번째로 보여주고 싶은 사막의 폐허는 고대의 것이 아닌 20세기 현대의 폐허이다. 20세기에 발견한 것이 아니라 20세기에 신중국이 세웠다가 얼마 지나지 않아 인위적으로 버려서 폐허가 되었다. 이것은 칭하이성 서북부 아얼진산맥의 남록, 차이다무(柴達木)사막에 있다. 간쑤성의 둔황에서는 남쪽으로 240킬로미터, 칭하이성 수도인 시닝에서는 서북 방향으로 920킬로미터나 가야 한다.

렁후석유기지 유적지

말하자면 오지 중의 오지이다.

이 폐허를 처음 보게 된 것은 2015년 가을 둔황에서 타클라마칸 사막의 뤄창(若羌)으로 가기 위해 차이다무사막을 통과할 때였다. 차이다무사막은 거친 자갈과 바위가 뒤덮고 있는 극단의 황무지이다. 이곳을 지나는데 도로 우측 200~300미터 안쪽으로 키가 낮은 낯선 건축군이 보였다. 당시 중국의 바이두(百度) 지도에는 아무런 표시도 없었다. 차를 몰아 들어가 보니 복제하듯 지은 단층 벽돌집들이었다. 그런데 일률적으로 지붕을 철거한 상태였다. 아무런 표지도 없었다. 정말 기괴한 일이 아닐 수 없었다.

다음 해 봄에 다시 그 길을 지나게 됐다. 전에는 없었던 '렁후(冷湖)석유기지 유지'라는 표지가 입구에 세워져 있었다. 간략하게 이 폐허의 현대사를 알려주었다.

1954년 중국의 석유탐사팀이 이곳에 왔고, 1958년 드디어 원유가 솟구쳐 나왔다. 1959년에는 30만 톤의 원유를 생산해 당시 중국 최대 유전의 하나로 꼽혔다. 유전에서 일할 직공들이 모여들었고 가족들도 따라왔다. 이들을 위해 신도시를 급조했으니 바로 이곳, 렁후시(冷湖市)였다. 그러나 1960년대에 중국 석유산업의 중심은 렁후에서 다른 지역으로 옮겨갔고, 수만 명의 거주민 역시 다른 유전으로 옮겨가면서 유전 신도시는 폐허가 됐다. 이때 지붕을 일률적으로 철거한 것이다.

1950~1970년대는 중국이 미국과 소련 두 초강대국에 눌린 채 생존을 위해 몸부림치던 시기다. 미국과 소련은 적대적 공생 관계를 구축해 세계를 반분하여 지배했다. 두 강대국은 서로 견제하면서도 새로운 강자가 떠오르는 것을 허용하지 않았다. 미국은 한국전쟁에서의 직접적인 대결 이후 중국을 죽의 장막으로 차단하고 목을 졸랐다.

소련은 오히려 더했다. 중국과 소련은 이념적 동지다? 이념이란 혁명의 슬로건이지 패권을 나눠주는 덕담이 아니다. 국제 관계는 치열한 국익의 다툼일 뿐이다. 국익이라고는 하지만 그것 역시 실체는 그 나라 권력자들의 이익이다. 인민이나 백성의 이익은 물론 이념의 고양이나 인류의 평화 따위와는 거리가 멀다. 소련은 중소 갈등이 수면 위로 드러나자, 중국에 파견했던 각 분야 전문가들을 급작스럽게 철수시키고 국가 채무에 대해 상환을 요구하면서 중국을 압박했다. 이념 논쟁으로 포장된 중소 분쟁의 실상은, 소련이 중국에 간섭하려 했고, 중국은 소련의 간섭에 반발해 독자적인 활로를 모색하면서 불거진 정치적인 갈등과 알력이었다. 1963년 마오쩌둥은 중소 갈등을 전 세계에 공개했다. 소련은 1966년 중소 국경 지역에 100만 병력을 배치했고, 1969년 우수리강에서는 대규모 무력 충돌까지 발생했다. 그 이후 23년간 두 나라는 이념의 동지이기는커녕 아예 절연한 적대 관계였다.

게다가 미소의 군비경쟁은 중국에도 군비경쟁을 강요했다. 중국은 한쪽에서는 자국 인민이 굶어 죽고 있었지만 한쪽에서는 핵폭탄과 미사일 개발에 국가 재정을 쏟아붓지 않을 수 없었다. 중국은 안팎으로 새로운 활로를 찾아야 했다. 외교적으로는 미국과의 통교(通交)에 패를 걸었다. 이것이 1972년 닉슨의 중국 방문으로 전개됐다. 국내적으로는 상당한 시행착오에도 필사적으로 자력갱생에 매달렸다. 미친 듯이 유전을 찾고 광산을 개발하고 ……. 그 가운데 하나의 흔적이 렁후석유기지였던 것이다.

중국의 자력갱생은 국내 권력이 부침과 쟁투를 거치면서 80년대 개혁 개방으로 선회했다. 결과는 성공적이었다. 중국 정부는 2000년이 되어서는 드디어 중국 인민들이 얼어 죽고 굶어 죽는 문제(溫飽)를 해결했다고 선언했다. 이 선언에 비견하여 돌이켜보면 이 황량한 사막의 폐허가 1950~1970년대 중국이 자력갱생에 몸부림치던 현장이었던 것이다.

우리는 문화혁명이라는 이름의 '파괴와 살상'에 대해서는 귀가 아플 정도로 많이 들었다. 그러나 어느 시대 어느 역사든 실제로는 복합 골절 같은 아주 복잡한 원인과 결과를 갖고 있다. 문화혁명도 다른 쪽으로 보면 중국이 활로를 찾기 위한 몸부림이었다는 속내를, 엄청난 실패도 있었지만 그렇게 자력갱생에 매달릴 수밖에 없었던 그들의 현대사를, 우리는 얼마나 알고 있을까. 우리만 경제개발에 분투하고 성공한 것이 아니다. 🌏

국가의 생존과 맞바꾼 귀향—신장의 병단

　어느 해 9월 신장의 우루무치를 출발해 알타이산맥을 향해 하루 종일 달려가던 길, 어느 한순간 눈이 휘둥그레지고 말았다. 하얀 것들이 갈색 대지를 뒤덮어 지평선을 그리고 있는 게 아닌가. 차를 세우고 보니 면화였다. 스허쯔(石河子) 부근의 광대한 농지가 전부 면화 밭이었던 것이다.

　간단하게나마 현장에서 인터넷으로 검색을 해봤다. 더 놀라웠다. 스허쯔의 면화를 수송하려면 매년 가을마다 트럭 9,000대가 필요하단다. 이 시기에 면화를 수확할 인부들을 실어 나르는 전용 열차가 임시로 편성되기까지 한다. 매년 가을이면 청두와 충칭에서 우루무치로 9만여 명의 노동자를 실어 나른다는 것이다.

　신장은 인구는 적지만 땅이 넓어서 우리의 상상을 초월하는 초

면화밭

고추를 건조하고 있는 사막

대형 농장들이 많다. 스허쯔를 지나고 사완현(沙灣縣)에서는 사람이 없는 썰렁한 고추 시장을 보았다. 국도를 달리는 차에서 고추 시장이라는 대형 아치를 본 것이다. 그런데 대형 주차장과 공터만 있을 뿐 상가와 같은 건물은 보이지 않고 가건물 몇 채만이 보였다. 나중에 그 의문이 풀렸다. 고비(Gobi 戈壁 암석이 많은 건조 지대)에서 고추 말리는 광경을 보았다. 닐어놓은 뻘긴 고추들이 지평선을 그리고 있는 것이다. 이렇게 대량으로 건조한 고추들이 모여드는 게 사완현의 고추시장이었다. 고추 한 자루 한 자루가 아니라 화물차에 실린 그대로 거래하는 대형 도매시장이었던 것이다.

신장의 토마토 생산량 역시 엄청나다. 신장의 토마토 가공량은 미국과 이탈리아에 이어 세계 3위, 전 세계에 유통되는 토마토케첩 4병 가운데 하나는 신장에서 생산된 것이란다. 이리 카자흐족 자치주에서는 라벤더를 대량으로 재배한다. 6월에는 라벤더의 보라색이 또 지평선을 그려낸다. 중국 라벤더의 95퍼센트가 이 지역에서 생산된다. 투루판의 포도나 뤄창의 대추도 사막을 건조장으로 삼아 건조한다. 수확기에는 20~30톤 화물차들이 줄을 지어 이들을 실어 나른다.

신장의 이런 광경은 자연경관과는 또 다른 감동이다. 농업의 힘이고 노동의 미학이다. 갈색 대지에 그린 초대형 유채화라고나 할까. 하얀색 면화, 붉은색 고추, 주황색 토마토, 보라색 라벤더는 하나하나가 거대한 색채의 예술이기도 하다. 자연의 색조로 회갈색의 불모지를 치장하여 화려한 현대적 회화를 탄생시킨 것이다.

불모의 땅에 이런 대규모 농장을 누가 어떻게 만들고 운영하는 것인가. 신장이 여행객들에게 보여주는 색채의 미학에는 둔전(屯田)의 역사가 고스란히 담겨 있다. 중국 고대사에서 언급되던 둔전제가 현대의 신중국에서 꽃을 피웠다고 해도 과언이 아니다. 신장의 생산건설병단(약칭 병단)이 바로 20세기의 둔전이다. 1949년 신장을 해방시킨 인민해방군을 1950년부터 집단으로 투입하여 광대한 불모지를 개간해 대형 농장을 만든 것이다. 농업 생산을 통해 변방(邊方)을 안정시켜 변방(邊防 국경방어)을 강화한다는 전략이었다.

병단은 신장의 특수한 행정 체계다. 중국의 기본 행정구역은 성

신장 병단 14개 사

신장 병단 14개 사

(省)―지(地)―현(縣)―향, 진(鄉, 鎭)―촌(村)의 단계로 되어 있다. 병단은 총부―사(師)―단(團)의 군대식 편제로 되어 있다. 우루무치의 병단 총부는 부성(副省)급이고, 사는 현급, 단은 향급이다. 병단은 14개 사로 구성되어 있는데 그 가운데 9개 사는 사시합일(師市合一)이다. 예를 들어 스허쯔(石河子)의 제8사는 사장이 시장을 겸하고, 제8사의 정치위원은 시의 당서기를 겸한다. 제8사와 시 정부가 수장의 겸직으로 일체가 되는 것이다.

사 아래의 단은 185개에 달한다. 121단과 같은 군대식 편호도 있고, 치타이농장, 베이타산목장과 같은 일반적인 명칭도 있다. 외지 여행객이 병단의 존재를 눈으로 보는 것은 교통표기가 대부분이다. 고속도로나 국도의 안내표지에 지명으로 표시되기 때문이다. 대규모 농지나 목초지는 물론 유명 관광지 가운데 병단 소유인 경우도 적지 않다.

신장의 현대식 둔전, 병단은 신중국과 거의 동시에 시작됐다. 일본 제국주의가 패망한 이후 중국국민당 장제스는 공산당과의 평화협정을 파기하고 1946년 제2차 국공내전을 일으켰다. 결과는 군사력이 열세였던 마오쩌둥의 역전승이었다. 이때 신장으로 진공한 인민해방군은 제2군과 제6군이었다. 국민당의 신장경비총사령부는 인민해방군에게 집단으로 투항했다. 마오쩌둥은 이 부대를 인민해방군 제22병단으로 개편하여 흡수했다. 원래부터 신장에서 혁명 활동을 하던 신장삼구(三區)혁명민족군은 인민해방군 제5군으로 편입시켰다.

국공내전이 끝나자 신장의 인민해방군은 군 내부에 생산건설병단을 창설했다. 1954년 2, 5, 6군의 상당수와 제22병단 전원을 전역시켜 신장군구 소속의 새로운 생산건설병단을 창설하면서 병단은 획기적으로 발전했다. 1966년에는 158개의 농장과 목장을 보유할 정도였다. 병단은 문화혁명 시기에 폐지되었다가 마오쩌둥 사후인 1981년에 복구되어 오늘에 이른다.

병단은 그들만의 공안과 법원 등은 물론 군사력도 갖추고 있다. 병단의 군사부는 부군급(副軍級)이지만 성군구(省軍區)의 직책과 권한을 갖고 있다. 무장 연대는 무장 경찰로 개편했다. 병역을 동원하고 예비군을 운영하고 민병 업무도 수행한다.

신중국의 병단은 현대에 갑자기 튀어나온 것은 아니다. 병단의 역사는 동아시아의 오랜 둔전 역사에 직접 연결되어 있다. 둔전은

병단 초기의 현장

둔간수변(屯墾戍邊 주둔군이 개간하여 변방을 지킴)이라 하여 중원의 황제들이
변방에서 종종 시행했던 정책이다. 병졸들이 농사를 지으면 군둔
(軍屯)이라 한다. 타지의 백성들을 이주시킨 민둔(民屯)도 있었다.

진시황이 중원을 통일한 이후 50만을 광둥, 광시 지역과 오르도
스[닝샤와 섬서] 지역에 이주시킨 것이 둔전의 시작이다. 한나라에서
도 마찬가지였다. 한무제가 흉노와의 전쟁에서 신장 지역을 장악
하려고 부단히 애를 썼지만 결과는 지지부진했다. 군대를 변방에
파견하여 장기간 주둔시키기엔 비용이 너무 많이 들었기 때문이
다. 그래서 교위라는 관직을 두고, 병졸들로 하여금 수로를 내어
농사를 짓게 했다. 한나라가 설치했던 둔전의 하나가 '한무제의 자
책—윤대의 죄기조'에서 찾아갔던 룬타이다.

이후에도 중원의 통일 왕조는 둔진 징책을 종종 시용했다. 당나
라는 톈산 남북에서 둔전을 시행했다. 중앙정부에 둔전사를 설치

하고 둔전랑중이 관리하게 했다. 각 지방에서는 영전사가 둔전을 관리했다. 군사도독 절도사의 주요 임무 가운데 하나가 둔전 관리였다. 송대와 명대에는 둔전이 없었고 원대에도 미미했다. 청나라는 신장 지역을 직접 통치하려고 둔전제를 강력하게 시행했다. 신장의 준가르부를 평정한 뒤 투루판, 바리쿤, 하미 등지에서 둔전을 실시했다. 앞에서 이야기했던 시보족의 서천 역시 둔전을 운영하기 위한 인력 차출의 일환이었던 셈이다. 청의 도광제도 장격이(張格爾)와 옥소보(玉素普)의 난을 평정한 다음 내지의 유민들을 신장으로 이주시켜 민둔을 강화했다. 중화민국 이전의 둔전 운영 기간은 한 241년, 위진 96년, 수 10년, 당 160여 년, 원 20년, 청 195년 등이다. 합산하면 800년에 가까운 기간이다. 신장에 대한 중원의 영향력이 높았던 시대에 국한했지만 결코 짧은 기간이 아니다.

중화민국의 둔전은 기복이 심했으나, 신중국에서는 병단이란 새로운 체제로 발전했다. 2014년 말 현재 병단이 관할하는 토지는 신장 전체의 4.24퍼센트에 불과하지만, 인구(273.3만 명)는 12퍼센트를 차지한다. GDP는 1,723억 위안으로 토지나 인구의 비중보다 훨씬 커서 신장 전체 GDP의 18.6퍼센트에 달한다.

스허쯔시에는 신장 병단의 군간(軍墾)박물관이 있다. 병단 초기에 풀 한 포기 없는 황무지에서 맨손으로 농지를 개간하는 흑백사진을 보면 황제와 백성 사이에서 시각을 교차해 볼 만하다. 병단이나 둔전은 황제의 위대한 역사인가, 아니면 시대가 불모지에 남긴 민초들의 고된 노동인가.

병단 창설의 주축이었던 인민해방군 6군의 궤적을 더듬어보면 이를 알 수 있다. 6군은 1929년 장시성 남부에 세워진 중국공산당

신장 병단 군간박물관

의 중앙소비에트에서 태동했다. 이들은 국민당군의 물샐 틈 없는
포위에 질식사할 뻔하다가 1만 2,500킬로미터에 달하는 고난의
행군(대장정 1934~1936) 끝에 옌안에 도착했다. 살아서 도착한 병력이
5퍼센트도 되지 않았으니 그것만으로도 구사일생의 기적이었다.
시안사변으로 제2차 국공합작이 성립되자 1937년 중화민국 국민
혁명군 팔로군 115사로 재편됐다. 이들은 산시성 지역에서 일본군
에 대항해 크고 작은 전투를 치르고, 1946년 제2차 국공내전이 벌
어지자 옌안 보위전 등을 치렀다. 그다음에는 섬서성 시안을 해방
시키고 란저우를 거쳐 신장으로 진공했다. 신중국이 선포되자 당
과 국가의 명령에 따라 집단으로 전역하여 그곳의 병단 소속 민간
인으로 살아야 했다.

　중국공산당의 혁명은 6군의 병사들에게는 이상이었고 희망이었
다. 그들은 맨손으로 총길에 대항하면서 혁명을 시작했다. 대장정
은, 멋진 말로 포장되어 있지만, 실제로는 유랑에 가까운 죽음의

고난이었다. 그래도 사선을 넘고 넘어 그들의 혁명은 성공했고 자신들의 이상 국가를 세웠다. 혁명이 성공하여 군복을 벗었으나 그들은 그리운 고향으로 돌아가지 못했다. 이번에는 불모지에 묶여 맨손으로 황무지와 마주했다. 경제정책의 실패로 수많은 사람들이 굶어 죽던 시대도 온몸으로 견뎌야 했다. 1960년대 문화혁명이란 광풍도 그 자리에서 고스란히 감내해야 했다.

둔전 역시 살던 곳을 떠나 변방으로 가서 군역에 묶여 노역을 지고 살라는 황제의 명령이었다. 자신의 군대를 보낸 황제는 변방에 자신의 깃발을 나부끼게 했다. 그러나 고급 관리조차도 전혀 가고 싶지 않은 땅이었다. 장안의 성문을 나설 때 이미 "西出陽關無故人 勸君更盡一杯酒(서쪽으로 양관을 나서면 더 이상 친구가 없을 것이니, 벗이여 술 한잔 더 마시게나)"라고 한탄하며 이별주에 취했던 것이다.

당과 국가의 병단이든 황제의 둔전이든 고향을 포기한다는 것은 똑같았다. 고향을 포기한 결과의 하나가 병단이 만들어낸 농업의 예술, 색조의 향연이다. 고통의 씨앗을 감싼 달콤한 과육, 그 과일들을 화려하게 포장한 선물 상자가 아닌가. 황제나 당에게 이것은 어떤 그림이었을까. 그럼 고향을 포기한 일꾼들에게는? 그곳에서 출생해 고향 아닌 고향에서 살아온 자손들에게는?

현장에 서 있는 자의 발바닥과 세월이 지나서 역사로 보는 이의 시각은 다르다. 같을 수가 없다. 과거에도 그랬고, 오늘도 그렇다. 신장이 보여주는 대지의 색체 미학도 그렇다. 아름답고 위대하면서도, 한편으론 고난과 고통으로 만들어진 슬픈 색조가 아닐 수 없다.

신장 반몐과 이탈리아 파스타

    중국의 음식 문화를 이야기하다 보면 '민이식위천(民以食爲天)'이란 말을 종종 접하게 된다. 식당 이름으로도 사용되곤 한다. 《사기》의 〈역생육가(酈生陸賈) 열전〉에 나오는 '王者以民爲天 而民以食爲天'에서 나온 말이다. 왕은 백성을 하늘로 여기고 백성은 밥을 하늘로 여긴다는 것이다. 권력자들은 백성들이 편안하게 먹고 살게 해야 한다는, 권력자들에 대한 묵직한 훈계다.

    여기에서 말하는 식은 소위 먹는 행위 자체에 탐닉하는 먹방이나, 맛과 음식의 즐거움을 좇아다니는 미식과는 다르다. 전통 시대의 백성은 하루 두 끼만 먹어도 행복도가 꽤 높았을 것이다. 평생 무거운 세금과 버거운 부역을 등에 시고 실있고 친재지변도 잦았다. 전란은 꼬리를 물었고 굶어 죽은 시체가 도처에 널린 시대였다. 현대라고 하는 20세기도 다르지 않았다. 중국 정부가 자국 인민들이 집이 없어 얼어 죽거나 밥이 없어 굶어 죽는 것(溫飽)을 해결했다고 선언한 게 겨우 2000년의 일이다. 그러니 역사의 큰 흐름으로 본다면 음식 문화의 첫 번째는 백성들의 생존을 유지해 주는 최소한의 식사라 할 것이다. 주식(主食)이 선 굵은 역사라면, 미식(美食)은 화려하지만 가느다란 역사라고나 할까.

나는 2012년 처음 신장에 발을 디뎠고 2015년부터는 매년 한두 차례씩 모두 200일 정도를 여행했다. 대부분의 식사는 현지식이었다. 하루 2~3끼로 계산하면 400여 끼를 현지에서 먹은 셈이다. 많다면 많은 대로, 적다면 적은 대로 나름의 경험치가 쌓였다.

처음에는 신장의 맛있는 양고기가 강렬하게 다가왔다. 양파를 듬뿍 넣고 볶은 것에서부터 큼직한 살코기 조각을 꿰어 시뻘건 숯불에 구워내는 양꼬치, 누린내 없이 잘 삶아낸 양고기 수육까지. 양고기구이 가운데서는 낭(饢, 밀가루 반죽을 넓게 펴서 구워낸 빵의 일종)을 굽는 큰 화덕 안에서 구운 낭컹러우(饢坑肉)가 최고였다. 한국에서 처음 맛본 양고기는 군복무 시절에 접한 캔에 든 양고기였는데, 누린내가 심하고 입맛에 맞지도 않았다. 2006년부터 중국을 집중적으로 여행하기 시작했을 때에 베이징에서 양고기가 맛있다는 것을 알게 됐다. 북방의 네이멍구 초원에 들어서서는 초원의 양고기가 나를 사로잡았다. 베이징의 양고기는 한 계단 아래 것이 되었다. 한참 후 신장에 발을 들이고 나서는 신장의 양고기가 가장 높은 곳으로 올라섰다. 양의 종자나 조리법이 어떻게 다른지 나는 제대로 알지는 못한다. 내 평범한 입맛에 여행의 흥취가 곁들여져 그리된 것인지도 모르지만 아무튼 양고기는 신장이 최고다.

그런데 정작 400여 끼가 누적되어 생성된 나의 신장 음식 리스트에서 양고기는 넘버 투가 되어 있다. 넘버원은 바로 신장의 국수 반몐(拌麵)이다. 반몐이란 비벼 먹는 국수란 뜻이다. 노동 현장이나 일반 가정은 물론 잔칫상에까지 빠짐없이 등장하는 신장 사람들의 주식이다. 크고 작은 도시는 물론 산골 오지의 움막 식당까지, 어디든 여행객의 시장기를 달래주는 5분 대기조와 같은 음식이다. 처음에는 특별하지 않았지만 지금은 신장 음식 가운데 제일 높은 자리를 차지하고 있다. 비싼 양고기에 가려져 있었다가 세월이 흐르면서 슬며시 실체를 드러낸 것 같다.

식당에 들어서면 주방 들여다보기를 좋아하고 주방장이 허락하기만 하면 주방에 들어가 사진 찍는 것을 좋아하는 나에게는, 반몐이 식탁에 오르는 장면 하나하나가 생생하다. 식당 문을 열 때에는 미리 만들어둔 적당한 크기의 반죽과 물이 끓는 가마솥이 준비되어 있어야 한다. 주문이 들어오면 반죽을 적당량으로 떼어 좌우로 흔들어서 면발을 만든다. 면을 뽑은 다음에는 물이 끓는 가마솥에 넣는다. 면이 삶아지는 동안 국수 위에 얹을 볶음 요리를 준비한다. 국수가 삶아지면 접시 위에 일인분씩 놓고는, 준비된 고기와 채소에 기름을 두르고 뜨거운 불에 후다닥 볶아서 국수 위에 얹는다. 반찬이 따로 있는 것이 아니다.

손님은 젓가락으로 국수와 볶음 요리를 섞어서 후룩후룩 먹으면 그만이다. 주문하고 먹는 것 모두 간단하지만 맛은 최고다. 면발이 탱탱해서 식감도 좋다. 볶음 요리는 몇 가지 채소를 섞어서 화려한 색깔을 내기도 한다. 소위 먹방 사진으로도 그만이다. 신장의 시골 지역이라면 황량한 주변 환경에 견주어 마치 널찍한 접시

시골 식당 주방장

시골 식당 반몐

위에 차린, 작지만 화려한 잔칫상처럼 보인다. 주방장의 손도 크
고 주인장의 인심도 넉넉하다. 애초에 담아주는 국수의 양도 적지
않은데 추가하는 면은 어느 식당이든 공짜다.

　신장 반몐의 매력은 단연코 면에 있다. 우리 자장면의 면과 비슷
하다. 반몐 식당에서는 밀가루 반죽이 영업 준비의 반 이상인 것
같다. 크게 반죽을 한 다음 작은 덩어리로 나누고 손으로 눌러 엄
지 굵기 정도의 면을 우선 만든다. 이것에 기름칠을 해서는 큼지
막한 양푼에 동심원으로 감아서 담아둔다. 이 상태에서 손님을 기
다린다. 주문이 들어오면 왼손으로 양푼에서 한 가닥을 들어 오른

손으로 잡아 늘이면서 조리대로 꺼내 올린다. 당기는 대로 잘도 늘어난다. 일인분 한 접시가 한 가닥으로 만들어지니 일근면(一根麵)이라 할 수도 있다.

조리대에서 면발 늘이기가 이어진다. 면을 몇 겹으로 겹친 다음 두 손으로 양쪽 끝을 잡고 아래위로 흔들면서 늘인다. 늘어난 면 반으로 접고 다시 흔들어서 늘인다. 이러기를 서너 번. 양손으로 잡고 좌우로 늘이는 동작을 라(拉)라고 하기 때문에 반몐을 라탸오쯔(拉條子)라고도 한다. 늘어진 면발을 양손에 쥐고 조리대에 내리치면서 탄성을 더해주기도 한다. 그래서 수타면이기도 하다. 주방장이 면을 뽑는 능숙한 동작은 여행객의 시선을 단숨에 잡아끈다. 싱긋싱긋 웃어주는 위구르족의 훈훈한 표정이 더해지면 허름한 주방에서 멋진 여행 사진이 얻어진다.

반몐에 올리는 볶음 요리는 반몐의 반찬에 해당하지만 반몐의 종류와 이름을 정하는 포인트이다. 양고기, 소고기, 닭고기는 기본이요, 마늘종, 감자채, 토마토, 고추 같은 채소가 많이 사용된다. 반몐 메뉴의 제일 윗자리는 대부분 궈유러우(過油肉) 반몐이 차지한다. 신장 반몐의 대표 선수인 셈이다. 궈유러우는 본래 산시(山西)의 전통적인 볶음 요리다. 그 지방 상인들이 실크로드를 오가면서 현지의 국수에 고향의 요리를 얹어 간단하게 먹은 것에서 비롯됐다. 연원으로 따지면 외지에서 들어왔으나 신장 반몐의 서열에서는 상석을 차지해 버렸다. 고향에서는 돼지고기지만 신장은 이슬람 지역이라 양고기나 소고기로 대체되었다. 반몐에서도 서로 다른 지역의 음식이 한데 융합한 것이 최고가 되어 있다는 게 새삼 흥미롭다. 어떤 음식과도 기꺼이 결합할 줄 아는 면의 위대함이랄까, 애초에 동서의 문명을 한데 섞어주는 실크로드에 걸맞는 음식이다.

면의 태생을 거슬러 올라가면 반죽과 밀가루를 거쳐 밀에 이른다. 밀은 7,000~9,000년 전에 메소포타미아 등지에서 재배하기 시작했다. 그것이 중앙아시아와 신장을 거쳐 중원으로 전해졌다. 중국에서 발굴된 가장 오래된 밀은 4,000년 전의 것이라고 한다.

밀가루 반죽으로 만들어낸 면 역시 비슷한 경로로 전해졌다는 것이 일반적인 견해이다. 고고 유물로 발굴된 국수도 있다. 칭하이성 라자(喇家) 유적지에서 나온 것이 가장 오래됐다는 주장도 있는데, 발굴 몇 시간 후에 급속도로 부식되어 흙먼지로 변해버리는 바람에 사진만 남아 있다고 하니 진위를 완전하게 확인할 수는 없게 됐다. 중국에서 가장 오래된 국수 유물은 신장 투루판의 화염산에서 발굴된 것이다. 지금은 우루무치고고학연구소에 보관되어 있는데 2,500년 전의 국수로 추정한다. 이 화염산의 고대 국수는 오늘날의 신장 반몐과 똑같아서 사람들을 더 놀라게 했다. 〈누들로드〉라는 다큐멘터리에서 본 이 대목을 기억하는 독자도 있을 것이다.

신장을 거쳐 중원으로 간 국수는 여러 곳으로 퍼져나갔고 다양한 식생 환경에서 다양한 종류로 분화되고 발전되었다. 지금의 중국요리는 송나라 시대에 골격이 갖춰진 것으로 보는데, 국수는 송대에 이미 길거리 음식으로 자리 잡았다고 한다. 오늘날 중국의 국수는 일일이 나열하는 게 어려울 정도로 종류가 많다.

신장과 같은 척박한 환경에서 토마토계란볶음이 얹힌 반몐을 후룩후룩 먹다 보면 토마토소스를 얹은 이탈리아의 스파게티를 쉽

이탈리아
파스타

지중해

메소포타미아
밀의 최초 재배지

신장위구르자치구
반멘

아라비아해

뱅골만

파스타와 반멘

게 연상하게 된다. 파스타가 우리에게 제대로 알려지기 전의 관행으로 말해서 스파게티이지만, 조금 가려서 말하자면 건조 파스타(Pastasciutta)라고 해야 할 것이다. 파스타는 밀가루 반죽으로 만든 음식을 통칭하는 말이니 파스타를 신장의 반멘에 일대일로 대응시키는 것은 적절치 않다. 아무튼 맛은 달라도 탱탱한 백색 면에 컬러풀한 토마토 볶음이 얹힌 반멘은 재료나 조리법은 물론 시각적으로도 스파게티와 꽤 유사한 것만은 틀림없다.

이탈리아의 스파게티는 마르코 폴로(1254~1324)가 중국에서 배워 자기 고향에 전한 것이라는 이야기도 있으나 이건 사실과 전혀 다르다. 이탈리아 사람이라면 이런 주장에 펄쩍 뛴다. 마르코 폴로가 이탈리아에 돌아가서 저술한 《동방견문록》에는 국수 건피섭외 흔적이 없다. 실제로 13세기 말 파르마 출신의 수도사 프라 살림

베네가 쓴《연대기》에 파스타의 일종으로 추정되는 음식에 대한 언급이 있다. 13세기 말~14세기 초에 나폴리에서 나온 또 다른 요리책에도 파스타와 관련된 언급이 있다. 마르코 폴로의 국수 전파설은 1929년 미국 뉴욕의《마카로니 저널》이란 잡지에서 만들어낸 이야기라고 구체적으로 지적하는 학자도 있다. 미국으로 이민 간 이탈리아인들이 미국인들에게 마카로니와 스파게티(둘 다 파스타의 일종)를 홍보하고자 만든 잡지가 마케팅 목적으로 마르코 폴로 전파설을 퍼뜨렸다는 것이다. 오리엔탈리즘을 이용한 마케팅인 셈이다.

밀이 처음 재배된 메소포타미아의 서쪽에서는, 로마 시대에 이미 밀이 주식이 되어 있었다. 건조 면을 만들어 보관성이나 이동성을 높인 것은 훗날 이슬람 사람들이다. 이것이 시칠리아와 남부 이탈리아에 전해졌다. 그 이후 파스타의 발전은 순전히 이탈리아의 몫일 것이다.

밀과 국수는 중국에서 다양하게 발전했다. 서양에서 이탈리아의 파스타를 꼽는 것 이상으로 동양에서는 중국의 다양한 국수를 꼽을 수 있다. 그 가운데 어떤 국수들은 유사한 것도 있다. 이것이 재미있는 연상과 유쾌한 화제가 될 수는 있다. 그러나 마르크 폴로를 등장시켜 역사적 사실이라고 운운하면 자칫 힐난의 눈길을 자초하기 십상이다.

끝으로, 신장 여행의 반 정도를 함께했던 내 여행 친구의 한마디가 귓가에 생생하다. 한국의 자장면 요리사들을 신장으로 초청해서 반몐 연수를 3개월씩만 시켜주면 한국인의 자장면 행복도가 몇 배는 커질 거라는 농반진반.

타클라마칸사막 일주

타클라마칸사막은 여행자들에게는 또 하나의 로망이다. '죽음의 바다'나 '살아서 돌아올 수 없는 곳'이라는 별칭이 인간의 무모한 호기심에 경고를 하지만, 이 때문에 여행의 로망은 더 증폭된다. 타클라마칸(중국어로는 타커라마간塔克拉瑪干)은 위구르어로 '산 아래의 큰 사막'이란 말이다. 남으로는 쿤룬산맥, 서로는 파미르고원, 북으로는 톈산산맥이 막아선, 동서 1,400킬로미터, 남북 500킬로미터의 분지가 타림(塔里木)분지다. 이 분지 안에 가로 1,000킬로미터, 세로 400킬로미터, 면적은 33만 제곱킬로미터로 한반도의 1.5배 정도나 되는 넓은 사막이 있으니 이것이 바로 타클라마칸사막이다.

타클라마칸사막은 유동(流動) 사막이나. 바람에 닐린 모래기 쌓여서 사구가 된다. 보통은 높이가 수십 미터인데 최고 300미터에

타클라마칸사막 일주 코스

이르기도 한다. 멀리서 보면 여인의 부드러운 입술 같은 곡선이지만 실제로는 엄청난 모래를 끊임없이 날려 보내는 악마의 혓바닥이다. 처음에는 감동이지만 다시 보면 누런 쓰나미로 보이기도 한다.

사막에도 물이 있다. 톈산산맥이나 쿤룬산맥 모두 4,000미터를 넘는 설산들이 즐비하다. 눈 위로 눈이 쌓이지만 눈 속에서는 눈이 녹아 지하수로 흘러간다. 지하로 젖어들었다가 지표로 나온 물이 강을 이뤄 타클라마칸에 생명수를 전해준다. 타클라마칸에서 가장 큰 물줄기는 타림강이다. 쿤룬산맥의 깊은 계곡에서 발원한 예얼창강(葉爾羌河 야르칸트강)과 허톈강(和田河) 두 줄기가 각각 타클라마칸을 남에서 북으로 관통한 다음, 톈산산맥에서 흘러온 아커쑤강과 합류한다. 이곳부터 타림강이라 하는데, 타클라마칸의 북변을 따라 동으로 1,300여 킬로미터나 흐른다. 그 종단은 뤄부포(羅布泊 로프노르) 호수다. 바다로 흘러가는 게 아니라 사막에서 단류되는 내류하다.

산맥과 사막 사이에는 오아시스가 띠처럼 연결된다. 오래전부터 도시국가들이 세워진 곳이다. 고대의 서역 36국 가운데 많은 수가 타클라마칸사막의 주변 오아시스의 띠에 있었다. 장건이 나서기 오래전부터 수많은 현지인들이 오가던 길이다. 동서 양쪽을 오가는 소그드 상인과 정벌군, 인도에서 중원으로 가는 불승들의 길이었다. 그 가운데는 현장과 혜초, 고선지도 있었다. 칭기즈칸 제국의 전사들과 사신들과 상단들이 동서양을 하나로 잇고 문명을 교류한 것도 이 길에서였다. 동양과 서양이 결합되는 세계사가 형성된 길이라 해도 과언이 아니다. 훗날 서양학자가 붙인 실크로드라는 명칭이 많이 쓰이고 있지만 이것은 오리엔탈리즘 냄새가 심하다. 유라시아 중앙로라고 해야 적절하지 않을까.

어떤 도시는 번성하고 어떤 도시는 모래에 묻혔다. 사막에 묻혔다가 다시 발견된 폐허는 역사학과 고고학에는 학술의 선물이었고, 여행객들에게는 전설의 매혹으로 다가왔다. 누란(樓蘭)과 미란(米蘭), 니아(尼雅) 등이 그런 폐허이다.

나는 봄과 가을 두 차례에 걸쳐 타클라마칸사막을 일주했다. 한 번에 20여 일씩 걸리는 여정이었다. 동쪽으로는 간쑤성의 둔황까지, 서쪽으로는 카스(카슈가르)까지 이르는 길이다. 100년 전이었다면 목숨을 거는 길이었겠지만 지금은 차량으로 일주하기에 무리가 없는 길이다.

외국 여행객이 타클라마칸 일주를 하자면 신장위구르자치구의 수도 우루무치에서 시작해야 한다. 첫날 우루무치에서 출발하여 톈산산맥을 남으로 건너 투루판에 도착한다. 투루판 남부의 야딩

호(艾丁湖)는 해발 −155미터, 중국에서 가장 낮은 저지대이다. 투루판을 벗어나 하미(哈密)에서 하루를 묵으면 다음 날 저녁에는 간쑤성 둔황에 닿을 수 있다. 둔황의 옥문관(玉門關)은 타클라마칸 북변의 톈산남로로 이어지고, 양관(陽關)은 실크로드 남로로 통하는 관문이다.

둔황에서 아얼진산을 넘어 타클라마칸 남동단의 뤄창(若羌)을 향한다. 아커싸이(阿克塞) 카자흐족자치현과 망야(茫崖)에서 하루씩 묵어야 한다. 망야를 나서면 곧 훙류거우(紅柳溝)라는 아얼진산맥의 내리막 계곡이 나온다. 이름으로는 낭만적이지만 눈에 보이는 것은 온통 외계 행성처럼 보이는 불모지뿐이다. 아얼진산에서 금광이 발견되어 한때 많은 중국인들이 이곳으로 몰려들기도 했다. 십년 전만 해도 뤄창의 도심에는 거지들이 심심찮게 눈에 띄었다고 한다. 금광에 전 재산을 던졌다가 패가한 사람들이다. 골드러시의

타클라마칸사막

욕망과 좌절은 오지의 깊은 계곡까지 도처에 깔려 있다.

아얼진산 내리막을 통과하는 데는 서너 시간이 걸린다. 드디어 평원에 내려서면 거기서부터 다시 타클라마칸이다. 뤄창은 중국에서 가장 유명한 대추 산지 중 하나다. 가을에는 사막에서 대추를 말린다. 양도 엄청나서 10톤짜리 대추 화물차를 심심찮게 보게 된다. 타클라마칸의 오아시스는 상당한 농업지대다. 일주하는 동안 길가에서 대추뿐 아니라 면화, 석류, 호두, 수박, 멜론 등을 수없이 보게 된다.

뤄창에는 누란박물관이 있다. 누란은 서역 36국 중 하나로 고고학에서는 '누란의 미녀'가 유명하다. 1980년 누란고성에서 발굴된 여성의 미라를 컴퓨터 영상으로 복원하면서 붙여진 별칭이다. 복원된 미녀는 누란박물관의 외벽에 커다란 부조로도 새겨져 있다.

뤄창 다음은 체모(且末), 이곳에서 타클라마칸의 한복판으로 들어

누란박물관 외벽의 '미녀'

갈 수 있다. 타클라마칸에는 두 개의 도로가 남북을 관통하고 있다. 룬타이~타중~민펑으로 이어지는 216번 국도(1995년 개통)와 쿠처~허톈으로 이어지는 217번 국도(2008년 개통)가 그것이다. 타중에서 갈라진 도로는 체모로도 연결된다.

타중(塔中)은 말 그대로 타클라마칸의 중앙이다. 아침에 체모를 출발해 타중에서 점심 식사를 하고 저녁에 민펑(民豊)으로 돌아 나올 수 있다. 타클라마칸 일주에서 유일하게 사막 중심부를 향할 수 있는 노선이다. 사막을 통과하는 고속도로에서는 끝도 없는 사구의 물결을 하루 종일 보게 된다. 타중에는 유전이 있다. 유전 때문에 사막에 고속도로를 낸 것이다. 금광이 개인 욕망의 막장이라면 유전은 국가 욕망의 결정판이다. 중동의 끊임없는 전란의 핵심은 유전이다. 미국이 대양을 건너 전쟁을 불사하며 끝없이 개입하는 근본적인 이유는 유전 때문이다. 그에 빗대어 보면 유전 하나만으로도 신장의 분리 독립은 불가능할 것이다. 남의 나라 유전에 대해서도 그러한데 하물며 자국 영토에 유전이 있는 거대한 땅덩어리를 분리 독립시켜 줄 국가나 권력은 절대로 존재하지 않는다, 그 권력이 스스로 붕괴하지 않는 이상.

민펑 다음은 허톈(和田)이다. 호탄이라고도 하는, 옥(玉)으로 유명한 바로 그곳이다. 쿤룬산맥에서 북류하는 계곡 곳곳에서 옥이 생산되지만 브랜드는 허톈으로 통용된다. 요즘은 외지의 옥을 이곳으로 가져와서 산지를 세탁하기도 한다. 진품의 가치를 향하든 가짜를 팔아서 얻는 돈을 탐하든 인간의 탐욕은 사막에서도 다르지 않다.

허톈에서 서북 방향으로 계속 가면 예청(葉城) 사처(莎车 야르칸트)로 이어진다. 사처부터는 카스(喀什 카슈가르)지구에 속한다. 사처에서 예얼창강을 따라 북으로 가면 마이가이티(麦盖提)현이 있다. 마이가이티는 스웨덴의 탐험가이자 러시아의 정보 제공자였던 스벤 헤딘이 1895년 봄 타클라마칸 횡단에 도전했던 마을이다. 스벤 헤딘은 마이가이티를 출발해서 허톈강 서안의 마자르타그산(麻札.塔格山)까지 27일에 걸친 죽음의 횡단을 감행했다. 스벤 헤딘의 탐험은 그에게서 끝나지 않았다. 스벤 헤딘이 남긴 여행기에 탐닉했던 오스트리아 탐험가 브루노 바우만은 2000년 봄 스벤 헤딘과 동일한 코스로 타클라마칸 서부를 횡단했다. 스벤 헤딘과는 달리 GPS 등 첨단 장비를 갖추었지만 이동 수단으로는 스벤 헤딘과 같이 낙타를 이용했다. 20일에 걸쳐 횡단하면서 스벤 헤딘의 일부 오류와 거짓에 가까운 과장을 찾아내기도 했다. 그러나 바우만 역시 죽음의 위험에 빠졌었다. 마지막에는 탈진해 있던 낙타들도 버려둔 채 배낭 하나만 메고 사투를 벌이며 걸어야 했다.

카스는 타클라마칸의 서쪽 끝, 신장 남서부의 중심이다. 이슬람과 위구르족의 향기가 진하다. 장거리 여행자들에게는 파미르고원이나 키르기스스탄으로 오가는 길목이다. 카스 사람들은 카스에 오지 않았다면 신장에 오지 않은 것이라고 말한다. 카스는 전통 시대의 교역로로서도 그랬지만 21세기 시진핑의 일대일로에서도 관문으로서 중요한 위상을 갖고 있다.

카스에서 동으로 길을 재촉하여 아커쑤로 향한다. 아커쑤 부근을 지날 때 고속도로 북쪽 노변에는 화려한 아단지모(雅丹地貌)가 나타난다. 중국에는 없는 세 뛰어나는 단식이 니올 정도다. 그다음에는 쿠처~룬타이~쿠얼러로 이어진다. 쿠처는 톈산신비대협곡과

텐산을 넘어 우루무치로 가는 길

키질석굴이 있는 곳이다. 룬타이는 윤대의 죄기조를 회고했던 곳
이다. 쿠얼러는 동귀했던 토르구트족에게 목양지로 주었던 바인
귀렁 몽골자치주의 행정 중심이다. 시계 방향으로 돌아온 타클라
마칸 일주는 쿠얼러에서 우루무치로 돌아가면서 마감하게 된다.
텐산산맥의 능선을 넘어 멀리 우루무치가 내려다보이는 곳에 도
달하면 또 다시 외계 행성 같은 지형을 볼 수 있다. 이곳을 통과하
면 우측으로는 투루판으로 가는 길이고, 북쪽으로 계속 가면 곧
우루무치에 도착한다. 적어도 20일 정도는 길에서 보내야 일주를
할 수 있다.

　사람들에게 타클라마칸은 막막한 공포와 묘한 로망이 함께 버무
려져 있는 곳이다. 살기 힘든 사막으로 향하는, 도시에서 잘 살고
있는 사람들의 로망이랄까. 도시에서 그리 행복하지 않다는 반증
일 수도 있고, 막연한 신비감에 취한 자기 도취일지도 모른다. 한

타클라마칸사막

가지 분명한 것은, 타클라마칸은 생존 조건이 열악하지만 죽음의 바다는 아니라는 것이다. 지금 돌아보라. 사막에서보다 아스팔트에서 더 많은 사람이 죽고 있지 않은가. 죽음은 오히려 도시의 일상이 아닌가.

사람 없는 사막은 자연 그 자체인 것 같지만 그것만도 아니다. 이미 인간의 욕망이 촘촘하게 뒤덮고 있다. 이곳저곳으로 이어지는 도로와 도로를 따라 달리는 고압선 철탑이 그것을 말해준다. 중국 당국이 말하는 신장의 분리주의를 논하지 않더라도, 유전과 사막 도로와 금광과 가짜 옥을 상기해 보라. 욕망은 사막에도 이미 넘치고 있다. 그래도 타클라마칸은 사막이고 자연이다. 장엄하고 광활하면서도 잔인하기까지 한 자연을 고스란히 보여준다.

소심한 나는 차량과 통신이라는 문명의 이기를 이용해 타클라마칸을 일주하며 감상을 했다. 태연하게 도시로 돌아와서는 대자연으로부터 큰 가르침이라도 얻은 듯 으스대기도 하지만 실상은 그렇지만은 않은 것 같다. 사막 일주란, 타클라마칸이 나를 유혹해서 짧은 희열을 맛보게 한 다음 가차 없이 쫓아낸 것은 아닐까. 그렇게 귀국과 귀가라는 이름으로 쫓겨 와서는 그곳을 회상하고 상상하고 공상한다. 아무래도 사막은 유혹이고 로망이다. 🔳

신장 또는 서역, 누구의 땅인가

"서(西)으로 가는 달같이는 나는 아무래도 갈 수가 없다."는 서정주의 시 추천사(鞦韆詞)의 한 구절은 나를 서역행으로 떠밀었다. 청소년 시절부터 지금까지 서으로 갈 수 없다는 시어는 끝없이 나를 유혹했다. 한번 다녀오면 그 유혹은 더 커져가곤 했다. 코로나19 사태 이전까지 여덟 번을 여행했다. 한번에 15~30일 정도였다. 여행객으로 짧은 기간은 아니다.

이렇게 날짜를 쌓아온 나의 신장 여행에는 대부분 몇몇 동반자가 있었다. 길 위에서 나누는 이야기가 풍성했다. 그런데 신장을 처음 마주치는 그들에게는 한 가지 공통적인 반응이 있었다.

"여긴 중국이 아니네!"

길 위에서 마주치는 신장의 현지인들은 생김새와 언어는 물론

현재 신장 경계

흉노

서역 36국

강거

서역도호부
(서한)

오손

우루무치

대완

언기

차사

포류

옥문관

휴순

온숙

구자

둔황(서한)

위두

고묵

위리

양관

대월지

연독

소륵

카스

정절

차말

루란

선선

사차

우전

소완

야강

포리

피산

우미

서역 36국

복장과 습관에서 역사에 이르기까지 일반적인 중국과는 크게 다르다. 우리는 뉴스를 통해 '분리주의 테러'에 대해 전해 듣지만, 전하는 기자나 듣는 청자의 마음속에는 중국공산당의 현지인 탄압이라는 뉘앙스가 적지 않다. 중국이 아닌데 중국이 점령하고 통치하고, 탄압까지 한다는 것이다. 변방의 여행기를 풀어가면서 신장을 떠나는 순간 다시 한번 스스로 묻는다. 신장은 누구의 땅인가.

서역은 장건의 서역사행(西域使行)이란 역사 용어로 내게 출현했다. 서역 '개척'이라고 하는 중국인도 있는데 어처구니없는 억지다. 콜럼버스가 유럽인으로는 처음으로 아메리카 대륙을 다녀왔을 뿐이지 그곳을 '발견했다'는 말이 오만한 억지인 것과 같다.

서역 36국이란 용어는 훨씬 구체적이다. 타클라마칸사막 주변의 도시국가들을 통칭하는 말이다. 서역 36국이란 말은 《당서》에 처음 등장하는 용어다. 36개 국가만 있었던 것은 아니지만 일반적으로 이렇게 부른다. 나는 서역 36주(州)가 아니라 서역 36국(國)

이라고 부른 것은 서역이 중원의 땅이 아니라는 것을 말해준다고, 중국인 친구에게 농반 진반으로 말한 적도 있다.

한대에 서역에 안서도호부를 설치하고 둔전을 운영하기도 했으나 그것은 일부 시기의 일부 지역에 지나지 않았다. 당은 돌궐과 연합했을 뿐 서역을 지배한 것과는 거리가 멀었다. 송이 요와 금에 눌렸던 시대는 말할 것도 없다. 칭기즈칸과 그 후예들이 지배하던 시대, 북방과 해양 모두 쇄국으로 일관했던 명대 역시 서역은 중원으로부터는 머나먼 남의 땅일 뿐이었다.

신장에 대해 소위 전통적인 중국이 지배력을 발휘한 기간과 지역을 한마디로 압축할 수 있을까. 제임스 밀워드의 《신장의 역사》에 제시된 연표를 기반으로 시간과 지역을 XY축으로 해서 그래프 스타일로 그려본 적이 있다. 기원전 1세기에서 20세기까지 2,100년 역사 가운데 중원의 황제가 신장을 통치한 것은 20~25퍼센트

위구르인

정도에 지나지 않는다. 중원보다는 몽골계와 위구르계가 주도했던 비중이 훨씬 크다.

청대에 들어서서 서역은 황제의 새로운 강역 곧 신강(新疆)으로 굳어졌다. 청조의 만주족 황제들에게 가장 중요한 동맹이자 가장 위험한 세력은 몽골이었다. 많은 부락이 넓게 퍼져 있었지만 강력한 유목 세력이었다. 만주족이 흥기하기 시작한 17세기 초 몽골은 남몽골, 북몽골, 서몽골 세 덩어리로 나뉘어 있었다. 오늘날에 견주자면 각각 내몽골, 몽골공화국, 신장에 해당한다.

남몽골은 누르하치와 홍타이지를 거치면서 청에 복속되어 중요한 제휴 세력이 되었다. 북몽골은 강희제 중반에 청에 복속되었다. 서몽골은 오이라트 몽골이라고도 하는데 알타이산맥에서 이리강에 이르는 지역에서 유목을 했다. 이들은 준가르부(部)가 주력이 되어 강력한 유목 제국을 구축하고 있었다.

청나라와 준가르는 1690년대 강희제 중반부터 1750년대 건륭제 초기까지 70여 년간 상쟁했다. 나름의 균형은 준가르의 내부에서 균열이 발생하면서 깨졌다. 1752년 준가르의 부족장이었던 아무르사나와 다와치가 새로운 칸의 후보였던 당시 권력자를 암살했다. 거사 후에 다와치가 칸에 오르자 아무르사나는 다와치와 내전을 벌였다가 패해서 청나라에 귀순했다. 건륭제는 1755년 아무르사나를 앞세워 준가르의 중심부인 이리를 공격했다. 100여 일의 전투 끝에 청은 승리했다. 준가르의 수장 다와치도 생포했다.

그런데 승리 후에 정세가 급변했다. 이번에는 아무르사나가 오이라트 여러 부족을 장악하면서 청나라와의 제휴를 파기하고 이리에 남아 있던 청나라 군대를 학살한 것이다. 건륭제는 격분하여 아무르사나의 준가르부를 공격했다. 이번에는 예전의 정복 전쟁과는 달리 전체 부민을 잔인하게 학살하다시피 했다. 노예로 보낼 여자와 아이, 노인을 제외한 모든 준가르인을 죽임으로써 부족 자체를 절멸시킨 것이다. 아무르사나는 청나라에게는 더러운 반역자였고 몽골에게는 청나라에 저항한 영웅으로 남았다.

이 학살을 계기로 청나라의 몽골 지역 통치 방식이 바뀌었다. 이전에는 전쟁에서 승리하면 그 지역에 새로운 칸을 세워 간접적으로 통치했었다. 그러나 아무르사나를 정복한 이후에는 직접 통치하는 것으로 변경했다. 건륭제는 1759년 이 지역을 새로운 강역이란 뜻으로 신강(新疆)으로 명명한 것이다.

건륭제가 신강이라고 선포한 것은 준가르와의 상쟁에서 승리한 것 이상의 중대한 의미가 있었다. 누르하치 이후 150년 만에 남몽골과 북몽골에 이어 마지막 남은 서몽골까지 완전히 정복했다는 뜻이었다. 이것은 청나라가 중원을 정복한 것에 버금가는 업적이었다.

건륭제는 전승을 화려하게 기념했다. 준가르를 복속시킨 업적을 상세하게 기록하여 《평정준가르방략》을 편찬했다. 청나라가 편찬한 가장 방대한 원정사다. 전체 몽골의 정복을 표상하는 거대 건축물도 세웠다. 열하산장의 외팔묘가 바로 그것이다. 그 외에도 베이징의 자광각을 대규모로 중건하여 전쟁 기념관으로 만들었다. 기념관에 준가르 정복 전쟁의 공로자 100명의 초상화를 제작하여 전시했다.

신장 정복 이후 이 지역에는 중원과는 다른 통치 방식을 적용했다. 팔기 체제를 기반으로 군사력으로 직접 지배하는 군정을 실시했다. 신장 통치의 엘리트는 극소수를 제외하고는 만주족과 몽골인이었다. 신장 북부의 유목 지역에서는 자사크(Jasak)라고 하는, 청조에 충성하는 현지 지도자들을 관리에 임명했다. 투루판이나 하미의 왕들이 바로 그들이다. 신장 남부 등지에는 벡(Beg)이라고 하는 무슬림 관리들을 중간 관리로 임명하여 통치했다. 우루무치를 포함해 한족 농민과 상인들이 증가한 곳에는 현, 주, 도를 설치하고 중원의 관리들을 보냈다. 복잡하면서도 정교한 체제였다. 이때의 신장에 대해 청의 보호국이나 봉신국이라 하면서 완전한 청의 일부라고 보지 않는 견해도 있고, 완전히 청에 편입된 것으로 평가하는 역사학자도 있다.

건륭제의 준가르 정복 이후 약 1세기 동안은 비교적 평온했으나 19세기 중반이 되자 상황이 크게 변했다. 신장의 팔기군은 쇠락했고 지방의 관리들은 부패와 착취가 심해졌다. 이미 1840년 아편전쟁에서 패한 청나라는 동남 해안으로부터의 위협과, 신장을 둘러싼 서북 내륙으로부터의 위협에 포위되어 있었다. 1864년 신장에서 투르크계 무슬림의 반란이 일어났다. 신장에서 반란이 일어나자 국가재정을 어느 쪽에 먼저 투입할지 청조 내부에서 심각한 논쟁이 벌어졌다. 신장의 반란부터 진압하자는 새방(塞防) 또는 변방(邊防)과, 동남의 해안 지역 방어를 우선하자는 해방(海防) 간의 논쟁이었다.

청조의 논쟁은 1874년 변방으로 기울었다. 변방은 신장 원정군 총사령관인 좌종당이 중심이었다. 신장이 무너지면 몽골이 무너지고, 몽골이 무너지면 베이징이 무너진다는 것이었다. 만주-몽골 연합이라는 청조의 태생적 성격을 그대로 보여주는 발상법이

신장에 있는 아투스 천문

다. 해안에서 벌어지는 서구의 침략은 교역 기지 확보가 목적이지만, 신장에 대한 영국과 러시아의 노림수는 영도의 정복이라는 것이다.

1875년 좌종당이 흠차대신으로 임명되었다. 신장 지역 최고 책임자로는 최초의 한족 관리였다. 좌종당의 군대는 1878년 허톈(和田)까지 점령하여 신장을 다시 정복했다. 서구 열강들은 쇠락하는 청나라가 신장을 재정복한 것에 대해 전략적 착오라고 평가절하하면서도 실제로는 청나라에 그런 역량이 있었다는 것에 대해 상당히 놀랐다.

청나라는 신장 통치 체제를 재건했다. 1884년 신장을 청나라 중앙정부 직할 행정구역인 성(省)으로 개편해 나갔다. 위구르인 독립운동가들은 이 건성(建省) 조치를 부당하게 병합된 것으로 보지만, 중국에서는 다민족 국가로 가는 중요한 계기였다고 해석한다. 흥미로운 것은 청조가 세운 신장성이 1910년의 신해혁명에서는 청조에 반기를 들었다는 것이다. 신장의 지배 엘리트들은 청나라를 거부하고 중화민국의 통치를 받아들였다. 그리고 다시 중국공산당의 인민해방군에 의해 신중국으로 넘어가 오늘에 이른 것이다.

신장은 누구의 땅인가, 중화인민공화국의 땅이다. 국가권력의 관점에서 보면 이견의 여지가 없다. 고대에는 한나라와 당나라 등 몇몇 왕조가 신장을 일부 통치했을 뿐이다. 그러나 청나라의 정복 이후 반란과 재정복, 건성 그리고 신해혁명을 거쳐 중화민국으로, 다시 신중국에 이르는 250여 년의 역사에서 신장은 중국의 영토로 굳어졌다. 만일 이런 연결이 어디선가 절단됐더라면 러시아나 영국 또는 몽골이나 위구르 사람들이 주도하는 국가의 영토가 되었을지도 모른다. 물론 이것은 가정일 뿐이다. 어떤 경우이든 신장은 누구의 땅이냐는 질문은 여전히 계속되고 있을 것이다.

국가권력과 백성을 분리할 수 있다면 신장은 그곳 사람들의 땅이라고 할 수 있다. 그러나 '그곳 사람들'이라는 말의 구체적인 내용은 불분명하고 복잡하다. 그곳 사람들이란 위구르인을 말하는가. 지금도 그렇고 과거 역사에서도 그렇고, 그들이 절대다수인 것도 아니다. 위구르인을 하나의 민족이라고 구분하는 데에도 이견이 있다. 19세기부터는 한족도 유입되어 이제는 신장 인구의 반을 넘는다. 민족에 따라 땅을 나눈다면 신장을 몇 개로 쪼개야 할지 가늠하기도 어렵다. 현실적으로 가능하지도 않지만 그렇게 쪼개려는 순간 권력은 요동을 치고 그곳 사람들은 또 다른 엄청난 고통을 당하게 된다. 민족주의는 저항할 때는 저항력이지만 권력을 잡으면 폭압적인 도구가 되기 일쑤다. 분명한 것은, 어떤 국가가 신장을 지배하고 있다 해도 국가권력과 그곳에 사는 백성들 사이에는 일정한 괴리가 있다는 것이다.

신장은 누구의 땅이냐 하는 질문은 내 생각에는 우문이다. 그럼에도 내가 이런 어리석은 질문을 하는 데에는 이유가 있다. 누구의 땅이냐는 질문에는 이미 황제의 관점이 들어 있다. 땅이고 백성이고 모두 누군가의 소유물이라는 관념이 진하게 배어 있다. 실제로는 황제의 발꿈치에도 가보지 못한 사람들의 머릿속에 황제의 관념이 공고하게 자리 잡고 있다. 뭔가 잘못된 것이 아닌가.

저항하는 사람들이 있으면 그 땅은 저항하는 사람들의 땅이라고 공감하기 쉽다. 그건 나와 우리의 식민지 트라우마에서 비롯된 것일 수 있다. 그러나 주의할 필요가 있다. 그것이 옳다 그르다, 좋다 나쁘다를 논하기 전에 나와 우리의 역사 경험을 먼 나라 남의 땅에 직접 대입하여 예단하는 것은 꽤나 위험하다는 것이다. 신장의 역사는 대단히 복잡하다.

중국에 대한 대국 콤플렉스와 레드 콤플렉스도 슬그머니 작동하고 있는 것 같다. 공산당이 지배하는, 게다가 영토가 거대한 중국에 대해서는, 그 나라 정부에 반발하는 편을 지지하고 싶은 심정이 깔려 있다. 이런 정서도 백퍼센트 타당하다고 할 수는 없다. 우리는 우리의 문제가 있고 그곳에는 그곳의 문제가 있다. 다만 여행객으로서, 신장이라는 땅은 다른 어느 지역과 마찬가지로 배타적 소유가 아니라 선량한 관리의 대상이었으면 좋겠다. 권력이 폭압적이지 않고 그곳 사람들을 크게 억압하지 않기를 바랄 뿐이다. 지금도 그곳에서 들려오는, 권력이 백성을 억누르는 여러 뉴스를 들으면 어디까지 사실이고 어디까지가 과장인지 내가 확인할 수는 없지만, 그저 안타까움이 더해갈 뿐이다. 🎴

3장

북방기행

황하 발원지를 찾아서

내가 누구인지, 누가 나의 조상인지를 알고 싶은 것은 본능이다. 내가 누구인지를 확인하다 보면 곧바로 너는 누구이고 우리와 그들은 누구인지를 더듬어보게 된다. 그것이 역사를 읽게 되는 동기의 하나인 것 같다. 마찬가지로 큰 강의 도도한 흐름을 보면 그 발원지에 호기심이 기울고, 종국에는 그곳을 눈으로 확인하려고 찾아가게 된다. 황하 발원지에 대해서도 그렇다.

황하는 소싯적 교과서에서 배운 바, 세계 4대 문명의 하나라는 대목에서 이미 내 머릿속에 강하게 각인돼 있었다. 황하문명의 한자 문화와 그들의 정치권력은 우리 역사에 큰 영향을 주었음은 두말할 것도 없다. 그러나 황하문명이 황하 발원지에서 발원한 것은 결코 아니다. 황하는 티베트고원의 깊고 깊은 계곡에서 발원했고,

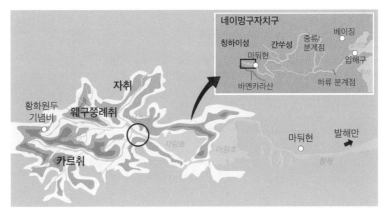

네이멍구자치구
칭하이성 간쑤성 중류 분계점 베이징
마둬현 린해구
바옌카라산 하류 분계점

자취
황화원두 기념비 웨구쭝례취
카르취
자링호 어링호 마둬현 발해만
황하

황하 발원지

황하문명은 발원지와는 무관하게 상류 일부와 중하류 지역에서 형성되었다. 황하문명의 주인공들도 황하 발원지에 대해 강한 호기심이 있었고 그만큼 지속적으로 탐구했다. 무엇보다도 대홍수의 근원을 확인하고 싶었을 것이다. 중원의 황제들은 큰 강의 시원이자 하늘로 가는 입구처럼 생각되는 그곳에 자신의 권력을 새겨두고 싶었는지도 모른다. 황하 발원지는 고대와 중세에는 토착민들의 영토로 간주되었지만, 근현대에 들어 청조와 중화민국을 거쳐 신중국에 이르면서는 중국의 영토로 굳어졌다. 발원지에 대한 지리학적 탐구는 20세기 후반에 완료되었고 외지 일반인들의 발걸음이 그곳에 미치기 시작했다. 최근에는 오지로 향하는 여행객의 로망이 가세하고 있다.

나는 네 차례로 나눠 황하 전체 구간을 답사했다. 처음 두 번이 황하 발원지였다. 발원지에 접근하는 입구이자 마지막 관문은 칭하이성 마둬현(瑪多縣)이나. 칭하이성 수도인 시닝(西寧)에서 서쪽으로 470여 킬로미터나 가야 한다. 이와는 달리 아예 쓰촨성 수도인

자링호

어링호

청두에서 출발하여 1,000여 킬로미터에 달하는 오르막 산길을 굽이굽이 돌아가는 길도 있다. 황하 발원지가 해발 4,300미터나 되는 만큼 고산에 적응하기 위해 서서히 접근하려면 청두에서 출발하는 것이 여행으로서는 조금 더 나은 노선이다. 여행 기간을 고려하면 시닝에서 출발하는 것이 좋겠지만 고산 경험이 거의 없는 한국인들에게 추천하기에 약간은 저어된다.

황하 발원지라는 말은 몇 가지 조금씩 다른 의미가 있다. 마둬현 서쪽 90여 킬로미터 거리에 있는 자링호(扎陵湖)와 어링호(額陵湖)

두 개의 호수를 묶어 황하 발원지라고 하기도 한다. 두 호수 사이에 솟은 능선에 황하원두기념비라는 표지가 멋진 야크뿔 조형물과 함께 세워져 있기 때문이다. 능선에서 보는 두 개의 호수는 풍광만으로도 감동적이다. 푸른 물빛이 얼마나 영롱한지 빨려 들어갈 것만 같다. 백 년이 지나도 맑은 황하는 볼 수 없다[百年河淸]는 말과 반대로 황하가 발원지 유역에서는 환상적인 푸른 물이란 사실에 놀라지 않을 수 없다. 황하는 누런 물로 역사를 만들고 창강은 푸른 물로 서화를 남겼다고 아는 척을 했던 나의 협소한 경험론이 무색해지는 장면이기도 하다. 일반적인 중국인들이 내미는 황하 발원지의 인증 샷 대부분이 바로 이곳에서 찍은 사진들이다. 이곳을 황하 발원지라고 하는 것은 물론 지리학적 의미는 아니고, 현지 지방정부나 관련 사업자들이 내세우는 마케팅 슬로건일 뿐이다. 그러나 중국인이 아닌 한국인이라면 이곳에 가서 황하 발원지라고 해도 흠잡을 일은 아닐 것이다.

자링호의 푸른 물은 서쪽의 성수해(星宿海)에서 흘러온다. 명칭으로는 호수 같지만 실제로는 습지이다. 넓은 지역에 작은 물웅덩이가 유리 조각처럼 흩어져 있고 물고랑이 그물망처럼 이어지고 갈라지면서 흐른다. 성수해는 당대 초기 또는 그보다 더 일찍부터 알려진 명칭이다. 청대까지도 성수해를 황하의 발원지라고 생각했다. 중국의 고지도 가운데 황화 발원지를 명확하게 표시한 최초의 지도인 〈황하원도(黃河源圖)〉(원대 도종의의 《남촌철경록》에 수록)에 성수해가 명시돼 있다. 이 지도는 원의 황제 쿠빌라이의 명에 따라 황하 발원지를 탐사한 도실(都實)이란 여행가와 식집 판련이 있다.

도실은 성수해에 대해 "샘이 100여 개나 되는데, 어떤 것은 샘

〈황하원도〉

이고 어떤 것은 땅에 고인 물이었으며, 진펄도 여기저기 흩어져 있다. 그 넓이가 무려 70~80리에 달하는데 진흙도 많아 가까이 다가갈 수 없었다. 그 옆의 높은 산에 올라가 아래를 바라보니 마치 줄지은 별처럼 반짝반짝 빛이 났다. 그래서 화돈뇌아(火敦腦兒)라는 이름으로 불리게 되었다. 화돈은 성수 곧 별이란 뜻"이라고 설명했다. 宿에는 '잠자다'(숙)와 '별자리'(수)라는 두 가지 뜻과 독음이 있다. 성수해는 별자리라는 뜻으로 쓰였지만, 별이 잠든 호수라고 잘못 해석해도 꽤나 낭만적이긴 하다. 하늘에서 쏟아지는 별들과 땅에 잠든 별들 사이에서 야영을 해보겠다는 희원을 나는 지금도 생생하게 간직하고 있다. 언젠가 조용히 다가가서 말없이 누워볼 생각이다.

성수해는 서쪽 상류의 카르취(卡日曲)와 웨구쫑례취(約古宗列曲), 자취(扎曲), 세 개의 계곡물이 합쳐지면서 만들어낸 습지이다. 이 셋을 묶어 황하삼원(三源)이라고도 한다. 황하 발원지를 조금 넓게 칭하는 말이다. 현재 중국 정부와 지리학계가 공인하는 황하 발원지는 카르취의 최상단 수원지이다. 이를 황하정원(正源)이라고 구분하기도 한다. 행정구역으로는 위수(玉樹) 티베트자치주 취마라이현(曲麻萊縣)에 속한다. 바옌카라산맥(巴顏喀拉山)의 북록, 거쯔거야산(各姿各雅山)의 중턱이다. 이곳에는 다섯 개의 작은 샘물이 모여 있다고 한다. 일년 내내 물이 용출하여, 작지만 끊어지지 않는 물길을 이루기 시작한다. 깊이도 1미터가 되지 않고 폭도 3미터 정도이지만 황하 5,464킬로미터가 시작하는 곳이다.

애초에 카르취인가 웨구쫑례취인가에 대해 논쟁이 많았다. 중국 정부가 1952년에 조직한 탐사대가 웨구쫑례취를 발원지라고 결론을 냈었기 때문이다. 1978년 칭하이성이 탐사대를 조직해서 광범위하게 조사한 끝에 카르취를 발원지로 확정했다. 하류(河流)의 길이와 유역의 면적, 유량과 유속 모두 웨구쫑례취보다 카르취가 크다고 판단하여 발원지로 공인한 것이다. 그리하여 일반인들은 헷갈리기 쉽다. 내가 두 번째 황하 발원지 답사를 마치고 하산할 때 EBS 촬영팀이 황하 발원지를 촬영하기 위해 가고 있었다. 우연히도 촬영팀을 태우고 가던 중국인 기사가 내가 잘 아는 친구였다. 그 친구에게 현지 사정을 상세하게 설명해 주었다. 나중에 방송을 보니 EBS도 카르취가 아니라 웨구쫑례취를 촬영했다.

나는 2016년 여름 웨구쫑례취늘 식섭 답사했있다. 웨구쫑례취는 카르취의 북쪽 능선 건너편에서 발원한다. 직선거리로 30여 킬로미터 정도에 지나지 않는다. 세 개의 곡면이 한데 모이는 약간 움푹한 중앙에 샘물이 있다. 주변의 능선에 올라 내려다보면 기묘하게도 여성의 하복부 같은 형상이다. 이곳 역시 물이 끊이지 않고 솟아나와 가느다란 물길을 이루어 흐르기 시작한다. 발원지 아래로는 성수해처럼 반짝이는 습지가 넓게 펼쳐져 있다.

웨구쭝례취는 지금도 황하 발원지 대접을 톡톡히 받고 있다. 적지 않은 지도에 웨구쭝례취를 황하원두(源頭)라고 표시하고 있다. 1952년 탐사에서 발원지로 발표된 흔적인 것 같다. 장쩌민과 후야오방이 방문한 기념비도 이곳에 세워져 있다. 민간단체에서 답사 기념으로 세운 기념비나 표지들도 있다. 마둬현에서 황하 발원지를 오가는 경험 많은 현지 기사들 역시 황하 발원지라고 하면 당연한 듯이 웨구쭝례취로 향한다.

마둬현에서 웨구쭝례취를 가려면 왕복 600여 킬로미터를 달려야 한다. 그 가운데 비포장 초원길이 400여 킬로미터나 된다. 중간에 작은 마을이 딱 하나뿐, 나무조차 한 그루 볼 수 없다. 이 거리를 하루에 왕복하려면 말 그대로 새벽에 출발하여 하루 종일 미친 듯이 달려야 늦은 밤에 겨우 돌아올 수 있다. 중간에 일박을 하려면 여분의 연료 이외에 야영과 취사 장비까지 필요하기 때문에 당일 왕복이 그나마 현실적인 방법이다. 워낙 거친 길이고 물에 잠긴 구간도 곳곳에 있어 랜드크루저 급의 강력한 사륜구동 차량을 이용해야 한다. 전 구간이 해발 4,200미터를 넘기 때문에 고산 반응도 만만치 않다. 차량이 아무리 좋아도 고산 반응 속에서 비포장 400여 킬로미터를 질주하면 승객의 피로도는 상당하다. 고지에 이미 적응되어 있는 현지인들은 전혀 문제가 되지 않지만 그렇지

발원지 답사 차량

않은 외지인들은 주의하여야 한다.

극소수이지만 최근에 오지 여행을 좋아하는 한국인들이 자링호
와 어링호를 찾고 있다. 오지가 주는 불편 속의 낭만, 고원의 아름
다운 호수, 눈부시게 푸른 하늘과 함께 황하의 시원이라는 호기심
이 강하게 유혹하는 것이다.

나는 황하 발원지를 두 차례 답사하고 나서 중류와 하류를 나
누어 답사했다. 황하 전체 답사에 모두 55일이 걸렸다. 황하 하류
의 끝은 발해만(渤海灣)으로 흘러 들어가는 입해구(入海口)이다. 발원
지 답사 당시를 다시 기억하면서 입해구 바깥에 있을 '황해 속의
황하'를 떠올려 본다. 수만 년 전 황해의 수위가 낮았을 때 입해구
는 지금의 황해 한복판이었다고 한다. 물의 흐름으로 보면 카르취
가 시작이고 입해구 바깥의 황해가 끝이다. 황하문명을 중심이라
고 가정해 보면 황하 발원지뿐 아니라 입해구 바깥의 황해도 변방
이다. 내륙 오지도, 대양으로 접하는 연근해도 변방인 것이다.

대륙과 대양은 각기 다른 문명을 만들어냈다. 동아시아의 근현대사는 전통적인 대륙 문명과 신진 해양 문명이 충돌한 역사라고 해도 과언이 아니다. 오오츠크해, 동해, 황해, 동중국해, 남중국해로 이어지는, 유라시아와 태평양 사이에 길게 이어진 바다의 회랑은 문명이 충돌하는 경계선이자 변방이었다. 새삼 황하 발원지에서 바다로 나갈 방향성을 습득하게 된다. 그리하여 타이완과 진먼도(金門島)를 떠올리고, 중국의 동해 연안에 흔적을 남긴 신라인과 고려인 그리고 조선과의 연계성을 상상하게 된다. 화려한 변방으로서의 홍콩과 마카오라는 이질적인 항구도 이어진다. 이렇게 해서 변방으로의 여행은 바다로도 이어가게 되었다. 변방을 돌아보는 것은 결코 주변부에서 서성거리는 것이 아니라, 더 넓게 보자는 것이다. 변방으로서의 연안 지역을 여행하면서 바다의 역사를 찾아보는 것은 '5부 바다의 역사'로 이어진다. 🎏

허란산 암각화, 흉노의 흔적인가

황하 5,464킬로미터는 티베트고원에서 발원하여 동으로 흘러 발해만으로 가는데, 중간에 크게 북류했다가 남으로 돌아오는 구간이 있다. 란저우를 지난 황하는 황토 고원을 둘러싼 허란산(賀蘭山), 인산(陰山), 뤼량산(呂梁山) 세 개의 산맥에 막혀서 북류, 동류, 남류를 하다가 둥관(潼關)에서 다시 동류하여 바다로 향한다. 이렇게 황하가 돌면서 만들어낸 사다리꼴 지역은 건조한 황토 고원으로 농업과 유목이 교차한다. 몽골어로는 오르도스(Ordos), 중국어로는 허타오(河套)라고 한다. 흉노가 가장 많이 등장하는 지역이 바로 오르도스이다. 봄, 여름, 가을에는 인산 북쪽의 몽골 초원에서 유목을 하고, 겨울이 되면 얼어버린 황하를 건너 승원으로 내려온나. 중원과의 관계가 좋으면 오르도스에 열리는 호시(互市)에서 교역을 하고, 그렇지 않으면 중원의 곡식 창고를 노리는 약탈전을 벌이기도 한다.

동아시아 역사는 중원과 북방의 충돌이 격화되었다가 휴지하기를 반복하는 과정이라고 할 수도 있다. 흉노는 북방의 첫 번째 강자였다. 다음으로 선비, 돌궐, 거란, 몽골, 여진(만주) 등이 이어졌다. 북방의 힘이 결집되면 핵폭발을 일으키며 중원을 삼켰고, 지배력이 소진되면 중원으로 스며들어 사라지거나 북방으로 돌아가 흩어지곤 했다. 흉노는 약탈과 복속이란 극단을 오가다가 북흉노는 서쪽으로 사라졌고, 중원으로 들어온 남흉노는 5호16국이란 용광로 속에 자신을 불태우고는 사라졌다. 한나라는 흉노와 사생결단의 전쟁을 벌이다가 체력이 고갈된 끝에 안으로 서서히 무너졌다. 한나라의 전성기이자 몰락의 변곡점이 된 당시 역사는 '한무제의 자책―윤대의 죄기조'에서 음미한 바 있다.

북방의 두 번째 주자로 등장한 선비족 탁발부는 북위(386~534)를 세워 북중국을 통일하고, 수와 당에 이르러는 강남까지 통일하여 호한융합이라는 새로운 동아시아 문명을 구축했다. 그들은 스스로 중원 한복판으로 들어와 융합의 쓰나미를 일으켰다. 거란은 탁발선비의 호한융합과는 달리 정복왕조로서 말 위에서 세상을 지배하려 했다. 칭기즈칸과 그 후예들은 동아시아를 훌쩍 뛰어넘어 이전에는 존재하지 않았던 세계사 최초의 세계 제국을 만들었다. 동북의 새로운 별로 등장한 여진은 송나라와 서하와 함께 삼국 체제를 이루었다가 잦아들었고 훗날 다시 굴기하여 대청이라는 동아시아 최대 판도의 제국을 세웠다.

이에 반해 한족 왕조가 중원을 통일하여 경영한 것은 한대 이후

송과 명에 지나지 않았다. 중원의 식자들은 화이(華夷)란 개념으로 오랑캐를 폄하하는 자기중심적 역사를 썼을 뿐이다. 나의 생각으로는, 동아시아 역사에서 북방은 독립변수에 가까웠고, 중원은 물산이 풍부한 상수였던 것으로 보인다.

내가 북방의 힘이 뻗쳐오르던 초원과 황무지를 찾아 답사 여행을 다니면서 흉노의 흔적을 연상하여 찾아간 곳은 닝샤(寧夏) 회족자치구의 허란산 암각화 지대였다. 허란산은 동서 폭이 20~30킬로미터이고 남북 길이가 220킬로미터에 이르는 산맥이다. 닝샤회족자치구와 네이멍구자치구의 경계를 이룬다. 산맥의 서쪽으로는 경사가 완만하지만 동록은 경사가 급하다. 바로 이 경사가 심한 암석 지대에 암각화가 많이 남아 있다. 북으로는 스쭈이산(石嘴山), 중앙의 허란커우(賀蘭口), 남쪽의 칭퉁샤(靑銅峽)와 중웨이 중닝 일대에 넓게 분포돼 있다.

내가 두 번이나 찾아간 곳은 닝샤 회족자치구의 수도인 인촨(銀川)에서 가장 가까운 허란커우이다. 세곡 양측에 늘어신 600여 미터 구간에서 1,000여 개의 암각화를 볼 수 있다. 사람 머리를 그린

암각화가 즐비한 허란산

것이 많고, 머리에 털이나 뿔을 그린 것도 있다. 변발이나 두건으로 보이기도 한다. 소 말 사슴 새 늑대 등과 같은 동물도 많다. 이런 것들을 모아 보면 무당과 토템, 곧 샤머니즘을 보여주는 것들이라 할 수 있다. 암각화는 단순하고 질박하고 소탈하지만, 호방하고 힘이 있고 생동감이 넘친다. 전체적으로 유목민의 일상을 느낄 수 있다. 암각화가 만들어진 시기는 일정치 않다. 신석기 시대에 시작되었을 것이다. 역사시대에 들어서면서는 춘추전국시대 것이 많다고는 하지만 서하(西夏) 시대의 문자를 새긴 것도 있다.

흉노가 동아시아 역사에서 북방의 첫 번째 주자라지만 사료가 많지 않고, 한 갈래가 서쪽으로 사라졌다는 것 때문에 오히려 내게는 더 강하게 다가온다. 서쪽으로 간 흉노가 훗날 훈족이란 이름으로 유럽에 등장했다고 하는데, 역사학자 대다수가 동의하는 것은 아니다. 이견이 있으니 오히려 신비감은 증폭되는 것 같다.

사서나 암각화에 묘사된 유목민의 일상 역시 나의 상상력과 호

허란산 암각화

기심을 자극한다. 걸음마 이전에 말 타기를 배우고, 말을 달리면서도 활을 쏘는 기사법(騎射法)의 달인이란 것도 그렇다. 활은 반곡궁(反曲弓)으로 사거리가 200미터에 달한다고 한다. 달리는 말 위에서 몸을 돌려 적을 향해 강력한 화살을 날리는 장면을 상상해 보라. 이 얼마나 호쾌하고도 정교한 생사의 갈림길인가. 이보다 더 멋진 전투 장면을 그리기는 쉽지 않을 것 같다.

생존을 위한 자연환경은 척박했지만 이들은 강한 생명력으로 살아남았다. 푸른 하늘에 흰 구름이 떠가면 순진한 목동이지만, 모이면 최강의 군대였다. 달리면 전격전이요 물러서면 매복전이었다. 적장자가 아니라 능력자가 권력을 승계하는 체계는 그들의 개방적 사고방식을 잘 보여준다. 능력자가 목숨 건 경쟁을 거쳐 수장이 될 수 있으니 자연히 격동의 에너지가 넘치게 된다. 거친 환경과 치열한 경쟁, 강력한 승자 중심의 생존 방식이 바로 북방의

허란산 인근의 서하왕릉

힘을 지탱해 준 근간인 것 같다. 그것은 고대의 원시적인 정치체
제일 수도 있지만 21세기 글로벌 경쟁 시대와도 직설적으로 통하
는 느낌이다. 디지털 노마드라는 말이 그와 같은 한 단면을 말해주
고 있다. 흉노가 고대사에서 튀어나와 현대로 이어지는 것은 북방
의 맥락이라는 상상력이나 디지털 노마드와 같은 해석에만 있는
것은 아니다. 미술에서도 현대로 이어지는 경험을 잊을 수 없다.

　내가 허란커우 암각화를 처음 찾아간 것은 2010년 12월 하순
의 추운 겨울이었다. 차가운 북풍 속에서 하나하나 들여다보는 절
벽의 암각화에서 흉노에 관한 연상을 혼자 즐겼던 기억이 생생하
다. 그러는 동안 산양 몇 마리가 절벽 위에서 나를 내려다보기도
했다. 역사의 은밀한 메시지를 전해주는 느낌이었다고나 할까. 몇
년이 지나 황하 전체 구간을 4회에 나눠 답사하면서 동반자들과
함께 허란산 암각화를 다시 찾았다. 절벽 위의 암각화가 달라졌을

한메이린예술관

리는 없다. 안내표지가 좀 개선됐을 뿐 전시관의 설명도 달라지지 않았다. 그러나 7년 전에는 없던 '한메이린(韓美林)예술관'이 별채 건물로 세워져 있는 게 아닌가.

처음에는 한이라는 작가의 성이 친근하게 느껴졌을 뿐이었다. 전시관에 들어서는 순간 작품의 크기와 수량, 그리고 전시 공간 자체가 압도적이었다. 서예와 회화, 조형 등 여러 분야를 넘나드는 작품들이 전부 한 작가의 손에서 나왔다는 것도 놀라웠다. 그런데 내 입을 딱 벌어지게 한 것은 따로 있었다.

흉노! 전시장 입구에서부터 보이는 모든 작품을 압축하는 나의 한마디는 다름 아닌 흉노였다. 뒷다리에서 유난히 강한 힘이 느껴지는 그의 소는 초원에서 키우던 거친 소였을 것이다. 흉노가 소를 길렀다면 아마노 이랬을 것이다. 닝빙의 농경문화에서 느껴지는 착하고 나긋한 소가 아니다. 작품 속의 말들 또한 신비한 힘을

한메이린예술관 전시 작품

갖고 있었다. 몸뚱이 한 부분은 생략되고 다른 부분은 힘으로 강조되어 천리마 또는 한혈마라는 느낌이 들었다. 한메이린의 사슴은 몸뚱이나 뿔에서 꽃이 피어났다. 바로 북방의 신비한 힘을 담은 순록이 아니겠는가. 흉노라는 말이 단 하나도 들어 있지 않았지만 나의 감각으로는 전시관 전체의 주제가 흉노 그 자체였다. 흉노와 암각화를 결부시킨 상상력은 나뿐 아니라 한메이린에게도 작동했을 것이다. 풍부한 물산을 기반으로 하는 중원의 귀족적인 문화가 변방에서 생성될 리 없다. 변방 문화는 변방의 거친 힘과 가쁜 생명력과 치열한 생존 투쟁이 그대로 배어나오는 문화이다. 그것을 한메이린이 형상화한 것이 아닐까.

두 번째 이곳을 찾았을 때 공교롭게도 서예를 전공한 이경애 박사가 있었다. 예정에 없던 예술관을 만났으니 당사자에게도 망외의 즐거움이었겠지만, 동반한 사람들은 전문가의 감상평을 현장에서 청취하는 횡재를 누렸다.

"한메이린은 그림과 글씨가 모두 뛰어나서 서로 조화를 이루며

시너지 효과를 내고 있어요. 웅강(씩씩하고 굳셈)한 필력감과 함께 꾸미지 않은 질박한 필의를 드러내고 있군요. 자유로우면서도 거침 없는 운필을 통해 작가의 기상이 물씬 풍겨 나오고 있습니다. 암각화와 서예를 접목하는 기법은 한국에서도 유희강(柳熙綱, 1911~1976) 선생이 반구대 암각화, 경주 화랑 유적 등의 탁본을 이용해 시도했었는데, 그 작품들과도 일맥상통하는 느낌입니다."

중국 장시성의 징강산대학 미술대학 교수로 재직 중인 한국인 화가 류시호도 나의 여행 일기를 보고는 짧은 평을 해주었다.

"고대사에서 가져온 소재를 현대의 작풍으로 그렸네요. 중원의 전통적 사유와 변방의 도발적인 행위가 복합된 느낌이 강하게 듭니다. 프리모던과 모던, 포스트모던이라는 통시적 변화가 중국 개혁 개방으로 한꺼번에 쏟아져 들어와서는 공시적으로 혼재하는 미술사를 보여주는 작품들입니다."

한메이린은 중국의 대표적인 미술가이다. 조형 디자인을 중심으로 회화와 서예, 도자에 이르기까지 다방면에 걸쳐 수많은 작품과 저술을 남겼다. 작품은 기세가 당당하면서도 디테일에서는 치밀하고 정교하다. 풍격이 독특하고 개성이 강하다. 한대 이전의 문화와 민간 예술에 관심이 많았던 것이 그대로 풍겨 나온다. 그는 전형적인 중원의 작가이면서도 현대적인 풍격이 돋보인다. 한메이린은 보수적인 중국 화단에서 보기 힘든 다양성과 포용성을 함께 지닌 작가다. 디자인에서 출발했지만 서예와 수묵, 추상과 구상, 디자인과 회화, 조각과 도예의 경계를 넘나들면서 광폭으로 체득한 예술삭귁은 그의 출'생 언도를 의심케 할 만큼 독부적이다

그는 산둥성 출신으로 1936년 출생이니 여든이 훨씬 넘었다.

중국의 국가 일급 미술사이고 칭화대학 대학원 교수이다. 중국에서 미술가는 단기간에 재벌급 부자가 되기도 한다. 한메이린도 그런 작가 가운데 한 사람인데, 자신에게 쌓인 부를 많은 곳에 기부하는 자선가로도 유명하다. 가장 돋보이는 것이 개인 미술관이다. 베이징과 항저우 그리고 이곳 허란산, 세 곳에 그의 개인 미술관이 있다. 항저우와 베이징에서는 2005년과 2008년에 개관했고, 허란산의 예술관은 2015년에 개관한 것이다. 우리에게 가장 잘 알려진 그의 작품은 2008년 베이징 올림픽의 마스코트인 푸와(福娃)이다.

흉노를 사서가 아닌 유물에서 음미하자는 생각으로 허란산 암각화를 찾았다가 현대미술로 되살아난 흉노의 기운까지 만나게 됐다. 내가 여행한 변방에서 예술의 풍미가 가장 풍성한 곳이다. 역사책을 잠시 덮고 배낭 하나 메고 인촨으로 향해 보는 것은 어떠한가.

대당 제국의 시원 ― 탁발선비 알선동

솔체꽃은 가는 줄기 끝에 달린 보라색 꽃잎이 풍성하다. 개미취도 보라색이지만 좀 밝고 옅다. 열리기 직전의 꽃잎 뭉치가 더 아름답다. 오이풀은 시커먼 꼬치가 말라붙은 것 같지만 그 알갱이 하나하나가 꽃으로 피어난다. 그렇게 나온 주홍색 꽃잎은 찬란하다. 고수인지 개당귀꽃인지 구분하기 힘든 것도 있다. 구절초는 흔하게 보이지만 볼 때마다 그 정갈하고 매끈하게 빠진 꽃잎이 사랑스럽다.

마타리는 또 어떤가, 온통 노란색으로 푸른 숲에서 홀로 튀어 오른다. 국내엔 없는 나비바늘꽃의 일종도 있다. 보라색 네 꽃잎이 방긋방긋 웃는 듯하다. 눈개이질풀은 다소곳이 벌어진 다섯 장이 꽃잎 안에 붉은 꽃술을 감싸고 있다. 이슬이 맺히면 보석함처럼

대흥안령의 가을

영롱하다. 쉬땅나무는 터져 나온 꽃과 터지기 직전인 것이 이중창을 하고 있다. 두메부추도 쉬땅나무 꽃과 비슷하다. 하얀 횃불이랄까. 배초향도 무리지어 보라색을 노래한다.

애기똥풀의 진한 노랑은 성악으로 치면 바리톤일 것이다. 층층잔대도 꽃이 아래를 향해 이슬을 머금을 때가 많다. 길게 삐져나온 꽃술은 신비의 방망이가 아닐까 싶다. 자주꽃방망이는 정말 자주색 꽃을 꽂은 방망이 모양이다. 사방으로 뾰족하게 솟은 꽃잎이 이채로운 닻꽃은 한참이나 응시하게 한다. 불과 200여 미터밖에 되지 않는 길을 걸으면서 눈에 담긴 야생화들이다. 그야말로 꽃밭이고 꽃천지다.

동북아시아 지형도를 보면 서남 방향으로 길게 늘어진 대흥안령(大興安嶺)이 부드러운 곡선을 이루며 등뼈 자리를 차지하고 있다. 북위 50도나 되는 대흥안령의 북단 어느 계곡은 이번 여름에도 야

알선동

생화가 만발했다. 변방의 꽃들이다. 중원의 정원에서는 큼직한 모란꽃이 시인 묵객과 궁녀와 환관 들의 사랑을 받고 자라지만, 변방의 거친 환경에서는 작고 여린 야생화가 바람과 추위를 버티며 생명을 이어간다.

자작나무 숲 사이사이의 야생화 꽃밭을 한참 걸어가면 커다란 동굴이 나온다. 높이가 20여 미터, 폭이 27미터, 깊이는 90미터인, 광장을 품은 동굴이다. 작은 동굴은 설치류의 집이고 큰 동굴은 사람의 것이라면 이 동굴은 신령의 동굴이라 해야 할 것 같다. 알선동(嘎仙洞)이다.

내가 알선동을 처음 찾은 것은 2010년 8월 하순, 서울에선 여름 끝자락이지만 이곳에선 이미 자작나무 잎사귀가 노랗게 물들기 시작하는 계절이었다. 베이징에서 기차를 26시간 타고, 두 시간 넘게 울퉁불퉁 비포장 도로를 힘겹게 기어가는 낡은 시외버스를 타고, 다시 허접한 시골의 무면허 택시를 이십 분 정도 타고 와서야 대년할 수 있었다. 이렇게 긴 여정을 거쳐 이곳까지 오게 한 것은 《제국으로 가는 긴 여정》이란 한 권의 책이었다.

제국으로 가는 긴 여정. 십 년 전 동아시아 역사에 눈길을 주다가 마주친, 박한제 서울대 명예교수(동양사학과)가 쓴 역사 기행서이다. 이 한 구절에는 선비족 탁발부의 천 년 역사가 응축되어 있다. 동북의 끝자락 대흥안령 깊은 산속의 알선동 일대에서 살다가, 지금의 후룬베이얼초원으로 일차 남천을 하고, 이곳에서 몸집을 키워서는 흉노 고지(故地)까지 이차 남천을 한 뒤, 북위(北魏)를 세워 북중국을 통일하고, 호한(胡漢)을 융합하는 역사의 대변혁을 만들어내고, 종국에는 대당 제국에 이르는 대서사시이다.

긴 여정의 주인공 탁발선비가 북위를 세운 것을 학교 역사 시간에 배웠다고 해도 그들이 어떻게 대당 제국에 연결되는가에 대해서는 의아한 생각도 들 수 있다. 위진남북조의 북조의 왕조들이 변천하는 다소 복잡한 과정을 이해하면 긴 여정의 의미가 좀 더 분명해질 것이다.

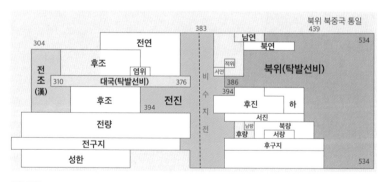

5호16국

탁발선비의 북위는 북중국을 통일함으로써 5호16국시대를 종결했고, 그 힘으로 강력한 호한융합 정책을 펼쳤다. 그러나 내부의 반발을 막느라 에너지를 소진한 북위는 서위와 동위로 분열됐다. 동위는 고환이, 서위는 우문태가 실권자가 되어 탁발씨 황제들을 휘둘렀다. 고환과 우문태 모두 본인은 제위에 오르지 않고 아들 대에 가서 탁발씨 황제를 폐하고 각각 고씨의 북제(北齊)와 우문씨의 북주(北周)라는 새로운 왕조를 열었다. 북제는 북주에게 정벌당해 먼저 사라졌고, 북주는 다시 양견에게 먹혀 수나라가 됐다. 수나라는 남조의 진(陳)을 정벌해서 대륙의 통일을 완성했으나 얼마 가지 못하고 이연의 당나라로 뒤집어졌다.

정복당한 왕조를 괄호 안에 넣어 시대순으로 나열하면 북위(16국) – 서위(동위) – 북주(북제) – 수(남조) – 대당 제국으로 이어진다. 왕조 교체가 복잡해 보이지만 실질적인 내용을 알고 보면 오히려 간단하다. 핵심은 관롱(關隴) 집단이다. 관롱 집단은 서위의 실권자 우문태를 중심으로, 북위 무천진(武川鎭, 지금의 후허하오터시 무천구) 출신들이 탁발선비라는 우산 아래서 결집한 일종의 군벌 집단이다. 수문제

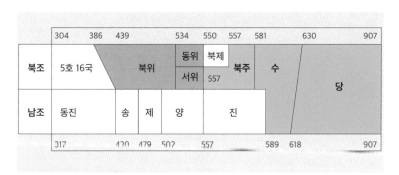

남북조 왕조의 교체

양견과 당고조 이연 모두 관롱 집단에 속했다. 이들의 밀접한 관계는 혼맥에서도 확연하게 드러난다. 수나라는 북주의 사돈이고, 당나라는 북주의 사위라고 보면 된다. 혼맥의 중심에는 독고신이란 인물이 있는데, 그의 세 딸이 각각 북주와 수, 당의 황후였다. 쉽게 말해 정치적으로나 혼맥으로나 북주와 수, 당 세 왕조는 '한통속, 세 집안, 세 왕조'였던 것이다. 자기들끼리 권력을 쟁탈한 것이니 일일이 그 내용을 기억하지 않아도 그만인 셈이다.

최후의 승자 당나라는 대당 제국이라 할 만하다. 우리에게 제국은 침략자의 뉘앙스가 강하지만, 제국의 하나의 뜻은 서로 다른 혈통과 문화가 공존하는 거대한 국가 시스템이라 할 수 있다. 5호 16국시대 자체가 이미 북방 호족과 중원 한족이 혼거하는 시대였다. 이를 통일한 탁발선비는 호한을 융합하는 정책으로 개방적인

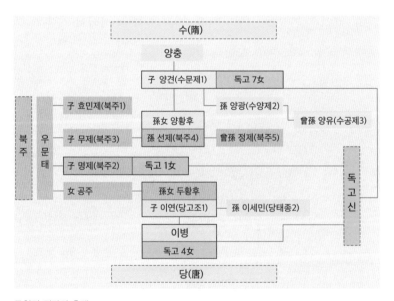

무천진 집단의 혼맥

정치사회 체제를 강력하게 추진했다. 북위를 이어받은 당나라 역시 호한융합의 개방적인 제국을 세웠다.

당나라 시대는 인접국과의 관계도 이전 시대와는 달랐다. 한나라와 흉노는 화친을 가장한 약탈과 충돌로 점철했었다. 당나라도 정벌 전쟁을 했지만 전쟁 후에는 상당히 개방적이었다. 신라인 최치원과 혜초는 당나라에서 활동하다가 귀국하거나 눌러앉았다. 일본인 승려 엔닌도 그랬다. 고선지는 적국이었던 고구려의 유민 2세였지만 당나라 군인으로 출세해서 상당한 고위직까지 오르지 않았던가. 서역의 많은 이민족들이 당나라에 들어와서 활동한 예는 무궁무진하다. 배타적인 한나라와 쇄국에 목을 맨 명나라와는 질적으로 다른, 개방된 제국이라는 것이다.

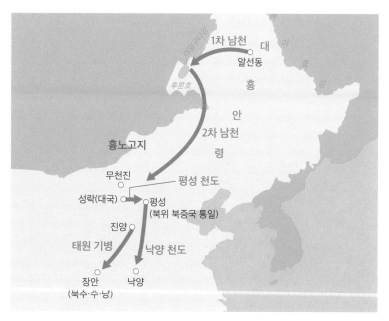

탁발선비의 이동과 천도

당시의 유럽과 비교하면 그 역사적 의의가 훨씬 선명하게 드러난다. 동아시아에서는 북방민이 대거 남하하자 호한융합이란 새로운 문명을 창출해 대당 제국이라는 역사의 진보를 이뤄냈다. 비슷한 시기 유럽에서는 게르만족의 이동이라는 동아시아와 유사한 격변에 부딪혔지만, 그 충격에 허우적대다가 암흑의 중세로 빠지고 말았다. 그 결과 대당 제국의 수도 장안은 100만 인구를 자랑하는 당시 세계 최대의 도시가 되었다. 그때의 로마는 제국의 수도란 말에 어울리지 않게 인구 10만에 지나지 않았다.

알선동 일대의 삼림지대에서 오래도록 살아오던 탁발선비는 기원전 1세기경 일차 남천을 했다. 서쪽으로 대흥안령을 넘었고 어얼구나강(아르군강, 중국 러시아의 국경 하천)을 만나 남하하여 후룬호 일대에 정착했다. 이곳에서 초원에 적응하며 힘을 키워 3세기 초(2세기 중엽

대흥안령

이라는 설도 있다) 다시 서남으로 길고 긴 이차 남천을 했다. 남천 도중에 흉노의 잔여 부락 십여 만을 흡수하기도 했다. 탁발선비는 흉노 고지, 지금의 네이멍구자치구 수도인 후허하오터 인근에 도착했다. 몇 번의 위기를 넘긴 뒤 탁발의로가 대국(代國 310~376)을 세웠다. 대국은 춘추시대의 제후국 이름이기도 하고, 지금은 산서성의 대현이란 지명으로 남아 있다.

대국은 전진(前秦)의 공격을 받아 주저앉기도 했으나, 전진이 비수의 전투에서 동진(東晉)에게 패하면서 회생의 기회를 잡았다. 탁발의로의 손자 탁발규 도무제는 386년 북위를 세우고 평성(平城. 지금의 산서성 다퉁大同)으로 천도하여 평성 시대를 열었다. 3대 황제인 탁발도 태무제는 북중국 통일이라는 위업을 달성했다.

傳說시기	1대 탁발始均~66대	
알선동	67대 탁발毛	36국99성(BC200전후 추정)
일차남천	72대 탁발推寅	알선동-후룬호(BC1세기 추정)
이차남천	81대 탁발力微	후룬호-흉노고지(AD2세기 중엽)
代國	315~376	
		(376~386 前秦에 일시 패망)
北魏	386~534	398 성락-평성 천도　　　　(도무제)
		439 북중국 통일　　　　　　(태무제)
		494 평성-낙양 천도　　　　(효문제)
西魏	535~556	東魏　　　534~550
		北齊(高씨)　550~557
北周(宇文씨)	557~581	
隋(楊씨)	581~630	589남조 진(陳)정벌, 대륙 통일
唐(李씨)	618~907	

탁발선비 시대 구분

4대 문성제의 황후였던 풍태후는, 5대 헌문제와 6대 효문제 전반까지 십정으로 역사 전면에 등장했다. 풍태후는 왕권을 강화하면서 체제를 정비하고 경제를 부흥시켰다. 풍태후의 정책을 이어받은 효문제는 급진적인 호한융합 정책을 강력하게 추진했다. 내부의 상당한 반발에도 불구하고 평성에서 낙양으로 천도까지 했다. 관원들에게는 한족 복장을 착용하게 했고, 조정에서는 선비어가 아닌 한어를 사용하게 했다. 심지어 자신들의 전통적인 복성(復姓)을 한족 방식의 단성(單姓)으로 바꾸게 했다. 황제가 앞장서서 탁발씨를 원(元)씨로 개성했다. 당나라의 유명한 시인 원진도 본래는 탁발씨였다. 탁발선비는 한나라와 정면 충돌했던 흉노와는 전혀 다른 반대의 정책을 펼친 것이다.

그러나 북위 왕조의 에너지는 거기까지였다. 통일과 융합의 꽃을 피우는 것은 후대 왕조의 몫으로 넘어갔다. 그것이 앞에서 짚어본 북주-수-당으로 이어진 왕조 교체와 대륙 통일의 역사다. 수나라를 무너뜨린 당나라는 400년 가까이 계속된 혼란을 멈춰 세우고 호한융합이라는 개방적 시대의 새로운 문명을 꽃피웠다. 지금도 현대 중국인들이 돌아가고 싶은 왕조로 당나라를 첫 번째로 꼽는 사람이 많다.

대당 제국의 꽃은 수도 장안이었다. 장안에서도 가장 번성한 곳은 실크로드의 종착역이자 시발점인 국제시장 서시(西市)라 할 수 있다. 장안의 가장 화려한 꽃은 서시 주변의 호희주사(胡姬酒肆)이지 않았을까. 지금 그곳에는 대당서시박물관이 세워져 있고, 광장에는 실크로드의 큼직한 조형물들이 여행객의 시선을 끌고 있다.

대당서시박물관을 돌아보면, 중원은 우월해 보이지만 실제로는 무대였을 뿐이라는 생각이 든다. 변방은 황량하고 척박해 보이지만 무대로 오르는 대기실이자 통로였다. 중원은 기득권이 황제라는 이름으로 좌정한 곳이다. 황성에는 궁녀와 환관 들만 있었고, 도성에는 황제의 발치에 기대어 '입으로는 천하를 논하나 흉중에는 일계도 없는' 호가호위(狐假虎威)가 넘쳤다. 변방에는 황제가 없다. 거칠게 깨진 원석들이 도처에 널려 있는 고비 사막 그대로이다. 그러나 다음 시대의 황제를 배태한다. 미래의 제국이 소리 없이 그러나 치열하게 성장하는 곳이다.

변방에서 중원으로 향하는 것은 중원이 쟁패의 무대이기 때문이다. 쟁패의 결말인 황제가 세워지면 그것은 절정이지만 동시에 하강의 시작이다. 그렇게 황권을 휘날리고 있을 때 변방 어디에선가는 또 다른 황제의 수정란이 세포분열을 하기 시작한다. 그것이 곧 제국으로 가는 긴 여정의 시작이 아니겠는가. 탁발선비가 그랬고, 거란이 말 위에서 정복자로 군림한 것이 그랬다. 칭기즈칸과 그 후예들은 세계사를 개창했고, 만주족은 동아시아 최대 판도의 대청 제국을 이루었다. 마오쩌둥이 죽을 때까지 무너지지 않는 권력을 장악한 것도 변방에서였다.

타이항산 여덟 개의 지레목〔八陘〕

타이항산의 서쪽이라 산서이고 동쪽이라 산동이라 한다. 서쪽
은 산시고원이 넓게 펼쳐지고 동쪽은 탁 트인 화북평원이 지평선
을 그리며 황해까지 닿아 있다. 지리적 경계선과 행정구역이 일치
한다. 타이항산은 하나의 봉우리가 아니고 베이징의 시산(西山)에서
뤄양의 황하 북안의 왕우산(王屋山)까지 남북으로 400여 킬로미터
나 뻗은 산맥이다. 특이하게도 타이항산은 물길을 막지 않고 계곡
에 틈을 내어 서에서 동으로 흘려보낸다. 강이 산맥을 가로지르는
것이다. 산시고원은 해발 800미터의 고원이고, 동쪽의 화북평원은
해발 50미터의 저지대 평원이기 때문이다.

코로나19로 길이 막히기 전까지 한국인들의 중국 여행에서 타
이항산은 그야말로 인기 품목이었다. 상상을 뛰어넘는 깊은 협곡

과 산상 대지(臺地)에 펼쳐진 기묘한 풍광들이 여행객들을 사로잡는
다. 중국에서도 수많은 시인 묵객들이 흠모해 왔다. 중국의 전통
산수화를 남화와 북화로 나눈다면 북화는 타이항산의 경치를 담
아낸 것이라 해도 과언이 아니다. 중국의 산수화가 실경이 아니라
상상에 의한 과장이 심하다고 생각하기 쉽지만 타이항산 깊은 계
곡에 들어가 보면 생각이 달라진다. 나 자신이 그랬다. 타이항산
계곡을 돌아다니고 난 다음에 비로소 중국 산수화가 실경에서 나
왔다고 고개를 끄덕였다.

　역사로 보면 산시성은 남북 곧 중원과 북방이 혼거하는 대표적
인 지역이었고, 타이항산은 중원의 농경 세력과 서북의 유목 세력
이 충돌하고 접변(接變)하는 경계선이었다. 그리하여 서북 세력이
강해지면 산시를 차지하고 타이항산을 넘어 화북평원으로 쏟아져
내려갔다. 타이항산을 넘기만 하면 낙양, 업성, 개봉, 정주 등 중
원의 한복판으로 곧장 진입할 수 있었다. 반대로 타이항산에 올라
서면 산시고원을 가로질러 몽골 초원까지 거침없이 내달을 수 있
었다. 사정이 그러했으니 북방 호족(胡族)들에게는 중원으로 다가서
는 길목이었고, 중원에서는 그것을 저지하는 전초기지였다. 타이
항산은 중원과 변방, 농경과 유목의 접촉면이었고, 그래서 고대에
는 더 뜨거운 변방이었다.

　산맥에는 능선이 끊어진 것처럼 보이는 지레목(陘형)이 있다. 그
곳에는 사람들이 넘나드는 길이 생기기 마련이다. 지레목에 길이
나면 사람과 함께 물산과 문화가 오갔고, 역사도 그곳으로 흘렀
다. 타이항산에는 중원과 변방을 연결하는 여덟 개의 지레목이 있
다. 이를 타이항팔형(八陘)이라 한다. 나는 역사학자 박한제 선생님

타이항팔형과 산시-화북 지형 개념도

(서울대 명예교수)과 함께 타이항팔형을 하나하나 찾아가는 답사 여행을 했었다. 역사와 자연의 풍광이 어우러진 풍성하고도 값진 여행이었다.

제일형은 지관형(軹關陘)으로, 허난성 지위안시에서 산시성 허우마시로 넘어가는 길이다. 지(軹)는 지위안에 있던 춘추시대의 나라 이름이다. 지위안시 중심에서 남쪽으로 빠져나오면 즈청진이라는 마을이 있는데 그곳에 지국고성 유지가 있다. 농지 한가운데 무성한 숲이 있을 뿐 눈에 뜨이는 유적은 없으나 그곳에 표지가 세워져 있다. 이곳에서 서쪽으로 가면 타이항산 남단의 마지막 봉우리인 왕우산이 나온다. 도교의 성지로 유명한 왕우산에 올라보면 서에서 동으로 흘러가는 황하를 한눈에 내려다볼 수 있다. 지관형은 타이항산이 끝나는 부분이라 그런지 길이 험하다는 느낌은 들지 않았다. 지관형의 서쪽 끝은 철찰관이고 성벽과 성문의 흔적이 일부 남아 있다.

지관형은 진(晉)나라가 중원으로 오가던 길이었으니 진문공의 길이라 할 수도 있다. 지관형의 서쪽인 허우마시와 취워현(曲沃縣)은 진나라 초기의 수도가 있었던 지역이다. 진나라 제후들의 묘가 집중적으로 발굴된 중국 고대사의 현장이다. 묘지 발굴 현장에는 지금 진국박물관이 세워져 있다. 여러 개의 발굴 현장을 커다란 지붕으로 넓게 덮은 박물관이다. 박물관 안으로 들어가면 발굴된 상태에서 묘지의 내부까지 직접 볼 수 있다. 그 가운데 묘지에 순장된 30대의 마차나 말 들을 보면 춘추 오패, 진나라의 위용을 느낄수 있다. 진나라가 기원전 1040~기원전 376년까지 존속했으니 지금으로부터 2,400년 내지 3,000년 전이다. 그야말로 아득한 시대에, 이런 엄청난 순장품을 넣은 거대한 분묘가 조성되었다는 게 믿기지 않을 정도이다.

진국박물관에서 그리 멀지 않은 시골 마을에 진문공의 묘가 있다고 해서 그곳도 찾아보았다. 나무가 무성한 봉분 앞에 진문공의 상이 세워져 있었으나 전반적인 관리는 꽤 허술했다. 학술적으로 고증된 것이 아니라 마을 사람들이 진문공의 묘라고 생각하고 상을 세워둔 것에 지나지 않았기 때문이다.

제이형은 타이항형이다. 허난성 친양시 창핑촌(窯平村)에서 산시성 진청시 쩌저우현 완청촌(碗城村)의 천정관(天井關)까지 이어지는

백형

238번과 333번 성도가 바로 타이항형인 셈이다. 이 구간은 해발 1,500미터 정도에서 능선에서 능선으로 이어지는 길이다. 능선 좌우로는 경사가 심해 우마는 물론 사람의 접근도 용이하지 않아 보였다. 전국시대에 진(秦)이 조(趙)와 벌였던 장평지전(기원전 260년)에서 진나라의 주요 공격 루트였다고 한다. 진나라는 이 전쟁에서 승리했음에도 불구하고 30만이 죽었고, 패배한 조나라는 45만이 참수되거나 갱살(坑殺)을 당했다고 한다. 숫자에 일부 과장이 있다고 할 수 있겠지만 중국 고대사에서 가장 규모가 크고 가장 잔혹했던 살육전으로 기록되어 있다.

지금은 산시성 쪽의 초입에 천정관의 유적이 일부 남아 있다. 내가 이곳을 찾아간 2019년 여름 허난성 쪽에서는 도로 공사를 위해 도로를 폐쇄했다. 폐쇄한 덕분에 산시성 쪽의 텅 빈 산길은 쾌적한 드라이브나 느긋한 도보를 즐기기에 안성맞춤이었다.

제삼형은 백형(白陘)이다. 허난성 후이셴시의 난관산(南關山)에서 산시성 링촨현의 마거당(馬圪當)과 훙더우산(紅豆杉) 대협곡으로 이어지는 백여 킬로미터의 깊은 협곡 길이다. 기원전 550년 제나라가 군대를 일으켜 진나라를 정벌할 때 통과했다고 하니 백형은 2,500여 년이나 된 옛길임을 알 수 있다.

백형이 지나가는 계곡은 능선에서 협곡의 강까지 1,000여 미터의 고도 차이가 한눈에 보이기 때문에 팔형 가운데 가장 깊다고할 수 있다. 협곡을 통과하는 여행객에게는 타이항산의 엄청난 절경을 가감 없이 보여준다. 잘 정비된 고도를 따라 쾌적하게 두 시간 정도 걸을 수 있는 구간도 있다. 옛길의 정취와 협곡의 대자연을 만끽할 수 있는 코스로 여행객들 누구든 걸어보라고 권할 만한길이다. 난관산은 요즘 한국인들이 많이 찾아가는 타이항산 코스 가운데 윈타이산 바로 북쪽에 접한 산이다. 난관산에서 후이셴시로 경사가 시작되는 지점에서는 산 아래로 화북평야의 지평선을 훤히 내려다볼 수 있다. 발아래 펼쳐진 드넓은 평원에 수로가 가로지르는 것도 볼 수 있다. 창강의 물을 베이징으로 끌어가는 남수북조(南水北調) 중선의 직선 수로다.

팔형의 네 번째는 부구형(滏口陘)이다. 허난성 한단시 펑펑쾅구 시즈팡촌에 부구형 표지가 세워져 있다. 이곳에서 출발하여 약간 북상하다가 서진하여 타이항산 산지로 들어가고, 서남으로 방향을 바꿔 장즈시에 다다르는 길이다. 남북조시대의 북제(550~577)는 국도(지금의 업성)와 배도(진양, 지금의 타이위안시 진위안구) 두 개의 수도를 운영했다. 부구형은 이 두 수도를 잇는 국가 운영의 중요 교통로였고, 상업 활동도 활발했던 길이다. 지금도 22번 고속국노가 서현을 거쳐 장즈시로 이어진다. 다른 형에 비해 산세가 험하지 않아서 그런지 옛길의 면모를 느끼기는 힘들다.

정형(井陘)은 다섯 번째 형으로 산시성 수도 타이위안과 허베이성 수도 스자좡을 연결하는 중요한 도로이다. 스자좡시에는 정형 명칭을 그대로 사용하는 징싱현이 있다. 타이항산 산길은 핑딩현에서 징싱현까지의 구간이다. 핑딩현의 낭자관, 톈창진의 당송고성, 징싱현의 동천문과 진황고역도(秦皇古驛道) 등의 유적이 있어 하나하나 찾아볼 만하다. 낭자관은 당나라 고조의 셋째 딸인 평양공주가 낭자군을 이끌고 관문을 지켰다는 고사에서 생긴 이름이다. 한대에 처음 지어졌고 현재의 관성은 명대에 축조된 것이다. 동천문은 진황고역도의 일부로서 문로(門路) 앞뒤 구간은 두툼한 돌이 깔린 도로인데, 수레바퀴 자국이 그대로 남아 있어 옛길의 정취가 진하게 느껴진다.

여섯 번째 비호형(飛狐陘)과 일곱 번째 포음형(蒲陰陘)은 모음 'ㅗ'의 형태로 이어진 길이다. 포음형은 산시성 다퉁(옛 지명 평성) 링추, 허베

비호형

이성 라이위안을 거쳐 베이징 서남부의 팡산구로 연결되는 길이다. 링추를 지나는 길이라 영구도(靈丘道)라고도 한다.

알선동 탁발선비 이야기에서 북위의 평성(平城) 시대를 언급한 바가 있었다. 북위의 3대 황제 태무제가 북중국을 통일했을 때 이 길은 탁발선비에게는 중원 정복의 길이었다. 제위를 이어받은 4대 문성제는 이 길로 산시와 산둥을 오가며 내치에 힘을 썼으니 잠시나마 평온한 시대의 순행 노선이었을 것이다. 문성제는 순행 중에 비자산(筆架山) 협곡에서 봉우리를 향해 활을 쏘고는 '황제남순지송'이라는 기념비를 세웠다. 그 자리에는 지금 어사대라는 표지가 있고 비석 실물은 인근의 각산사라는 절에 보관되어 있었다. 어사대 표지를 찾아내고 비석 실물을 만져볼 때 박한제 선생님이 감격해하던 모습을 지금도 잊을 수 없다. 고고 유물을 대하는 역사학자의 열정이 은퇴 후에도 그대로였던 것이 아주 인상적이었다. 문성제가 활을 쏜 그 자리는 지금은 주변을 잘 정리하여 말끔한 산중 소공원이 되어 있다. 2019년 답사에서는 잠시 계곡을 흐르는 물을 따라 한 시간 가까이 걷기도 했다.

팔형 가운데 일곱 개는 동서로 이어졌지만 비호형 하나만은 남북으로 이어졌다. 허베이성 위현(蔚縣)에서 라이위안현(淶源縣)으로 내려와 포음형과 만나는 비호형은 거란이나 여진, 몽골 등 북방 세력이 베이징을 공략할 때 우회하는 침투로가 되기도 했다.

비호형은 협곡 길이고 협곡 위에는 공중초원이라는 멋진 초원이 펼쳐져 있다. 공중초원과 한 묶음으로 훌륭한 여행 코스가 된다. 지금은 터널과 고가도로로 이어지는 고속도로가 달리는 바람에 사람의 발길이 닿을 기회가 많이 줄었다. 그러나 일반 여행객이라도 일부러 찾아갈 만한 가치가 있다. 좁은 협곡 사이의 2차선 도로에는 차량도 거의 없고 고개를 치켜세우면 위로 보이는 가늘고 긴 하늘도 멋지다. 내 경험으로는 중국 역사 기행에서 최상의 도보 코스로 꼽을 만하다.

마지막 팔형은 군도형(軍都陘)이다. 베이징 서북 외곽에서 장자커우와 후허하오터로 이어지는 북방초원으로 난 고갯길이다. 베이징 인근의 만리장성으로 유명한 바다령(八達嶺)이나 거용관(居庸關)이 바로 군도형의 일부이다. 베이징을 방어하는 입장에서는 가장 엄중하게 지켜야 할 길이다. 북방 세력이 군도형을 뚫지 못하면 전술한 비호형이나 포음형으로 우회하여 베이징을 공략했다. 명대에는 친정을 나간 황제마저 포로가 된 소위 토목지변(1449)도 군도형에서 발생했던 일이다. 지금은 토목지변 유지임을 알려주는 패루가 하나 세워져 있다. 🔲

순록을 키우던 사람들

　얼핏 보면 뿔이 멋진 사슴인가 싶고, 가까이서 머리를 보면 말인가 싶다. 습지를 거뜬히 헤치고 다니는 견고한 발굽을 보면 소인 듯하고, 튼튼한 몸뚱이를 보면 당나귀인 듯하다. 이렇게 네 동물을 닮았지만 그 어느 것도 아니라서 사불상(四不像)이라 한다. 바로 북방 삼림의 순록이다.

　야생도 있지만 이름 그대로 사슴[鹿] 가운데 유일하게 가축으로 길들일[馴] 수 있는 동물이다. 커다랗고 선하고 순수한 눈망울에는 친근함을 넘어 신비감마저 감돈다. 시베리아에서 핀란드까지, 바다 건너 그린란드와 캐나다까지, 남으로는 중러 국경인 헤이룽강(아무르강) 중상류에서 북극해까지 분포되어 있다. 중원에서 보면 북방초원을 넘어가야만 볼 수 있는, 멀고 먼 변방의 동물이다.

순록을 키우는 사람도 당연히 변방 사람들이다. 변방은 겨울이 길고 추위가 혹독하다. 삼림은 울창하지만 생존 환경으로는 척박하기 짝이 없다. 그런 곳에서 부지런하고 영리해야만 생존할 수 있는 사람과 지순하기만 한 순록이 서로 기대어 산다. 순록을 키우는 사람들은 순록의 먹이인 이끼를 찾아 이동하는 유목민이다.

사람들은 순록에게 소금을 먹여준다. 사람의 오줌조차 순록에게는 소금 섭취원이다. 순록은 사람들이 알뜰하게 챙겨주는 것보다 훨씬 많은, 아니 자신의 모든 것을 사람들에게 내어준다. 이동할 때에는 교통과 운송의 수단이다. 일상의 식탁 위에는 매일 젖을 내어준다. 자연적으로 또는 인위적으로 매년 뿔을 잘라서 사람에게 내준다. 고기와 뼈는 말할 것도 없다. 가죽은 옷이 되어 주인을 감싸주고, 깔개가 되어 대지의 차가운 습기를 막아준다. 원뿔형의 천막집인 셰런주(斜仁柱)의 겨울용 덮개가 되기도 한다.

물질로만 기여하는 게 아니다. 사람을 위한 영적인 역할도 한다. 무당이 영계를 여행할 때에는 순록을 타고 간다. 가지가 무성한 나무를 닮은 순록의 뿔이 우주수(宇宙樹)를 연상시키기 때문이 아닐까. 하얀색 순록은 헤벡(또는 세벡)이라 하여 가정의 수호신으로 주인의 병을 치료해 주거나 고난에서 구원해 준다고 믿는다. 그 때문에 헤벡은 다른 순록과는 달리 잡일을 면하지만 주인이 죽으면 함께 묻힌다. 다르게 태어났으나 죽어서는 함께 떠나는 이승의 동반자인 것이다.

순록을 키우는 사람들 가운데 시베리아와 몽골에 넓게 퍼져 사는 에벤키족이 있다. 중국에서는 네이멍구자치구 동북단의 후룬베이얼초원과 대흥안령 삼림지대에 산다. 에벤키족은 중국에서

어원커족의 순록

는 어원커(鄂溫克)라고 한다. 어원커는 1958년 스스로 선택한 족칭이다. 어원커란 말은 '숲에서 내려온 사람들'이란 뜻이라고 알려져 있지만 정확한 의미는 확실하지 않은 것 같다. 원래 시베리아의 레나강 유역에 살던 어원커는 모피를 찾아 동진한 러시아인에게 밀려나 중국 경내로 들어왔다가 중국에 살게 되었다. 이동해온 노선에 따라 세 개의 계통으로 구분되는데 계통마다 생활 방식도 차이가 난다.

후룬베이얼시 어원커족자치기(自治旗)와 대홍안령 산지에 걸쳐 농사와 유목으로 살고 있는 어원커인은 쒀룬(索倫) 어원커라고 한다. 그 북쪽으로 어얼구나강 일대의 후룬베이얼초원에서 목축을 하는이들은 퉁구쓰(通古斯) 어원커라고 한다. 가장 북쪽의 대홍안령 북단삼림에서 사는 어원커도 있다. 바로 이들이 수렵을 하면서 순록을키우는 야쿠터(雅庫特) 어원커다. 이들은 유일하게 중국 영토 안에서

순록을 키우는데 사록부(使鹿部)라고도 한다.

중국에 사는 야쿠터 어원커의 인구는 300여 명에 지나지 않는다. 400여 년 전 러시아 레나강 일대에서 어얼구나강 인근으로 이동해 왔다. 신중국의 소수민족 정책에 의해 치첸(奇乾)에 어원커족 민족향(鄕 중국의 가장 낮은 행정단위)을 세웠다. 그 후 아오루구야(奧魯古雅)로 이주했고 2003년 중국 정부가 건허시 외곽에 주택을 지어주고 정착하게 했다. 이때 수렵은 금지됐다. 중국 정부가 요구한 수렵금지와 정주 정책은 일단 성공했다. 순록을 키우더라도 중국에서만큼은 더 이상 순록 유목은 없다. 울타리가 쳐진 그리 크지 않은 숲에 풀어놓을 뿐이다.

네이멍구자치구의 후룬베이얼시가 관할하는 건허시의 외곽에 있는 아오루구야 사록부 마을이 바로 야쿠터 어원커의 정착촌이다. 이곳에는 어원커박물관도 있어 그들의 순록 문화를 차분하게 들여다볼 수 있다. 박물관 옆에는 정부가 지어준 독특한 모양의 주택들이 늘어서 있다. 주거용으로 지어졌지만 지금은 기념품 상점이나 민박으로 사용되는 게 대부분이다. 중국인들의 여행 수요가 증가하면서 이곳은 여름 피서지로 각광을 받고 있다. 그 덕에 관광 수입은 상당히 늘었다. 최근에도 대형 숙박 시설 공사가 한창이었다.

정착촌 바로 옆에는 순록 농장도 있다. 순수한 사육 농장은 아니고 관광객들에게 순록을 보여주는 일종의 체험 관광 코스로 만들어진 것이다. 관람 편의를 위해서인지 예전과 달리 순록을 곳곳에 묶어두고 있다. 일반 동물원의 쇠창살에 비하면 낫기는 해도 목줄

아오루구야 정착촌 주택

순록을 키우는 어원커족 남매

에 묶인 동물은 내게는 거북해 보였다.

 이곳에서 북쪽으로 30킬로미터 정도 삼림 속으로 들어가면 방목하는 순록을 볼 수 있다. 외부인은 사전에 허가를 받아야 들어갈 수 있는 지역이다. 들어가는 길에 숲속 그리 멀지 않은 곳에서 딸랑이는 방울 소리를 들을 수도 있다. 그게 바로 순록 무리이다. 눈으로 보기 전에 귀로 먼저 맞이하는 순록은 신비감을 더해준다. 순록은 자기들끼리 몰려다니면서 먹이를 찾는다.

 오후가 되면 농장 주인은 어설프게 가로지른 통나무를 치워 출구를 열어주고, 순록은 자기들끼리 알아서 농장을 나선다. 주변 20~30킬로미터를 돌아다니면서 먹이를 찾아다니다가 아침이 되면 방울 소리를 울리면서 돌아온다. 주인은 이들이 돌아오기 전에 큼직한 통나무에 불을 지피고 나푸칸이란 풀을 태워 연기를 피운다. 순록들이 벌레를 피해서 편안히 쉬게 해주려는 것이다. 햇살

순록이 돌아오는 모습

이 안개를 헤집고 들어오는 숲속의 아침에 순록이 방울 소리를 울리며 돌아오는 광경은 그야말로 동화의 한 장면 같다.

이보다 더 깊은 모얼다오가(莫爾道嘎)삼림공원에 가면 마리야 쒀(瑪利亞 索) 할머니의 가족들이 순록을 키우며 살고 있다. 코로나19 직전까지는 생존해 있었는데 국경이 막힌 이후에 할머니의 생존여부는 확인하지 못했다. 마리야 쒀는 중국에서 '마지막 추장'(실제로는 부락의 연장자일 뿐 추장은 아니다)이라는 별칭으로 유명하다. 중국의 루쉰문학상을 세 번이나 수상한 작가 츠쯔젠(遲子建)의 작품《어얼구나강의 오른쪽》의 실제 모델이다. 2003년 산속에서 살던 어원커족이 생태 이민이라는 거창한 명분으로 하산하여 정착촌으로 이주할 때 홀로 산속에 남았다. 그런데 정착지로 이동한 순록들이 적응하지 못하고 쉬지 않게 죽었다. 마리야 쒀의 선택이 옳았다는 것이 증명된 셈이다.

순록의 생명을 지킨 '마지막 추장' 마리야 쒀는 중국인의 호기심을 자극하기에 충분했다. 이들이 하산하기 일 년 전, 어원커족 최초로 대학을 졸업한 화가 류바(柳芭)가 숨진 채 발견됐다는 뉴스가 전해졌다. 그녀는 대학 졸업 후에 미술 출판사에서 일을 하면서 어원커족 출신 젊은이의 성공 사례가 되는 것 같았다. 그러나 그녀는 삼림의 어원커도 도시의 생활인도 아닌 경계인으로 방황했다. 도시 생활을 청산하고 고향에서 그림을 그리다가 마흔둘의 나이에 어얼구나강에서 익사체로 발견됐다. 류바의 소식을 접한 츠쯔젠이 어얼구나를 찾았고, 마리야 쒀를 통해 그들이 살아온 이야기를 듣고 이 작품을 썼다. 순록과 함께 살아가면서 자연을 경외하고 운명을 사랑하는 순수함이 영롱하게 빛나는 어원커 사람들의 삶이 잘 묘사되어 있다.

소설을 떠올리며 다시 정착촌으로 돌아오면 쓸쓸한 기분을 금할 수 없다. 지난 몇 세기 동안 러시아와 중국은 물론 일본 제국주의까지도 그들의 터전인 삼림을 엄청나게 파헤쳤다. 삼림이 개발될수록 사냥감도 없어지고, 순록의 먹이인 이끼도 사라졌다. 청나라든 러시아든 일본 제국주의든 권력은 백성들이 이동하며 사는 것을 싫어하고 정착하기를 강요했다. 정착촌을 지어주기까지 했다. 그러나 소수민족을 보호하기 위해 지어준 정착촌에서 많은 것이 이미 삭제되었음에 한탄하게 된다. 정부가 지어준 주택은 그들의 전통이 아니라 북유럽 핀란드에서 가져온 모델이다. 부실 공사는 논외로 치더라도 외관과 구조 자체가 이미 국적 불명이다.

그러는 사이에 어원커족은 자녀를 신식 소학교나 중학교에 보내기 시작했다. 일부는 돈을 벌기 위해 도시로 떠났다. 외지인과 결혼하거나 대도시로 나가 대학생이 되기도 했다. 젊은이들은 현대 문명의 구심력에 끌려 빠른 속도로 하산했으나, 적응력이 부족한 중장년과 노년은 삼림을 떠나지 못했다. 그러다가 최종적으로 하산해서 정착한 것이 바로 아오루구야 정착촌이다. 정착촌과 관광업이라는 새로운 기회가 왔으나 또 다른 불행도 함께 하산했다. 순록을 사불상이라고 했지만, 하산한 사람들은 자신들이야말로 불행한 사불상이라고 탄식했다. 산에서 순록을 키우는 것도 아니요, 하산해서는 장사를 하는 것도 아니고, 농사는 지을 줄 모르고 그렇다고 노동자가 된 것도 아니라는 것이다. 정착촌과 지원금은 하산한 어원커의 생존을 가능하게 했다. 그러나 손쉽게 받아든 생활 보조금은 술로 빠져나가기 십상이다. 여자들은 관광업에 종사하는 게 보이지만 적지 않은 남자는 낮에도 술을 마시는 광경을 종종 보게 된다. 돈이 결국 그들의 삶을 전통도 아니고 현대도 아닌 경계 지대의 허공에 뜨게 한 것이다.

문명은 문명이라는 이름으로 세력이 약한 사람들의 고유한 문화를 수없이 쓸어버렸다. 그들의 의사에 반해서 열악한 환경을 감수하면서 고유문화를 보존하라는 것도 부당한 일이다. 변방은 힘이 없고 작은 것들이 소리 없이 소멸하는 공간이기도 하다. 이런 일들은 어원커족에게만 일어나는 것은 아니다. 지금 당장 창을 열고 밤하늘을 보라. 어려서는 잘 보이던 별들이 이제는 제대로 보이지 않는다. 우리가 합리적이고 정당하다고 생각하고 해온 일들이 결국 우리 시야에서 별을 사라지게 했다. 우리는 위생적이라고 생각하고 많은 것을 없애고 새로 만들면서 발전에 있다고 하기만, 눈에 보이지 않는 바이러스는 지구 전체를 진저리치게 하고 있다.

한 곳에서 일어난 일이 평생 만날 수 없는 사람들이 사는 곳까지 치명적인 영향을 끼치기도 한다. 오래도록 함께 살아온 많은 것들이 순식간에 사라지고, 개개인은 알지도 못하는 새로운 것들로 채워지고 있다. 몇몇 사람들은 그것들을 찾아 무언가를 기록하여 기록만이라도 남기려고 애쓰고 있다. 그러나 현대 문명의 쓰나미는 계속되고 있다. 그 끝은 수많은 사불상일지도 모른다.

4장

만주족 역사

흩어져 다투던 부족 시대

청나라는 명나라를 훌쩍 뛰어넘은, 차원이 다른 제국이었다. 명나라와 청나라는 시간상으로 연접했을 뿐이지 단순한 왕조 교체가 아니었다. 일단 영토가 두 배로 확대됐다. 명나라가 대국이고 강국이라면 청나라는 초강대국이다. 통치하는 민족 구성도 완전히 달라졌다. 한족 중심의 나라에서 만주족이 한족, 몽골족, 위구르족, 티베트를 포괄하여 지배하는 다민족 국가로 변신한 것이다. 민족과 인구수에서만 달라진 것이 아니다. 질적으로도 완전히 달라지면서 지배 구조와 체제 등이 명나라와는 차원이 다른 제국의 시스템이 구축되었다. 쑨원의 중화민국은 만주족의 청나라를 인수했고, 마오쩌둥은 중화민국을 혁명으로 뒤엎어 신중국으로 탈바꿈시켰다. 이런 맥락에서 보면 21세기 신중국의 모태는 명나라가 아니라 청나라라고 해야 한다.

　나는 오십 줄에 들어설 때까지도 청나라나 만주족 역사에 대한 흥미가 돋지 않았다. 변발이란 괴이한 비주얼과 오랑캐라는 비칭이 직조해 낸, 우리 사회의 주류가 만들어준 편견이 수백 년 동안 단단히 굳어 있었기 때문이다. 사십 줄이 넘어 북방 역사에 눈길이 조금씩 쏠리면서 약간은 변화했지만 질적인 변화는 없었다. 기초 지식이 부족하니 학술 논문은 난독이었고, 교양서 읽기에도 게을렀던 탓도 크다.

　그러다가 2018년 《만주족 이야기》(이훈, 만주사 연구자)라는 한 권의 역사서를 손에 잡게 됐다. 낯선 지명을 먼저 풀어주는 친절함에 훌쩍 넘어가다시피 했다. 지도에 익숙한 여행의 습성 때문인지 낯선 지명이 이해되는 기분이 들자 만주족 역사가 선명하게 다가오기 시작했다. 나는 첫 단원을 읽다가 바로 지도를 꺼냈고, 일주일 만에 답사용 지도 한 장을 완성했다. 게다가 얼마 지나지 않아 우연 반에 인연 반이 얹히면서 저자와 만나게 되었고, 이훈 선생은 일년 뒤의 답사 여행에 동행하겠다고 나서주었다. 역사 기행을 준비하던 입장에서는 최고의 선물이자 행운이 아닐 수 없었다. 그리하여 코로나19가 국경을 차단시키기 전에 저자와 함께 15일간의 만주족 역사 기행을 다녀왔으니 내겐 참으로 뿌듯한 역사 공부였다. 만주족을 찾아 길을 떠나보자.

　답사 여행은 헤이룽장성의 수도인 하얼빈에서 시작했다. 청나라 이전에 그들의 조상이 세웠던 금상경(上京) 역사박물관을 먼저 보고 싶었기 때문이다. 박물관이 세워진 하얼빈시 아청구(阿城區)는 여

만주족 역사기행

진족이 금나라(1115~1234)를 세우고 수도[上京]로 삼았던 발상지이다. 내가 처음 이 박물관을 찾은 것은 거의 십 년 전이었다.

　박물관 입구에 들어서면 말을 타고 도끼가 달린 창을 곧추세우고 있는 강건한 아골타가 인상적이었다. 그러나 동상에서 받은 느낌은 용맹한 장군일 뿐 왕조를 창업하고 대륙을 경영한 정치가로 느껴지지는 않았다. 변방에서 나라를 세웠으나 백여 년 후에 사라졌고, 백성들은 부락이나 씨족으로 다시 흩어졌기 때문인가. 내가 갖고 있었던 변발과 오랑캐란 편견과 같은 맥락일 것이다.

　그러나 아골타의 후예들은 300여 년 후에 재기하여 동아시아 최대 판도의 대청 제국을 세워 또 다른 300년을 이어갔다. 여진족-만주족의 장대한 천년 역사를 찾아가는 기행은 이 박물관을 출발점으로 삼을 만하지 않은가.

　금상경역사박물관에서 출발하여 그다음 답사지는 하얼빈의 허

금상경역사박물관의 아골타 동상

커우(河口)습지공원이다. 이 습지공원은 후란강(呼蘭河)이 남류하여
쑹화강에 합류하는 지점이다. 강이 아니라 바다라는 느낌이 들 정
도로 수면이 넓게 펼쳐져 있다. 하얼빈 시민들이 좋아하는 여름
물놀이 공원이다. 이곳은 누르하치가 여진족을 통일하기 이전의
여진족 분포와 관련이 있다. 15세기 후반 여진족은 건주여진, 해
서여진, 동해여진 등 세 개의 초기 국가 수준의 느슨한 부족 연맹
체로 산재해 있었다. 건주(建州)여진은 압록강 북부, 해서(海西)여진
은 랴오하(遼河)에서 북류 쑹화강에 이르는 지역, 동해(東海)여진은
무단강 동쪽에서 연해주에 이르는 광대한 지역이었다.

후란강은 해서여진의 기원이라 할 수 있다. 해서는 바다의 서쪽
이란 뜻이 아니다. 쑹화강이 후란하와 합류하기 전에, 북류하다가
동류로 바뀌는 지역을 토착어로 '하이시'라고 하는데, 이를 한자로
음사한 것이다. 동류하는 쑹화강을 하이시강이라고도 한다. 해서

여진의 울라부와 하다부의 선조는 훌룬강, 곧 지금의 후란강 일대에 살았던 훌룬부다. 훌룬부는 몽골의 공격을 받고 남으로 밀려나 여허부, 호이파부와 함께 해서여진을 이루었다.

후란강의 습지공원에서 나와 동쪽으로 세 시간 넘게 차를 몰아 이란현(依蘭縣)으로 갔다. 북류하는 무단강이 동류하는 쑹화강과 합류하는 곳이다. 이란현은 건주여진의 기원이라고 할 수 있다. 누르하치의 6대조인 몽케테무르(1370?~1433, 청대 사서에는 孟特穆, 조선에서는 猛哥帖木兒로 기록되어 있다)는 오도리부를 이끌고 이곳에서 살았었다. 그러나 몽케테무르는 우디거와의 상쟁에서 패배하여 남으로 이동해 조선의 회령에 정착했다가 압록강 북부로 이동하여 훗날 건주여진의 주력이 된 것이다.

이란현에는 금나라 이전의 여진족이 남긴 오국성(五國城)이 있다. 요나라(916~1125) 시대에 여진의 다섯 부족이 회맹(會盟)한 곳이다. 지금은 토성의 기단 일부가 남아 있다. 난간이 쳐 있고 표지가 있

무단강

으니 고성이라고 알아볼 뿐, 잡초가 무성한 흙더미이다. 이런 흙더미를 작은 삽으로 한겹 한겹 긁어내 천년 역사를 조각조각 복원해 내는 고고학자들의 노고에 감탄할 뿐이다.

오국성에는 금나라 역사도 진하게 남아 있다. 북송의 마지막 황제인 휘종과 흠종이 금나라에 포로로 잡혀와 살다가 죽은 곳이 바로 오국성이다. 금나라의 빛나는 승리이자 북송의 처참한 말로인 정강의 변(1126)을 떠올리게 된다. 휘종은 거문고, 바둑, 서예, 회화 등 문화 예술에 정통하여 그 방면에서는 많은 작품을 남긴 인물이다. 서예가로서는 수금체를 창안하는 등 최고의 명필로 평가받는다. 반면에 황제로서는 우물 속에 앉아 하늘을 본다〔座井觀天〕는 말로 최악의 평가를 받는다. 예술에 심취하여 일찌감치 아들에게 제위를 물려주기까지 했으나 금나라에 두 번이나 패한 끝에 포로로 잡혀와 이곳에서 늙어 죽었다. 재능과 어긋나게 황태자로 태어난 것이 불행인지, 제위를 발판으로 예술적 재능을 마음껏 펼친 것이 다행인지, 여행객이 평하기에 난감할 뿐이다.

이란현에서 무단강(牧丹江)이 쑹화강으로 합류하는 지점은 소박한 강변 공원으로 조성되어 있었다. 강둑에 낸 길을 편안하게 걸었다. 강은 넓지만 유속은 느리지 않았다. 물이 조금만 불면 급류가 될 것 같고 수위가 낮아지면 곧 멈출 것 같은 느낌이었다. 당장은 평화롭지만 속으로는 격랑의 역사를 태동하는 강으로 보였다.

넓은 강물을 바라보며 걸어가니 바지선을 이용한 수상 식당이 나타났다. 무단강은 예전에는 후르카강 또는 후르하강이라고 불렸다. 여신어로 큰 그물이란 뜻이나. 큰 강의 강가에 자리진 수상 식당이니 큰 그물로 잡은 큰 고기가 간판 요리일 것이 분명했다.

이날 하루 쑹화강을 따라왔고 다음 날도 무단강을 거슬러 가는 여정이니 강에서 잡은 물고기 요리가 어울리지 않겠는가. 수상 식당에 자리를 잡고는 후르카로 잡았을 게 분명한 큼직한 잉어를 골라 요리를 주문했다. 동반자들 모두 후르카 요리로 풍성한 저녁 식사를 즐겼다.

답사 일행은 닝안(寧安)의 닝구타(寧古塔)고성을 향해 무단강을 따라 남하하기 시작했다. SNS를 통해 나의 답사 일정을 세세하게 알고 있던 신춘호 박사(한중연행노정답사연구회 대표)가, 만주족과 관련하여 무단강을 따라 오갔던 일군의 조선인 병사들이 있었다고 알려주었다. 바로 조선 효종 시대에 나선정벌(1654, 1658)에 파견되었던 변급과 신유의 군대들이다. 파병도 중요한 국제 외교 수단의 하나이다. 조선의 포수들이 유능해서 파견되었다고도 하고 정벌이란 멋진 타이틀로 장식되어 있지만, 본질은 남의 전쟁에 동원된 것이다. 동맹은 서로 힘을 합쳐 국제 관계를 안정적으로 유지하는 방편이지만 그에 따른 부정적 효과도 있다는 건 시대를 넘어 항상 마찬가지다.

닝구타는 탑이 아니라 여섯(닝구) 개(타)란 뜻의 만주어 지명이다. 이곳은 누르하치가 동해여진을 정벌한 중심지였다. 닝구타 파견군의 주둔지인 장군부는 신성과 구성 두 곳에 있었다. 신성은 닝안시 시내에 있다. 시내에는 닝구타역사문화박물관이 있었으나 전시 내용이 빈약해서 실망스러웠다.

닝구타 구성은 하이린시(海林市)에 있다. 행정구역으로는 다르지만 닝안시에서 30여 킬로미터 거리로 멀지 않다. 도로변에 있는 닝구타장군부구성(舊城)유지라는 팻말이 안내해 준다. 넓디넓은 밭

동순에서 닝구타 장군부를 둘러보는 강희제

중간에 성벽 일부가 남아 있다. 이 성벽 역시 토성인데 어지럽게 가지를 뻗은 나무들이 뿌리를 박고 있는데다가 철조망까지 설치돼 있어 볼품은 없었다. 그런데 철조망에 걸린 안내와 해설은 나의 눈길을 잡아당겼다. 닝구타장군부의 역사를 비롯해 진주 채취에서 해동청까지, 만주족 특유의 습속에서 이곳에 유배되었던 유명 인사들까지 설명해 주고 있었다. 시내의 번듯한 박물관보다 내용은 풍부했다.

이란현과 닝구타 일대를 비롯한 무단강의 동쪽 지역에는 동해여진이 흩어져 살고 있었으니 닝구타장군부는 누르하치가 동해여진을 정벌한 상징으로 남아 있는 셈이다. 누르하치는 1610년 처음 이곳을 정벌하여 동해여진 부민의 상당수를 포로로 끌어갔다. 이후에도 포로 획득을 위한 원정이 수차례 더 있었다. 누르하치의 후계자인 홍타이지는 1636년 주방(駐防)이라 하여 아예 정규군을 주둔시켰다. 만주족 황제들은 계속해서 이 지역의 부민을 뒤쫓해 직할 지역의 인구를 늘렸다. 동해여진을 인구 확충을 위한 공급처

울라고성 유적

여허고성 유적

로 간주한 셈이다. 닝구타장군부는 러시아가 동진해 오면서 헤이룽장 일대에서 충돌이 발생하자 그에 대응하기 위해 1676년 쑹화강 강변의 지린(吉林)으로 옮겨갔다.

　닝구타고성을 둘러본 다음 날 지린과 창춘을 거쳐 선양으로 여정을 이어갔다. 해서여진의 울라부와 여허부의 고성을 답사하는 길이다. 울라부는 지린시 북쪽 우라제진에 울라고성(烏拉古城)이 남아 있고, 여허부는 쓰핑시(四平市) 예허진에 여허고성(葉赫古城)이 남아 있다. 울라고성도 내성의 벽체가 일부 남아 있는 정도다. 울라부는 여진족의 정통이란 자부심이 강했지만 굴기하는 누르하치의 힘에 맞설 수는 없었다.

여허고성은 구릉지대에 있었다. 여허부는 몽골인과 여진인이 혼합된 부락이라 건주여진에서는 몽골이라 부르기도 했다. 흥미로운 것은 여허부가 누르하치의 처가였다는 사실이다. 홍타이지의 생모이자 누르하치의 부인인 몽고거거가 여허부의 공주였다. 그러나 정략결혼은 정략이 핵심이지 천생연분이나 부부의 인연이 우선인 것은 아니다. 누르하치가 명–조선 연합군과 벌인 사르후 전투(1616)에서 여허는 명의 요구에 따라 지원군을 보냈다. 그러나 여허의 지원군이 도착하기 전에 누르하치는 이미 대승을 거둔 상태였다. 여허의 지원군은 전장에 나서지도 못하고 맥없이 돌아갔다. 그 후과는 누르하치의 처절한 보복이었다. 해서여진의 다른 3부는 사르후 전투 이전에 이미 누르하치에게 복속되어 있었다. 홀로 남은 여허의 결말은 뻔했다. 누르하치와 홍타이지는 배신한 처가 외가를 잔인하게 응징했고 여허는 흔적도 없이 사라졌다.

훗날 홍타이지는 병자호란(1636)에서 인질로 잡아온 조선의 소현세자를 데리고 사냥하면서 이곳 여허고성에도 왔다. 소현세자는 "옛 땅은 비옥하나 사람은 없고 쑥만 자라 하늘에 닿았다."라고 소회를 기록했다. 지금의 여허고성은 주위가 온통 옥수수 밭이다. 마치 옥수수 바다에 둥둥 떠 있는 느낌이다. 명맥은 끊어지고 만주족에 흡수된 여허 부민의 처지가 연상된 탓이리라. 여허부를 끝으로 해서여진의 4부는 모두 누르하치에게 복속되었다. 역사에서 말하는 여진족 통일이 완성된 것이다. 여진족을 통일한 누르하치는 이제 본격적으로 대륙을 넘보기 시작했다. 우리는 누르하치를 내닫기 위해 신앙에 짐을 풀었다. 🎎

누르하치의 기병

누르하치(1559~1626)는 변방의 무지한 '오랑캐'로 태어났으나 끝없는 상쟁 속에 창업에 성공한 위대한 영웅이다. 그의 후예들은 중원을 삼켰고, 서와 남의 또 다른 변방까지 병합해 자기 몸집의 100배나 되는 인구를 통치하는 대청 제국을 세웠다. 만주족의 역사를 밟아갔던 15일간의 여행의 두번째 단락은 대청 제국의 창업주 누르하치를 찾아가는 길이다.

누르하치와의 첫 대면은 당시에는 피로 물들었을, 지금은 숲만 울창한 사르후전투 현장에서 이루어졌다. 누르하치는 이 전투에서 전대미문의 대승을 거두었고 백여 년이 지나 이곳을 찾은 건륭제는 사르후전투 서사비(薩爾滸之戰書事碑)를 세웠다. 선조의 위대한 전승을 잊지 말라는 뜻이었다.

허투알라의 누르하치 동상

그곳에 도착하는 날 비가 꽤나 내렸다. 나는 빗방울이 후드득후드득 들이치는 관람객용 전동차를 타고 숲길을 올라가면서 당시의 피바다를 잠시 상상했다. 누르하치는 명 – 조선 연합군을 격파하여 10만 가운데 4만을 살상함으로써 새로운 역사를 새겼다. 역사에는 황제도 있고 백성도 있다. 백성은 땀 흘리는 일상 속에 가는 모래로 역사를 채워왔고, 황제는 권력을 휘둘러 굵은 획으로 역사를 썼다. 같은 역사라지만 황제의 역사를 위해 얼마나 많은 백성들이 얼마나 많은 피를 전장에 흘렸는가. 때로는 역사에 대한 깊은 회의감에 우울해지기도 한다.

서사비는 랴오닝성 푸순현에 있는 훈강(渾河)의 다훠팡(大伙房) 저수지 서안에 세워져 있다. 사르후풍경구로 입장해서 전동차를 타고 2킬로미터 숲길을 올라가야 한다. 정자 안에 세워졌던 비석의 실물은 선양고궁박물원으로 옮겨갔고 딘찡에서는 모조비가 여행객을 맞이한다. 실물과 현장을 놓고 굳이 선택하라면 나라면 현장을 택한다.

 사르후전투는 누르하치가 1616년 아이신구룬〔金, 역사에서는 후금〕
을 세우고 나서 3년이 지난 1619년에 벌어졌다. 누르하치가 여진
족을 통일하며 건국한 것이 대청 제국의 기반이라면, 사르후전투
는 중원으로 뻗어가는, 가장 넘기 힘들었을 그러나 가장 의미 있
는 변곡점이다. 누르하치는 명나라에 대해 소위 칠대한(七大恨)으로
선전포고를 했고 1618년 푸순과 칭허를 공격하여 함락시켰다. 명
나라의 요동 방어선 곧 국경을 뚫어버린 것이다. 누르하치가 국가
를 선포할 정도로 흥기하자 명나라는 이를 제압하려고 사르후전
투를 벌였다. 명나라는 당시 내부의 정치적 혼돈을 감안하면 신속
하고도 강력하게 대처한 셈이다. 명나라는 조선을 강박해서 동원
한 1만 3,000과 해서여진 여허부의 2,000을 포함해 10만여 병력

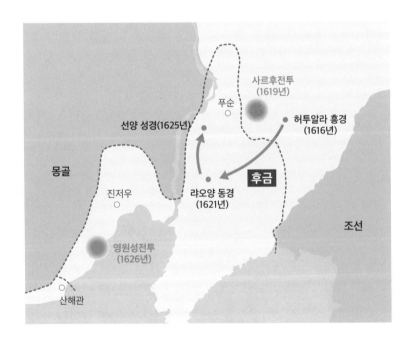

으로 누르하치를 공격했다. 해서여진의 하다(1599), 호이파(1607), 울라(1615)는 이미 누르하치에게 복속된 상태였다.

명-조선 연합군은 10만 병력을 동서남북 4로군으로 나눠 후금의 수도 허투알라를 향해 진공해 왔다. 누르하치는 지세에 밝고 전투력이 강한 팔기군을 거느리고는 있었지만 병력상으로는 4만을 넘지 않는 열세였다. 그러나 누르하치는 명나라 연합군의 상상을 뛰어넘는 속도로 진격과 후퇴, 유인과 매복, 기습과 충돌을 거듭하면서 4로군이 합동작전을 펼치기 전에 하나씩 격파해 나갔다.

서로군이 제일 먼저 공격에 나섰으나 누르하치는 치고 빠지면서 유인하다가 팔기군의 8기 가운데 6기를 동원해서 야간 기습으로 서로군을 궤멸시켰다. 하루 안에 작전지역 세 곳을 이동하면서 분산된 적군을 하나씩 섬멸한 것이다. 북로군은 서로군의 전멸 소식을 듣고 진영을 단단히 구축한다고는 했으나 다른 부대와 연계하지도 못한 상태에서 병력을 셋으로 분산시키고 있었다. 누르하치의 팔기군은 북로군을 한 갈래씩 갈라 치면서 격파했다. 그다음 쉴 틈 없이 전군을 집결시켜 북상해 오던 동로군을 궤멸시켰다. 동로군의 후위에는 조선군도 있었다. 조선군은 전투가 불리해지자 명의 요구에 마지못해 출병했다고 알리고는 투항해 버렸다. 이로써 나흘 만에 4로군 가운데 3로군이 전멸됐다. 남로군은 이미 심각하게 기울어버린 전황을 파악하고는 바로 퇴각하고 말았다. 명나라의 기록에 따르면 4만 5,000 이상의 장졸이 전사했다. 엄청난 손실이고 결정적인 패배였다.

사르후선무도 인해 국세 징세는 크게 달라졌다. 명나라는 교역이란 당근과 정벌이란 채찍으로 여진족을 부족별로 분열시키는 방식으로 간접 통치를 해왔다. 교역의 기회를 나눠주며 어르고 달래다가 불시에 어느 한쪽을 공격하는 방식이었다. 그러나 사르후 전투에서 패하자 그동안 누려왔던 우위를 상실하고는 방어 자세로 돌아설 수밖에 없었다.

누르하치는 조선에 대해서도 군사적 우위를 점하기 시작했다. 명 - 조선 연합군에 파병했던 해서여진의 여허부는 사르후전투 얼마 후에 누르하치의 보복 공격을 받아 멸망했다. 이로써 누르하치는 무단강 동부에서도 먼 곳에 흩어져 있는 동해여진 일부를 제외하고는 여진족 전체를 완전히 통일했다. 이제 후금은 명나라를 직접 넘보는 우세한 고지를 확보한 것이다.

누르하치에게 포로가 된 강홍립의 조선 병졸들은 1년 뒤에 석방되어 조선으로 귀국했다. 강홍립은 인질로 잡혀 있다가 정묘호란 (1627)에서 후금군의 선도를 맡았고, 후금과 조선의 화의에 나서기도 했다. 해외파병은 고도의 정치적 행위이지만 남의 전쟁에 참가하여 포로가 되다니. 포로가 된 군사들이 1년 뒤에 석방되어 귀국했으니 그나마 다행이었다.

답사 일행이 모두 귀국하고 나 혼자 조선군이 포로로 잡혀 있던 톄베이산(鐵背山)을 찾아갔다. 다훠팡 저수지의 동쪽 끝이다. 사전 준비를 하는데 신춘호 박사가 톄베이산을 직접 찾아가기는 쉽지 않고, 저수지 북안에 있는 원수림(元帥林, 장쭤린의 가묘假墓)에서 조망하기가 수월하다고 알려줬다. 나는 원수림으로 입장해서 오솔길을 따라 저수지 쪽으로 빠져나갔다. 톄베이산이 훤하게 눈에 들어왔다. 저수지가 건설되면서 톄베이산은 허리춤까지 수몰되었다. 내가 도착했을 때 마침 동네 중년 남자들이 투망을 하고 있었다. 평화로운 시골 풍경이다. 조선군의 수난은 기록으로 기억될 뿐, 현장에는 표지 하나 있을 리 없고 이곳을 찾는 한국인이라야 1년에 한둘이나 있을까.

사르후에서 나와 누르하치의 출생지이자 후금의 수도였던 허투알라성(赫圖阿拉城)으로 갔다. 사르후 전적비에서는 80여 킬로미터, 선양에서는 150여 킬로미터 떨어진 푸순시 신빈(新濱) 만주족자치현에 있다. 입구에는 말을 타고 서쪽으로 진군하는 누르하치 기마상이 세워져 있다. 장수의 날렵함과 창업자의 강건함이 진하게 느껴졌다. 성안에는 누르하치의 집무실 한궁대아문(汗宮大衙門)과 생가, 우물, 성벽 등을 복원해 관광지로 만들었다. 생가는 기와집과 초가집으로 되어 있고 아궁이와 굴뚝, 방안의 요람에 이르기까지 만주족의 전통적인 살림집이 재현되어 있다.

누르하치는 1603년 최초 수도였던 퍼알라(지금의 신빈현 융링진永陵鎭 얼다오허쯔촌二道河子村)에서 허투알라로 근거지를 옮겼다. 이와 함께 각지의 여진인을 대거 이주시키면서 팔기(八旗)를 조직하기 시작했다. 장정 300명을 하나의 니루로 묶고 25개 정도의 니루를 하나의 구사(旗)로 조직했다. 구사의 수장은 버일러(王)라 한다. 구사와 니루는 전통적인 부족이나 씨족을 해체하고 행정, 납세, 군역 등을 하나로 통합한 민정 - 군정 통합 조직이었다. 여진인 전체를 병영 조직으로 편제하고 그것으로 국가를 세운 것이다. 언제든 전원 공격전원 수비를 펼칠 수 있는 병영국가였다.

1615년에는 여덟 개의 구사 곧 팔기 조직을 완성했다. 1만 군사만 보이면 누구도 대적할 수 없다던 여진인들이, 1만 군사를 즉시 동원할 수 있는 여덟 개의 통합 조직을 골간으로 하는 강력한 국가를 만들어낸 것이다. 누르하치 이외에도 한을 자처한 여진족 수장들이 있었지만 누르하치가 그들을 누르고 성공한 것은 팔기라는 혁신적인 조직의 힘이라고 할 수 있다. 여진문자를 창제한 것도 누르하치의 혁신이다. 통치 규모가 커지면 문서로 통치행위를 강화하는 것이 기본이다. 거란도 몽골도 서하(西夏)도, 그리고 아골타의 금나라도 통치 규모가 커지자 문자를 만들었다.

여진족을 통일하여 팔기를 골간으로 나라를 세우고, 명나라에 선전포고를 하고 사르후전투에서 대승을 거둔 것은 누르하치의 빛나는 업적이다. 최초에 고작 30여 명으로 기병한 누르하치는 당대에 역사의 거대한 물줄기를 바꿨다. 그러나 그의 역할은 거기까지였다. 누르하치는 말년에 두 가지에서 실패했다. 새로 흡수한 한인들을 자기 백성으로 융합해 내지 못했고, 군사적으로는 중원으로 가는 길목인 영원성(寧遠城)을 공략하지 못했다.

답사 여행에서 허투알라 다음으로 찾아간 곳은 한인 정책 실패의 현장, 랴오양(遼陽)의 동경성이다. 누르하치는 1621년 수도를 랴오양으로 옮겼다. 기존에 있던 랴오양성에 여진인을 이주시키는 한편 랴오양성 동쪽에 동경성을 새로 세워 자신의 치소(治所)로 사용했다. 지금은 정문이 남아 있고 성안의 유지는 발굴을 거쳐 보존하고 있다. 얼마 전까지 성안에 일반인들이 거주했었는데, 기반 시설이 불비하여 물과 전기가 부족하고 역사 유적은 심하게 훼손된 상태였다. 중국 정부는 마을 전체를 이주시키고 지금은 역사공원으로 조성했다. 상업적인 냄새가 전혀 없고 걷기에도 좋은 공원이었다.

누르하치가 동경성으로 수도를 옮겨온 것은 사르후전투 이후 명

영원성 방어에 사용된 홍이포

나라 요서 지역을 본격적으로 공략하기 위해서였다. 그러나 랴오양에서 여진인과 한인을 집집마다 동거하게 한 정책이 심각한 문제를 야기했다. 집집마다 들어와 동거하는 여진인은 한인에 대해 점령군 행세를 했고 한인들은 소극적인 듯하면서도 날카롭게 저항했다. 우물에 독을 풀거나 야간에 여진인을 하나씩 살해하는 등 사건이 끊이지 않았다. 한인을 포섭하지도 못하고 제어하지도 못한 것이다. 누르하치는 1625년 랴오양의 한족 상당수를 학살하고 나머지는 노복으로 강등시키고는 선양으로 수도를 옮기고 말았다. 정책 실패로 인한 후퇴였다.

영원성 공략에도 성공하지 못했다. 영원성은 진저우(錦州)에서 산해관에 이르는 산해주랑 중간에 있는 군사 요충지다. 지금의 후루다오시에 있는 싱청고성(興城古城)이다. 성문과 성벽이 잘 보존되어 있고, 옹성 위에는 홍이포(紅夷砲)가 전시돼 있나. 누르하치는 1626년 이곳을 공격했다. 그러나 난공불락이었다. 명나라 문관 출신의 원숭환(袁崇煥)은 포르투갈 대포를 모방하여 명나라가 제작한 홍이포를 배치하여 영원성을 방어했다. 이 포는 대단한 위력을 발휘했다. 전해지는 바에 의하면 공성 전투 중에 누르하치가 대포의 파편에 맞아 부상을 당했고, 그것이 원인이 되어 그해 9월에 사망했다고 한다.

누르하치는 선양의 복릉(福陵, 동릉이라고도 한다)에 묻혀 있다. 누르하치는 선양으로 수도를 옮겨오면서 새로운 궁성을 짓도록 했다. 그게 지금의 선양고궁이다. 그러나 새 궁성이 완성되기 전에 사망했다. 그가 세운 후금이란 대업은 아직 완공되지 않은 궁성과 함께 여덟째 아들 홍타이지에게 승계되었다. 홍타이지는 미완의 선양고궁을 완성하고 누르하치의 대업을 몇 단계 업그레이드하여 만몽한(滿蒙漢)의 대청(大淸)으로 키웠다. 누르하치와 견주어 음미할 수 있는 홍타이지의 역사는 선양고궁에서 궁궐 건축으로도 읽을 수 있다. 그를 찾아 선양고궁으로 넘어간다. 🔖

홍타이지의 도약

　민가 건축에는 백성들의 일상이 배어 있고, 궁궐 건축에는 황제들의 정치사가 고스란히 새겨져 있다. 선양고궁이나 베이징의 자금성이 그렇고, 청나라의 비공식 수도였던 청더의 피서산장과 외팔묘도 예외가 아니다.

　선양고궁에서는 누르하치에서 홍타이지로 승계된, 만주족 역사의 변신과 도약을 읽을 수 있다. 피서산장은 변방에서 성장한 만주족이 또 다른 변방들을 정복해 가는 역사가 진하게 새겨져 있다. 자금성은 청나라의 중원 정복사와 아편전쟁 이후의 쇠락사를 읽기에 제격이다. 읽던 책을 잠시 내려놓고는 궁궐 담장을 따라 거닐면서 역사를 음미하는 것도 답사 여행의 매력이다. 누르하치까지 밟아온 만주족 역사 기행은 세 개의 궁궐을 하나씩 찾아가

홍타이지

누르하치의 후계자들의 스토리를 소환해 보려고 한다.

선양고궁(瀋陽故宮)은 누르하치가 1625년 랴오양의 동경성에서 선양으로 천도하면서 새로 짓기 시작했다. 요동에서는 랴오양이 가장 큰 성이었고 선양은 네 번째에 지나지 않았으나 누르하치가 수도를 이전하면서 훗날 가장 큰 도시가 되었다.

고궁은 신축 또는 증축을 주도한 황제와 연계하여 누르하치의 동로(東路), 홍타이지의 중로(中路), 건륭제의 서로(西路), 세 영역으로 나눌 수 있다. 동–중–서 순으로 서쪽 방향으로 확장해 간 것이다. 누르하치(재위 1616~1626)의 동로는 누르하치가 착수했으나 완공을 보지 못한 채 제위와 함께 홍타이지에게 승계되었다. 홍타이지(재위 1626~1643)는 동로 바로 서쪽에 자기 시대를 웅변해 주는 새로운 스타일의 궁궐을 증축하고 그리로 옮겨갔다. 훗날 건륭제(재위 1735~1796, 태상황 1796~1799)가 중로의 서쪽에 다시 새로운 건축물들, 곧 서로를 짓게 했다.

선양고궁 동로 대정전

　동로는 대정전(大政殿)과 십왕전으로 구성되어 있다. 누르하치가 정무를 보는 대정전은 북쪽에 앉아 남쪽을 보고 있다. 팔각의 지붕은 몽골의 게르를 연상시킨다. 대정전의 당시 명칭의 하나는 자쿤 호숑고 오르도였다. 여덟 개의 각이 있는 오르도란 뜻이다. 오르도는 칸의 텐트라는 뜻의 투르크어가 몽골을 거쳐 만주로 유입된 말이다.

　십왕정은 대왕전 좌우로 다섯 개씩, 열 개의 왕정(王亭)이 전개되어 있는 건축군이다. 열 개의 왕정은 좌익왕, 우익왕 그리고 팔기의 기마다 하나씩 배정된 버일러[王]들의 집무소이다. 십왕정은 대정전에서 멀어질수록 간격이 넓어지는 팔(八)자형으로 배치되어 있다. 동로의 남문에 들어서면 좌우 다섯 개씩의 왕정이 중앙의 대정전으로 정연하게 수렴하는 느낌이 든다. 열 개의 왕정이 대정전이란 소실점을 향해 빨려 들어가는 것 같기도 하고, 좌우에서 여는 듯 닫는 듯 강력하게 호위하는 느낌도 든다. 입체감이 풍부하

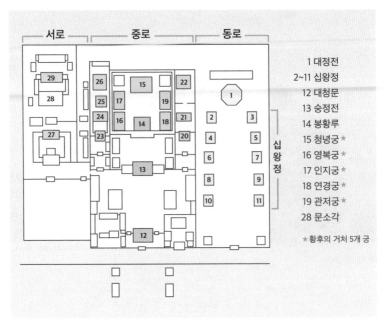

서로　　　중로　　　동로

29	26	15	22
28	25	17	19
	24	16	14	18	21
27	23		20
		13	
		12	

1 대정전
2~11 십왕정
12 대청문
13 숭정전
14 봉황루
15 청녕궁 ★
16 영복궁 ★
17 인지궁 ★
18 연경궁 ★
19 관저궁 ★
28 문소각

★ 황후의 거처 5개 궁

십왕정

선양 고궁 평면도

고 기세가 넘치는 건축미가 훌륭하다. 누르하치가 지존의 창업자라는 것이 새삼 느껴진다. 내가 보기에는 가장 극적인 역사와 가장 멋진 건축미가 결합된 선양고궁의 백미이다. 이런 배치는 몽골식도 중원식도 아닌, 선양고궁만의 또는 만주족 특유의 양식이라고 해야 할 것 같다.

홍타이지의 중로는 누르하치의 동로와는 다르다. 전체적인 구조나 건축 풍격은 중원의 양식을 가져왔다. 북쪽은 황제와 황후의 거처인 내정(內庭)이고, 남쪽은 정무를 집행하는 외조(外朝)이다. 개별 건축물도 중원의 방식을 채용한 장방형에 기와지붕이다. 물론 만주족 특색도 곳곳에 담겨 있다. 아궁이와 구들, 기둥의 장식, 샤머니즘 제사를 위한 솟대 등등이 그렇다. 그러나 누르하치의 동로

선양고궁 중로 봉황각

와는 이미 차원이 달라져 있다. 누르하치의 동로는 건축의 풍격이
나 명칭에서 몽골의 영향이 두드러졌으나 홍타이지의 서로는 중
원의 방식을 뼈대로 한 것이다.

동로와 서로의 건축을 비교해 보면 누르하치 시대가 홍타이지
시대로 탈바꿈해 간 양상을 읽을 수 있다. 누르하치가 남긴 동로
는 대정전과 십왕정이 집체를 이루는 구조로서 마치 집단지도체
제를 암시하는 듯하다. 누르하치는 창업자로서 독점적인 권력을
움켜쥐고 있었지만, 아들들에게는 집단지도체제를 유언으로 남겼
다. 그러나 홍타이지는 집단지도체제를 혁파하여 중원의 황제와
같은 권력 독점 체제로 바꿔나갔다. 마치 서로의 건축이 내정 외
조의 권력 독점 구조라는 중원의 방식을 적용한 것과 같다.

홍타이지는 애초에 누르하치에 의해 계승자로 지정된 것은 아
니었다. 팔기의 버일러들이 협의하여 통치하라는 게 누르하지의
유언이었다. 홍타이지는 팔기의 여덟 왕 가운데 셋과 권력을 공

유했다. 처음에는 대정전에 네 개의 의자가 나란히 놓였고, 홍타이지는 세 명의 버일러들과 나란히 앉아서 정무를 집행했다. 그러나 홍타이지는 세 명의 왕을 하나씩 제거하거나 무력화시켰다. 그는 문서 처리 기구인 서방(書房)에 한인을 기용하고, 중원의 통치 체제의 핵심인 육부와 감찰 기관을 도입하여 권력을 독점해 나갔다. 아울러 팔기의 버일러에 공석이 생기면 자신의 아들과 조카를 밀어 넣었다. 그리하여 중원의 지식인을 기용하고, 중원의 통치 체제를 채용하면서 중원 스타일의 궁궐을 지어 그곳에서 스스로 황제라 칭한 것이다.

이와 병행하여 주선(명과 조선에서는 여진이라 불렸다)이란 기존의 족칭을 만주(滿洲)로 개칭했다. 이것은 단순한 용어 변경이 아니라 강력한 내부 통합 정책의 일환이었다. 누르하치가 이룬 통일이란 바깥에서 보면 통합과 단결 같지만 안으로는 복합 골절과 같은 깊은 상처투성이였다. 상당수의 부족장과 그 추종자들이 죽임을 당했고, 부민들은 새로운 땅으로 강제 이주를 해야 했다. 씨족이나 부족과 같은 혈연 공동체는 해체되어 여덟 개의 구사, 곧 새로운 병영국가의 하부 조직인 팔기 체제 안에 배치되었다. 상처투성이인 여러 갈래의 여진인들에게 만주족이라는 새로운 통합의 정체성을 부여한 것이었다.

족칭의 변경은 국제정치적 의미도 있었을 것이다. 명나라나 조선, 북방초원 등지에서 타칭으로서의 여진은 야만스럽다는 선입견이 오래도록 눌어붙어 있었다. 이를 해소하고 국제정치의 헤게모니를 장악해 나가는 시대 변화에 맞게 새로운 족칭을 제정하여 선포한 것이다.

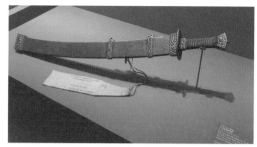

홍타이지의 칼

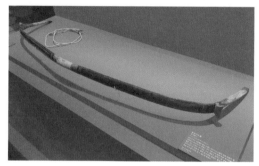

홍타이지의 활

홍타이지는 누르하치 시대에서 더 나아가 북방의 패권을 잡아나갔다. 원나라가 쇠퇴하여 베이징을 버리고 초원으로 돌아갔으니 이를 북원(北元)이라고 한다. 북원은 명나라의 공격을 받아 쇠퇴하였으나, 15세기 말기 다얀 칸 시기에 다시 몽골을 통일했다. 이후 몽골의 적통은 다얀 칸의 직할인 차하르(察哈爾)부로 계승되었다. 릭단 칸은 차하르의 수장이자 전체 몽골의 대칸이었다. 1635년 누르하치는 칭기즈칸의 적통 후계자인 릭단 칸의 차하르부를 공략했다.

북방에서 전후좌우로 충돌이 발생하는 와중에 차하르의 릭단 칸은 티베트 원정을 하다가 칭하이 지역에서 천연두로 사망했다. 그의 아들 에제이가 차하르를 이어받았으나 힘이 떨어졌다. 그는 결국 홍타이지와 제휴하기로 했으나 세력에 차이가 나는 제휴는 곧 항복이었다. 그것도 몽골 대칸의 지위를 상징하는 전국(傳國)옥새를 바치기까지. 홍타이지는 남(내)몽골에 대한 지배적 우위를 구현했고, 다섯 후비를 모두 몽골에서 맞아들였다. 셋은 코르친(科爾沁)부 출신이고 둘은 차하르부 출신으로, 릭단 칸의 부인들이었다. 이들을 중로의 내정에 기거하게 했으니 청녕궁, 관저궁, 인지궁, 연경궁, 영복궁이 그것이다.

홍타이지는 한인 정책도 크게 전환했다. 홍타이지는 즉위하면서 이미 누르하치가 동경성에서 한인을 학살한 것을 비판하면서, 한인 노예들을 평민으로 올려주고 한인 지식인들을 관리에 기용했다. 명나라와 긴밀한 조선에 대해서도 군사적 우위를 과시했다. 1626년 정묘호란을 일으키고 화약을 강요하여 조선과는 형제의 관계라고 선언했지만 우열은 이미 기울었다. 누르하치는 여진의 한(汗)이었으나, 홍타이지는 만주의 한과 몽골의 대칸과 한인의 황제를 겸하는 북방의 패권자로 도약한 것이다. 이러한 후금의 발전적 변화를 압축해서 국제적으로 선포한 것이 국호를 대청으로 하고 스스로를 황제라 칭한 것이다.

칭제의 국내 정치는 거칠 것이 없었지만 국제정치학으로는 그리 간단한 일은 아니었다. 홍타이지는 황제에 오르면서 즉위 명분의 하나로 조선도 정복했음을 명기했다. 그리고 황제 즉위식에 참가한 조선 사신들에게는 홍타이지에 대한 삼궤구고두의 예를 요구했다. 기존의 형제 관계라는 명분을 묵살한 것이다. 조선의 사신들은 왕명 없이 양국 관계를 군신 관계로 바꿀 수는 없다며 현장에서의 삼궤구고두를 거부했다. 조선에게는 오랑캐가 칭제를 한다는 것은 어림도 없는 짓이었을 것이다. 홍타이지는 장엄해야 할 제위식장에서 심각한 반발을 당한 셈이었다. 이것이 바로 병자호란의 직접 도화선이 되었다.

조선 정벌을 결심한 홍타이지는 약 8개월에 걸쳐 면밀히 준비했다. 강물이 얼어붙는 겨울을 기다렸다. 수개월 전에 이미 대청에 복속한 몽골 각부에 병력 동원 명령을 내렸다. 조선 출병 이전에 원정군을 명나라에 보내 약탈전을 벌였다. 조선에 출병했을 때 명나라가 틈을 노리지 못하게 강력한 사전 조치를 한 것이다. 홍타이지는 최대의 병력을 동원했고 1636년 12월 홍타이지의 조선 정벌 전쟁이 시작됐다. 결과는 우리가 아는 바와 같다.

선봉대는 압록강을 건넌 지 6일 만에 한양에 들이닥쳤다. 방어의 최적지인 강화도로 파천하려는 인조를 가로막아 남한산성에 몰아넣었다. 인조를 구하려고 진격해 오던 각지의 근왕병들을 차례로 격파한 뒤, 남한산성을 포위하고는 인조에게 항복을 요구했다. 인조는 버텼다. 그러나 세자빈과 원손, 봉림대군이 피신해 있던 최후의 보루 강화도가 점령당하자 인조는 항복하고 말았다.

항복의 의례가 삼전도에서 벌어졌다. 조선의 사신들이 거부함으로써 불완전하게 이루어진 황제 즉위식을 삼전도에서 다시 거행한 셈이다. 인조는 용포가 아닌 쪽색 옷을 입고 남한산성에서 나와 삼진도에서 항복과 황제 즉위 축하의 의례를 치욕적으로 수행해야 했다. 홍타이지와 함께 하늘을 향해 삼궤구고두를 함으로써 이 일이 하늘의 뜻임을 인정했고, 다시 홍타이지를 향해 삼궤구고두를 함으로써 청과 조선이 군신의 관계임을 만천하에 고한 것이다. 조선은 제 손으로 내정황세공덕비를 쓰고 새기고 세웠다. 우리의 문물 목록에는 삼전도비라고 되어 있는 게 바로 그것이다.

삼전도비는 서울 강동에 사는 내게는 가장 가까운 중국의 사적이다. 암사역에서 네 정거장만 가면 볼 수 있다. 거북 모양의 큼직한 받침돌 위에 3미터나 되는 높이, 가까이 오는 사람은 저절로 고개를 쳐들게 된다. 압도적인 힘으로 위에서 내려다보는 기세가 느껴진다. 치욕은 치욕이고 역사는 역사이다. 역사는 부끄러움도 어리석음도 모두 기록하고 기억해야 하는 법이다.

홍타이지는 누르하치에게서 물려받은 여진족 금나라의 한(汗)을, 만주, 몽골, 한인 그리고 조선까지 받드는 북방의 패자이자 천하의 황제로 업그레이드하고 1643년 세상을 떠났다. 그는 선양의 북릉 곧 소릉(昭陵)에 묻혔다. 동릉이라 부르는 누르하치의 복릉(福陵)보다 큰 것도 그의 위상을 말해주는 것으로 느껴진다.

홍타이지의 대청을 물려받은 후계자들은 중원은 물론이고 또 다른 변방을 정복하여 명실상부한 제국을 또 한 단계 업그레이드했다. 이제 그 대청 제국 정복의 역사가 기록된 피서산장으로 남하한다. 🔲

피서산장에 새긴 정복의 역사

청나라는 명나라와는 차원이 달랐다. 흔히 명나라와 청나라가 시대순으로 연접하고 명나라의 여러 제도가 청나라로 이어진 점 때문에 명청이라고 묶어서 부르지만, 두 나라는 양적으로는 물론 질적으로도 차원이 달랐다. 지배층이 한족에서 만주족으로 바뀌었을 뿐만 아니라, 무엇보다 청의 최대 판도(약 1,315만 제곱킬로미터)는 명나라(약 650만 제곱킬로미터)의 두 배였다. 청나라는 중원 곧 명나라를 삼켰을 뿐 아니라, 명나라가 아닌 '또 다른 변방'인 남몽골(지금의 내몽골)과 북몽골(몽골공화국), 칭하이와 티베트, 그리고 신장(서몽골)과 그 서쪽의 카자흐스탄 등 중앙아시아 국가의 일부까지 정복하여 광대한 제국을 이룬 것이다. 이것은 단순한 면적의 차이가 아니다. 중원과 변방이라는 본질적으로 상이한 지역에 대해 각각의 통치 체제를 운영하는 제국의 시스템을 구축하고 가동했다는 질적인

피서산장과 외팔묘

차이가 있다.

　만주족이 '또 다른 변방'을 정복한 내력은 그들이 세운 피서산장과 외팔묘를 유람하면서 음미할 수 있다. 피서산장은 단순히 황제의 별장이 아니라 북방 동맹의 통치 중심이었고 변방 정복사의 기록관이기 때문이다.

　피서산장은 허베이성 청더(承德)시에 있다. 자금성에서 출발하면 베이징-청더 고속도로를 타고 동북 방향으로 230킬로미터 정도를 가야 한다. 베이징에 비해 북쪽이고 숲이 많은 지역에 있는 황제의 원림이니 별장이란 말이 적절해 보인다. 나무 한 그루 없어서 여름엔 뜨겁기만 한 자금성과 비교하면 피서란 말도 쉽게 수긍할 수 있다. 피서산장이란 명칭 자체는 강희제가 지은 것이다. 궁전은 담박경성전(澹泊敬誠殿)을 중심으로 전조후침(前朝後寢)의 구조를 갖고 있다. 후침의 북쪽으로는 커다란 인공 호수가 접해 있다. 건

피서산장의 호수

축물들이 황제의 궁전이라기에는 소박하지만, 호수를 중심으로 한 정원은 디테일이 생생하게 살아 있어 황제의 별장답다는 느낌을 준다. 중국에서는 베이징의 이화원, 쑤저우의 졸정원과 유원과 함께 사대 명원 또는 사대 원림으로 꼽는다.

피서산장은 작게는 궁전과 정원의 묶음이지만, 크게는 외팔묘까지 합칠 수 있다. 피서산장과 외팔묘는 다시 북쪽 150킬로미터 거리에 있는 무란웨이창(木蘭圍場)이라는 황제 전용 사냥터와 연결된다. 무란웨이창은 면적이 1만 제곱킬로미터나 되는데 내몽골 초원에 접하면서도 천리 송림으로 우거져 있다. 둘을 연결해 보면 피서산장은 황제가 무란웨이창으로 사냥을 나기기 위한 행궁인 셈이다.

그러나 피서산장과 무란웨이창은 유람기이라 또는 놀이로서의 사냥을 위한 것은 아니다. 북방 민족에게 사냥이란 일상의 생업인 동시에 병마의 훈련이고 황제로서는 상무성(尚武性)을 높이는 방책의 하나이다. 청나라에서 만주족 황제들의 사냥은 개인의 놀이가 아니라 황실의 전통이며 국가적 행사였다. 피서산장은 만주-몽골이라는 북방 동맹을 공고하게 운영하기 위한 상설 접견장이자 연회장이었다. 북방 동맹의 핵심인 몽골인들은 천연두를 극히 경계하여 베이징으로 들어가기를 꺼려했다. 이런 면에서도 피서산장은 만주족 황제가 몽골 각부의 수장들을 접견하기에 적절한 위치였던 것이다.

만주족이 누르하치의 후금에서 홍타이지의 대청으로 흥기했던 것은 만몽 북방 동맹의 힘이라 할 수 있다. 몽골이란 존재는 누르하치 이전에는 여진족의 생사를 결정하는 강력한 외생변수였다. 여진족이 세웠던 금나라(1115~1234)는 몽골에게 멸망당했다. 금나라 이후 동북의 여진족들은 몽골의 직간접 지배 아래에 있었고, 몽골로부터 큰 피해를 당한 일도 많았다. 1450년대 후란강(훌룬강 174쪽 지도 참조) 인근에 살던 여진족이 몽골에게 공격을 당해 남으로 이동하여 해서여진으로 이어진 사례는 앞에서 언급했었다. 물론 해서여진의 여허부와 같이 몽골과 여진이 혼거하여 융합한 경우도 있었다. 여진인들에게 몽골은 생사와 직결된 존재였다. 여진족이 굴기하자면 제휴든 정벌이든, 어떤 식으로든 헤쳐 나가야 할 피할 수 없는 생존 환경이었던 것이다.

누르하치 시대에 이미 몽골 일부가 복속해 오기 시작했다. 누르하치를 이은 홍타이지는 칭기즈칸의 적통인 차하르부를 공격하여 릭단 칸을 궁지에 몰아넣었다. 결국 릭단 칸이 병사한 뒤에 그의 아들 에제이(?~1641)는 1635년 몽골 대칸의 상징인 전국옥새를 바치면서 홍타이지에게 투항했다. 이것이 대청(大淸)을 선포하고 황제를 자처한 중요 모티브가 되었다.

차하르를 포함한 남몽골 대부분이 복속해 왔으나 1675년 강희제 때 차하르부에서 반란이 일어났다. 베이징과 선양까지 위협받을 정도였다. 명나라 땅에서 일어난 삼번의 난을 평정하느라 분주하던 강희제는 차하르부에서도 반란이 일어나자 버겁기는 했으나 진압해 냈다. 강희제는 반란 집단을 산시성 북부로 이주시키고는 몽골에 대한 지배 방식을 진지하게 고민했다.

강희제는 몽골에 대한 통제를 강화하고 친화를 다지기 위해 북순(北巡)을 시작했다. 1676년 첫 번째 북순을 했고 1681년 세 번째 북순부터 무란웨이창에서 대규모 사냥을 거행했다. 1683년부터는 황제의 수렵에 몽골의 왕공들을 참여하게 했다. 이렇게 해서 북순과 수렵이 북방 동맹을 견고하게 유지하는 국가적 방책으로 굳어진 것이다. 수렵장을 오가는 데 필요한 행궁은 초기에는 카라호톤 (지금의 청더시 롼허진)이었다. 그러다가 새로 행궁을 짓기로 하고 1703년부터 5년간의 공사를 거쳐 피서산장을 1차 완성했다. 그 이후 건륭 시대까지 수차례 증축되었다.

청나라는 남몽골과의 동맹을 기반으로 북몽골, 서몽골, 티베트 등으로 통치를 확상해 나갔다. 강희제는 1696~1697년 세 차례나 몽골 초원으로 친정하여 준가르를 몰아붙였다. 이 과정에서 1691년 북몽골의 칼카가 청나라에 복속해 왔다. 이제 남은 것은 청나라와 팽팽하게 상쟁해 오던 서몽골의 마지막 유목 제국 준가르와 서남쪽의 산악 제국 티베트뿐이었다. 이늘을 성복하고 동지힌 업적이 바로 피서산장의 외팔묘에 기록돼 있다.

부인사

　피서산장 주위에는 많은 사원이 건립되었다. 이를 외팔묘_(外八廟)라고 한다. 많게는 12개이고 적게는 8개를 꼽는다. 건립 순으로 외팔묘를 따라가면 강희제와 건륭제가 '또 다른 변방'을 정복한 역사를 시대순으로 읽을 수 있다.

　외팔묘 가운데 첫 번째 세워진 것은 부인사와 부선사이다. 몽골 왕공들이 강희제의 60세 생일을 맞으면서 발의하여 1713년에 세운 것이다. 남몽골이 동맹이란 이름으로 만주족에게 복속한 상하 관계를 직설적으로 보여준다. 강희제를 이은 옹정제는 국가 재정을 아끼면서 내치에 진력했다. 그는 무란웨이창으로 사냥을 가지도 않았고 피서산장에도 가지 않았다. 건륭제가 즉위해서 다시 피서산장의 전각들을 추가로 세우고, 정복 전쟁을 계속하면서 본격적으로 외팔묘도 세워나갔다.

　건륭제 초기 20년 가까이 준가르와는 정전 상태를 유지했다. 그

보녕사의 관음보살입상

러다가 준가르 내부에 분란이 발생하자 이를 틈타 1755년 준가르를 정벌했다. 강희제 이후 약 70년간 이어온 준가르와의 상쟁에서 청나라가 승리한 것이다. 이때 광대한 몽골을 전부 복속시킨 기념으로 보녕사(普寧寺)를 세웠다. 보녕사 성문을 들어서사마자 바로 미주하는 비정(碑亭)에는 준가르 평정 관련 비가 두 개나 세워져 있다.

불교 사원이지만 불상이 중심인지 전승 기념비가 주인인지 헛갈릴 정도이다. 보녕사의 건축양식에서도 정치적 함의를 읽을 수 있다. 전반부는 한족 양식이고 후반부는 티베트 양식이다. 자신들이 정복한 지역의 특성을 가져다가 한곳에 통합한 셈이다.

1760년에는 보녕사 옆에 보우사를 세웠다. 신장 남부 타림분지에서 호자 형제가 주도한 회족 반란을 진압한 전승과 함께 자신의 50세, 모친의 70세 생일을 축하하기 위해 세운 것이다. 보우사는 1964년 화재로 전소되어 지금은 절터만 남아 있다. 지상의 건축물이 사라지고 텅 빈 절터를 보는 것도 나름 독특한 느낌이 난다. 말 없이 역사를 말해주는 듯하다.

그다음의 안원묘(安遠廟)는 1764년에 세웠다. 먼 곳을 정복했다는 이름부터가 대단히 정치적이다. 준가르의 내분 속에 다쉬다와 부족 이천여 부중이 청나라에 귀순해 오자 이들을 열하 지역으로 이주시켰다. 이들이 참배할 사원으로, 그들의 고향에 있는 쿨자사(Kulja寺)를 모방하여 지은 것이다. 안원묘의 정전 바로 옆에 문전비(門殿碑)가 있다. 톈산산맥 남북이 청조의 판도 안에 들어왔다고 건륭제가 선언하는 내용이다. 여기에서도 불상이 중심인지 정치적 선언을 새긴 기념비가 우선인지 헛갈릴 정도다.

1767년에는 카자흐족과 키르기스족이 열하를 방문한 것을 기념해서 보락사(普樂寺)를 세웠다. 카자흐족과 키르기스족 사절단의 숙소로 사용됐다.

1771년에는 건륭제의 60세 생일을 축하하기 위한 보타종승지묘(普陀宗乘之廟)가 완공됐다. 이 사원은 라싸의 포탈라궁을 본뜬 것으로 작은 포탈라라고도 불린다. 외팔묘 가운데 규모가 가장 크다.

보타종승지묘

가장 위에 세워진 25미터 높이의 웅장한 대홍대(大紅臺)는 다른 사원들을 압도한다.

청나라는 1750년대에 티베트의 달라이라마를 자신들이 보호하는 대신, 달라이라마는 청나라 황제를 불교에서 말하는 전륜성왕으로 인정하는 정치적 거래를 했다. 황제가 파견하여 티베트에 상주하는 대신의 권한도 강화했다. 이를 통해 티베트가 청나라에 속한 것이냐 아니냐 하는 논쟁도 있지만, 외팔묘에 보타종승지묘를 건립함으로써 티베트와의 관계를 확실하게 기록해 두었다.

그런데 보타종승지묘가 완공될 즈음에 또 하나의 사건이 발생했다. 150년 전에 준가르의 핍박에 밀려 볼가강 하구로 이주했던 서몽골의 토르구트가 청나라에 귀순('토르구트의 동귀와 시보족의 서천' 참조)해온 것이다. 건륭제는 이들의 귀순을 받아들이면서 그 경위를 비에 새겨 보타종승지묘 정문 바로 안에 세웠다. 이렇게 멀리 러시아

수미복수지묘

땅까지 이주해서 살던 티베트 불교의 마지막 부족까지 품어 들임
으로써 티베트와 몽골 전부를 복속시켰다는 의미를 이곳에 기록
한 셈이다.

　마지막 외팔묘는 1780년에 세워진 수미복수지묘(須彌福壽之廟)다.
건륭제의 70세 생일을 축하하기 위해 온 티베트의 6세 판첸라마의
행궁 겸 불경 강연장으로 지은 것이다. 보타종승지묘가 달라이라
마가 있는 포탈라궁을 차용해 온 것이라면, 수미복수지묘는 티베
트 지역의 또 다른 종교 지도자인 판첸라마가 거주하는 시가체(日喀
則)의 타쉬룬포사(札什倫布寺)를 복제해 온 셈이다.

　이런 정벌 전쟁을 통해 만주족은 명나라와는 차원이 다른 대청
제국을 이뤘다. 몽골과 티베트를 복속시키는 과정이 외팔묘에 기
록된 것도 흥미롭다. 그러나 정상은 좁고 절정은 짧은 게 사람의
역사인 것 같다. 장기간 지속되기 어렵다. 건륭제가 이룬 전승의

이면은 재정의 과다 지출과 관료들의 부정부패였다. 전쟁에 상당한 국부를 탕진했고 그 전승을 기록하는 외팔묘에도 상당한 재정 지출이 있었다. 건륭제가 먼 곳의 장대한 업적에 취해 있을 때 자신의 뒤꿈치에서는 관리들의 부패가 이미 도를 넘어 있었다. 태상황 건륭제가 사망하고 가경제가 친정으로 실권을 행사하자마자 건륭제의 총신이었던 화신(和珅)을 숙청했다. 그의 가산을 몰수하니 은 8억 냥이었다. 당시 청나라 1년 세입이 7,000만 냥 수준이었으니 고위 관리의 부패가 얼마나 심했는지 한눈에 알 수 있다. 이제 만주족 역사 기행의 끝이 다가왔다. 산하이관을 당당하게 들어서는 중원 정복의 순간과 건륭제 이후 기울어가는 역사는 자금성을 거닐면서 음미하기로 한다. 이제 베이징으로 간다.

자금성에서 읽는 제국의 성쇠

동아시아의 수천 년 역사를 보면 변방에서 생장한 에너지는 중원으로 몰려들었고, 치열한 경쟁에서 승리한 거대 권력은 그 자리에 눌러앉았다. 중원이란 권력의 산실로 보이기도 하지만 실제로는 살벌한 쟁투의 무대이자 승자의 화려한 거소였다. 첫 번째 황제를 자처한 진시황은 서융 곧 변방 출신이었다. 한나라와 상쟁했던 흉노, 그 뒤를 잇는 선비, 거란, 몽골 그리고 여진과 만주가 그랬다. 마오쩌둥은 변방에서 변방으로 12,500킬로미터를 도주하는 대장정에서 내부의 권력을 잡았고 장제스와의 경쟁에서 역전하여 승리했고, 자금성이 광장으로 연결되는 성루인 천안문에서 자신들의 공화국을 선포했다. 베이징의 자금성은 21세기인 지금까지도 변방의 정점이다. 몽골의 쿠빌라이가 택하여 대도(大都)가 됐고,

자금성의 남문인 오문

명나라 영락제가 궁궐을 신축했으며, 산해관을 통과한 만주족 황제가 차지한 자금성.

자금성의 남문은 오문(午門)이다. 1644년 봄 청나라의 도르곤이 팔기군을 이끌고 남문으로 들어섰다. 그해 가을에는 순치제가 황제의 권위를 앞세우고 입궐했다. 280년의 역사가 흐른 1924년, 만주족 황실은 권력을 이미 포기했다. 퇴위한 채 자금성에서 거주하던 마지막 황제 푸이는 북문인 신무문(神武門)으로 빠져나갔다. 이제 자금성 남문으로 들어가 북문까지 걸으면서 청나라가 중원을 장악하고 이후 쇠락하는 역사를 더듬으면서 만주족 역사 기행을 마감하려 한다.

누르하치는 영원성을 공략하다가 부상을 당해 철수하고 결국 세상을 떴지만, 도르곤과 순치제는 만리장성 산해관과 영원성이란 철벽 방어선을 전투 없이 행군만으로 통과했다. 밖에서 공략한 것이 아니라 안에서 열어주었기 때문이다. 이자성의 난에 휘둘린 명나라 장군 오삼계가 만주족에게 투항하면서 벌어진 허무한 결말이었다. 이때 대청 황제는 겨우 여섯 살의 순치제였다. 도르곤은 그의 숙부이자 어린 황제를 보필하여 국사를 책임지는 섭정이었다. 오문으로 들어선 도르곤은 태화전의 서편에 있는 무영전을 집무실로 사용했다. 자금성에서도 중축선에 세워진 전각은 황제의 전유물이었기 때문이다.

도르곤이 시작한 중원 통치는 분리와 본속(本俗)을 원칙으로 했다. 한족과 만주족의 거주를 분리하고, 한족은 한족의 습속과 통치 체제로, 만주족은 만주족 방식으로 통치한다는 것이다. 청나라는 명나라의 수도뿐 아니라 법과 제도의 상당 부분을 이어받았다. 중앙의 육조와 감찰, 지방의 성제(省制)도 그대로 이어받았다. 그러나 치발령을 내려 중원의 백성들에게 변발을 강요함으로써 누가 새로운 지배자인지를 확실하게 그리고 치욕적으로 인식시켰다. 한족 관리를 등용하여 여러 분야에서 활용했지만 몽골, 티베트, 러시아, 조선 등 또 다른 변방과의 국제정치는 그들을 배제시켰다.

도르곤이 묵었던 무영전의 반대편 동쪽에는 문화전과 문연각이 있다. 남북의 중축선을 중심으로 문무가 동서로 대칭을 이루고 있다. 문화전은 황제의 경연이 열리는 곳이고 문연각은 황제의 도서관이다. 사고전서가 이곳에 보관되어 있었다. 오문에 가까운 내각대당은 육조가 모여 황제와 정사를 논하는 곳이다.

오문 다음의 태화전은 자금성에서 가장 규모가 큰 전각이다. 황제의 즉위식이나 대혼, 조칙 반포와 같은 국가적 의례를 행하는

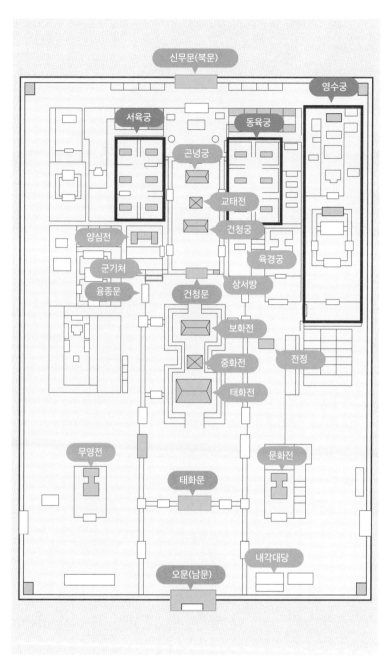

신무문(북문)

영수궁

서육궁

동육궁

곤녕궁

양심전

교태전

건청궁

군기처

육경궁

융종문

건청문

상서방

보화전

중화전

전정

태화전

무영전

문화전

태화문

내각대당

오문(남문)

자금성 평면도

태화문에서 바라본 태화전

공간이다. 선양고궁에서 제위에 오른 어린 순치제(재위 1643~1661)는 1644년 가을 자금성으로 옮겨왔다. 이곳에서 조칙을 반포했고 1651년에는 친정을 시작하는 의례도 이곳에서 성대하게 치렀다. 순치제는 명나라 잔여 세력[南明 1644~1661]의 저항을 진압하는 것까지 보았으나 24세에 천연두로 사망했다. 그를 이어 여덟 살의 황자가 태화전에서 즉위하니 그가 곧 강희제(재위 1661~1722)이다.

태화전의 북쪽으로 중화전과 보화전이 이어진다. 이를 묶어 전삼전(前三殿)이라 한다. 자금성의 전체 구조를 전조후침(前朝後寢) 또는 내정외조(內廷外朝)라고 구분하는데 전삼전이 전조 또는 외조의 중심이다. 순치제에 이은 강희제는 보화전에 거처했다. 오삼계, 상지신, 경정충 등 처음에는 대청에 투항했던 한인 무장들이 남방에서 삼번의 난(1673~1681)을 일으키자 강희제는 이들을 하나씩 정벌했다. 남몽골 차하르의 반란도 진압했다. 강희제는 청나라를 중원에 뿌리를 내리게 만들었다.

문화전의 북쪽으로 상사원(上駟院)과 전정(箭亭)이 있고, 내정 바로 안쪽에는 상서방(上書房)이 있다. 황자들의 무예 수련과 독서가 이루어지던 차세대 육성의 공간이다. 강희제 역시 문과 무를 겸하여 수련했을 것이고 황제로서도 문무에 걸친 많은 업적을 남겼다.

'전'삼전을 지나 건청문을 통과하면 건청궁, 교태전, 곤녕궁의 '후'삼궁이 이어진다. 건청문은 자금성 남북을 구분하는 선이다. 지금도 자금성 관람을 마감하기 위해 문을 닫을 때 건청문을 제일 먼저 닫는다. 건청문이 닫히면 북쪽의 관람객은 북문인 신무문으로 나가고, 남쪽의 관람객은 남문인 오문으로 나가야 한다. 후삼궁은 황제와 황후의 거소이자 사적 공간이다. 곤녕궁은 만주족 스타일의 건축물로 남동쪽으로 문을 냈고 실내는 온돌로 되어 있다. 곤녕궁은 만주족 샤머니즘의 특색이 진하게 새겨져 있다. 황후의 책임 하에 매일 샤머니즘 의식을 거행하던 곳이며, 만주족 제사를 지냈다. 신간(神竿)도 있다.

거창한 의례는 중축선의 전각에서 이루어지지만 황제 일상의 실제 정무는 양심전과 군기처에서 많이 이루어졌다. 양심전은 건청궁 바로 서쪽이다. 규모도 작고 소박하다. 옹정제(재위 1722~1735)가 거처로 사용하기 시작했고 이후의 황제들도 이를 따라했다. 격식에 매이지 않는 편리한 공간을 숙소 겸 집무실로 이용한 것이다. 군기처는 양심전 바로 남쪽 80미터 거리에 있다. 준가르와의 전쟁이 벌어지자 옹정제가 전쟁 지휘소 격으로 군기처라는 TF팀을 만들어 배치한 곳이다. 군기처에서 발송된 황제의 문서는 빠르면 하루 800리를 날려가 먼방의 군대에게 황제의 직견명령을 전했다.

옹정제는 청나라의 체력을 강건하게 만들었다. 비밀건저법이란

군기처

황위 계승 규정을 새로 만들어 북방 민족에게 항상 분란의 불씨가 되었던 황위 계승 문제를 안정시켰다. 황제는 한 세대에서 한 명만 나오게 하고, 황제가 직접 후계자의 이름을 써서 건청궁 편액 뒤에 넣어두고는 황제의 사후에 즉시 공개토록 한 것이다. 국가 재정에서도 옹정제의 내치 업적은 평가할 만하다. 그는 솔선하여 검약했고, 많은 비용이 들어가는 순행을 삼갔다. 지방 관리들도 철저하게 관리했다. 그들의 상주문[摺奏접주]을 직접 받아 보고, 붉은색 친필로 자신의 생각과 지시를 일일이 가필하여 회신[硃批주비]했다. 옹정제가 회신한 주비가 2만 2,000여 건이나 된다고 하니 업무량으로 보면 일벌레 수준을 넘어 일중독이라 할 만했다. 붕당을 혁파하는 데 주력하고 친인척 관리에도 엄격했다. 45세라는 늦은 나이에 즉위하여 13년간 재위했던 황제로서, 디테일이 살아 있는 열정에 감탄하지 않을 수 없다. 그것이 바로 양심전과 군기처에 담긴 옹정제의 치적이다.

자금성은 좌우대칭 구조이지만 두 곳은 어긋나 있다. 하나는 자금성의 동북을 차지하고 있는 구룡벽 황극전 양심전 영수궁으로 이어지는 영수궁 구역이다. 건륭제(재위 1736~1799, 태상황 포함)가 가경제에게 제위를 물려준 뒤 황제 위의 태상황으로 기거하기 위해 개축한 것이다. 그러나 건륭제는 가경제에게 제위를 넘겨주고도 태상황의 이름으로 모든 정무를 나서서 처리했다. 실제 거처를 영수궁으로 옮기지도 않았다. 가경제는 37세에 황제가 되고도 피교육자 뉘앙스가 묻어 있는 육경궁(毓慶宮)에 머물러야 했다.

청나라의 전성기는 건륭제 시대였다. 그것은 강희제와 옹정제가 다져놓은 탄탄한 국가적 에너지를 건륭제가 마음껏 발산한 결과라 할 수 있다. 막대한 전비를 들여 정복 전쟁을 계속했고 티베트-몽골 세계를 전부 복속시켰다. 북순, 동순, 남순 등 순행도 끊이지 않았다. 선양고궁, 피서산장, 원명원, 이화원, 천단기년전 등 등 대규모 토목건축 사업이 이어졌다. 자금성을 황금빛 유리기와로 전면 교체한 것도 건륭제였다. 밖으로는 화려한 명성을 떨쳤으나 안으로는 부정부패와 재정 고갈이 심해졌고 곳곳에서 반란도 발생하기 시작했다. 백련교도의 난이 일어났고 귀주성에서는 먀오족(苗族)의 반란이 일어났다.

청나라는 건륭제 사후의 가경제(재위 1796~1820), 도광제(1820~1850), 함풍제(1850~1861)를 거치면서 내우와 외환이 요동쳤다. 아편전쟁에서 태평천국의 난까지 우리 귀에도 익숙한 청나라의 쇠락기이다. 군기저 바로 옆의 융종문(隆宗門) 편액에는 회살촉 하나가 지금도 박힌 채 남아 있다. 천리교도들이 자금성을 침입했을 때 박힌 것인

화살촉이 꽂혀 있는 융종문

데, 가경제가 자성하는 의미로 남겨두게 했다고 한다.

함풍제가 사망하자 하나밖에 없는 아들이 제위에 올랐다. 어린 황제의 생모 서태후와 함풍제의 황후였던 동태후가 합동으로 수렴청정을 시작했다. 동치제(1861~1875), 광서제(1875~1908), 선통제(푸이 1908~1912)로 이어지는 서태후의 시대이자 청조의 몰락기였다. 1862년 11월 1일부터 양심전의 옥좌 동쪽에 면한 동난각에서 두 태후의 수렴청정이 시작됐다. 두 태후가 황제 뒤에 앉는데 여성이 남면(南面)하여 앉을 수 없다 하여 동에 앉아 서를 향하게 자리가 배치됐다. 그에 따라 황제도 서면(西面)하여 앉았다. 지는 해를 바라보는 방향이니 자리 배치로도 청조의 몰락을 보여주는 것 같다.

자금성의 좌우대칭 구조에 또 하나의 변화가 발생했다. 건청궁 동서 양쪽에 있는 동육궁과 서육궁은 원래 황후를 포함해 귀비 등 12명이 거주하는 곳이었다. 그러나 서태후는 자신의 50세 축하연을 위해 서육궁에서 네 개의 전각을 터서 1궁 1전으로 개조했다. 태상황 건륭제의 영수궁에 비견되는 권력에의 집착이 궁궐 건축에도 그대로 드러난 셈이다.

자금성의 더 큰 변화는 밖에서 발생했다. 서태후는 자금성 서남쪽에 있는 중남해에 서원(西院, 지금의 국가주석단의 거처)을 지었다. 수렴청정이 끝난 이후에 거처로 사용하겠다는 것이었다. 그즈음 광서제는 1898년 6월 조칙을 내려 입헌군주제를 핵심으로 하는 무술변법이란 개혁을 추진했다. 그러나 서태후가 쿠데타를 일으켜 광서제를 서원에 연금해 버렸다. 정치의 중심은 이제 자금성을 이탈해 서태후가 머물던 서원과 이화원으로 옮겨갔다. 1908년 광서제가 죽고 그다음 날 서태후가 죽을 때까지 서태후의 권력은 내부에서는 흔들리지 않았다. 그러나 청조는 이미 바닥을 뒹구는 빈사 상태였다.

1911년 신해혁명이 일어나고 1912년 중화민국이 선포되었다. 황태후는 선통제 푸이의 퇴위를 결단했다. 황제의 권력을 포기하되 황실의 명칭을 유지하고 자금성에 거주하는 조건을 받아들인 것이다. 이후 군벌의 혼란 속에 1917년 푸이가 황제로 복위하는 소동도 있었으나 결국 1924년 신무문을 빠져나갔다. 자금성을 완전히 떠난 것이다. 톈진에 머무르던 푸이는 1932년 창춘의 황궁에서 세 번째로 제위에 올랐다. 그는 일본 제국주의가 세운 만주국의 황제가 됐으나 꼭두각시였을 뿐이다. 그는 1945년 종전과 함께 전범으로 체포되었다. 훗날 중국공산당으로부터 사면을 받고 베이징 식물원의 정원사로 일하다가 1967년 62세의 나이도 세상을 떠났다. 홍위병들이 언제 천안문 광장으로 끌어낼지 모르는 혼돈

스런 시대의 불안감 속에서.

만주족은 21세기에 1,000만 인구로서 인구수로는 중국에서 세 번째 큰 소수민족이다. 20세기에는 추락하는 중국의 지배 민족이었던 것을 감추고 싶었는지도 모른다. 그러나 그들의 천년 역사, 청나라 300년 역사 모두 되새겨볼 만한 가치가 충분하다. 자금성은 지금 세계적인 관광의 명소이다. 그 안에서 무엇을 보고 어떤 것을 음미할지는 각자의 몫이다. 한국인이라면 한번은 만주족의 역사를 반추해 볼 만하지 않을까. 병자호란의 치욕이라는 역사적 감성과 오랑캐라는 졸렬한 편견을 내려놓고 말이다.

5장

바다의
역사

아름답고 슬픈 섬 타이완

　내가 변방을 여행하면서 바다에 눈길을 주기 시작한 것은 바다에서는 아주 먼, 티베트고원의 황하 발원지에서였다. 황하가 중원을 관통하여 처음 만나는 바다는 발해만이다. 발해만에서 시작되는 중국의 바다는 시계 방향으로 황해(우리의 서해), 동중국해(중국의 동해), 남중국해(남해)로 이어진다. 동중국해는 창강 하구와 제주도를 잇는 선으로 황해와 구분한다. 일본의 규슈-오키나와를 포함한 난세이제도-타이완 북단으로 이어진 작은 섬들은 동중국해와 태평양을 구분하는 선이 된다. 이제 변방으로의 여행은 동아시아의 바다로 이어간다. 첫 번째 기착지는 큰 지도에서 보면 대륙의 앞바다에 뚝 떨어진 듯한 섬, 동중국해의 남쪽 경계를 이루기도 하는 타이완이다.

청수산 해안도로에서 본 태평양

　타이완은 지구과학으로 말하자면 유라시아판이 필리핀판과 부
딪치면서 솟아난 섬이다. 면적은 3만 6,000제곱킬로미터 정도로
우리나라의 영남보다 약간 넓다. 면적에 비해 산의 높이와 바다의

깊이는 상당하다. 타이완 최고봉인 위산(玉山) 주봉은 해발 3,952미터나 된다. 산과 계곡, 바다와 절벽 등이 어우러져 절경의 파노라마를 이룬다.

나는 코로나19가 폭발하기 직전 11월 열흘 동안 타이완 해안선을 따라 일주를 했었다. 타이완의 서해안은 갯벌이 다정다감하고 석양이 멋지다. 바람도 부드러운 느낌이었다. 동해안은 급경사를 이루며 태평양과 접한다. 청수산 해안 도로에서 고개를 90도로 젖혀야 보이는 깎아지른 절벽은 현기증이 날 지경이었다. 그 자리에서 몸을 돌리면 그대로 태평양이다. 산이 절벽을 타고 내려와 바다를 만나고, 바다는 짙푸른 색으로 수평선으로 소실된다. 그러다가 하늘과 만나 빛으로 변하면서 다시 사라지는 듯, 신비롭기만 했다.

그러나 타이완은 아름다움만큼이나 서글픈 근현대사를 고스란히 끌어안고 있다. 타이완의 역사학자 저우완야오(周婉窈)의 말 그대로 '아름다운 섬, 슬픈 역사'가 바로 타이완이다.

타이완 일주를 마치고 타이베이로 돌아왔다. 2·28기념관을 보기 위해 지하철역으로 걸어갔다. 아름다운 섬의 슬픈 역사가 먼 시대에서부터 아픈 이야기를 풀어내기 시작했다. 오래도록 타이완에서 살아온 사람들은 언어로는 남도어족에 속한다. 남도어족은 인도양의 마다가스카르에서 태평양의 이스터섬까지 작은 섬이 소금 알갱이처럼 뿌려진 것 같은 대양 지역에 분포되어 있다. 대항해시대 이전에 그 먼 바다를 건넌 사람이 있었다는 게 믿기지 않을 따름이다.

타이완이 기록에 담긴 것은 동아시아의 다른 지역에 견주어 비교적 최근이다. 삼국지 오서(吳書) 손권전에 이주(夷洲)가 나오고, 수서(隋書) 동이열전에 유구(流求)가 등장한다. 12세기 들어서서야 송나라 사람들이 타이완 본도 50여 킬로미터 전에 있는 펑후(澎湖)의 섬들에 거주했다. 송대 이후 원대와 명대를 거치면서도 펑후제도까지만 중원 황제의 땅이었을 뿐, 타이완은 그때까지도 중원의 힘이 닿지 않는, 중원에서 보면 바깥의 세계였다.

그다음으로 기록된 외부와의 접촉은 포르투갈이었다. 포르투갈인은 동아시아까지 바닷길을 연장하면서 1590년 전후 타이완에 이르렀다. 이들은 타이완을 'Ilha Formosa(아름다운 섬)'라고 불렀다. 포르투갈 다음으로 아시아에 진출한 네덜란드는 중국 연안에 근거지를 확보하지 못하고 1624~1662년까지 39년간 타이난시 일대를 근거지로 삼았다. 지금도 타이난시에는 그때에 지은 질란디아요새(安平古堡)가 남아 있다. 이 시대에는 네덜란드나 스페인이 항해의 거점을 확보한 것이지 아직 식민통치와는 거리가 멀었다.

타이완에서 네덜란드와 스페인을 밀어낸 것은 푸젠의 해상 출신인 정성공(1624~1662)이었다. 1644년 명나라가 망하자 정성공과 그의 아버지 정지룡은 주율건을 남명(南明)의 황제로 옹립하여 청나라에 대항하는 편에 참여했다. 청군이 이를 정벌해 내려오자 정지룡은 곧바로 투항했으나 아들 정성공은 1648년 봄부터 샤먼을 거점으로 청조에 대항했다. 한때 난징 근처까지 북진하기도 했으나 청군에게 크게 패하고 물러났다. 정성공은 1662년 타이완으로 건너가서는 네덜란드를 몰아내고 거섬을 구축했다. 징싱궁은 다이완에 발을 디딘 지 1년여 만에 병사했다. 아들이 그 뒤를 이었으나

1683년 청조에 정벌되면서 타이완은 처음으로 황제의 땅이 됐다. 중국에 편입된 것이다.

청조의 정벌 이후 200여 년의 역사는, 대륙에서 이주해 오는 한족에게는 '손발 닳는 개간의 역사'였고, 토착민에게는 '농사짓고 사냥하던 삶의 터전을 빼앗겨 가는 과정'이었다. 정성공 시대에 타이완에는 한족은 12만 정도가 살았고, 토착민의 숫자도 이와 비슷했다. 200여 년이 지난 1906년에 한족은 290만, 산지에 사는 토착민은 11만 수준이니 비율로는 약 26:1이 되어버린 것이다. 청조는 타이완에 대해 대륙 출신 한족과 토착민을 분리하는 정책을 시행했으나 결과로는 실패했다. 숫자나 기록, 계약에 대한 관념이 약했던 토착민은 한족 관리와 농민에게 토지를 빼앗기며 산으로 산으로 밀려났던 것이다. 한족 남자와 토착인 여성의 결혼을 통한 한화 현상도 적지 않았다. 대륙 출신 아버지는 있어도 대륙 출신 어머니는 없다는 이야기가 이런 역사를 압축해서 말해준다. 이것이 타이완의 첫 번째 슬픈 역사이다.

두 번째 슬픈 역사는 타이완 사람들에게는 느닷없는 폭탄 같은 것이었다. 1894년 청일전쟁에서 패한 청나라는 시모노세키조약에서 타이완을 일본에게 할양하고 말았다. 이 소식이 전해지자 타이완의 한족 관리나 지식인은 물론이고 백성들도 항일을 주장했다. 선언으로는 아시아 최초의 공화국도 등장했었다. 그러나 일본이 시모노세키조약에 따라 1895년 봄 군대를 상륙시키자 항일을 열렬히 부르짖던 한족 먹물들은 저항도 않고 대륙으로 훌쩍 돌아가 버렸다.

타이완에 상륙한 일본군은 5개월에 걸쳐 타이완 전역을 평정했다. 이때 일본군에게 집단적으로 저항했던 타이완 사람들이 있었다. 1902년까지 1만 2,000여 명이 처형되었고 무장투쟁은 잦아들었다. 마지막 무장투쟁은 1915년 타이난의 초파년(噍吧哖)에서 일어난 사건이었다. 여청방이란 인물이 앞장서서 일본 파출소를 공격하면서 시작됐으나 결과는 참담했다. 초파년 지역의 장정 수천 명이 도륙을 당했다. 재판에서 사형을 선고받은 토착민들은 866명이나 됐다. 정치적 격변에 죽임을 당했고, 그러고는 긴 세월에 걸쳐 일상의 굴복 속에 차별을 당했다. 두 번째 슬픈 역사다.

이런 반일 역사에도 불구하고 타이완에서도 일본 제국주의의 식민 통치가 수탈이냐 근대화냐 하는 논쟁이 있다. 우리나라에 비해서는 근대화론이 더 많은 것 같다. 일제 패망 이후에도 일본과의 정서적 친연성은 우리에 비해 넓고 깊은 것 같다. 그러나 근대화론에도 불구하고 두 번째 슬픈 역사는 세 번째 슬픈 역사로 이어졌다.

1945년 일본 제국주의는 패망하고 중국국민당 정부는 타이완 인수를 위해 군대를 파견했다. 680만 타이완 사람(본성인)들은 장제스의 군대를 해방군으로 열렬히 환영했다. 그러나 잠시였다. 국민당 군대와 함께 대륙 출신(외성인)들이 몰려들었다. 총을 쥔 국민당 정부와 권력을 업은 외성인들은 본성인들에게는 점령군이었다. 본성인들을 노골적으로 차별했다. 대륙에서 이미 썩을 대로 썩은 부패 시스템을 타이완에 단기에 대량으로 이식했다. 군대와 경찰의 횡포가 극심했다. 시장통의 호랑이(市虎)라고 부를 정도였다. 공산당 노이로제에 걸린 국민당은 반공이라는 이념의 갈날을 살인 병기로 마구 휘둘렀다.

그러다가 1947년 2월 27일 타이완성 전매국 소속 단속반에게 담배 노점상 한 사람이 권총으로 사살당하는 사건이 벌어졌다. 이 사건이 알려지면서 본성인들의 쌓인 불만이 일시에 터져 나왔다. 2·28 시위는 처음에는 전매국을 겨누어 시작됐으나 곧 본성인 차별 철폐 등 대대적인 정치개혁 요구로 번져나갔다. 타이완 행정 장

최초의 희생자 린장마이

관은 앞으로는 유화 제스처를 쓰면서 뒤로는 장제스 총통에게 지원군을 긴급으로 요청했다. 3월 초 계엄군 2개 사단이 타이완에 상륙했다. 그리고 이들이 들이닥치는 도시는 하나씩 하나씩 학살의 생지옥이 되었다. 이것이 2·28사건이다.

훗날 타이완 정부가 발표한 사망자는 2만 8,000명이다. 1960년 호적 조사에서 나타난 실종자는 12만 정도인데 이들 가운데 상당수가 2·28사건 희생자로 추정된다. 공식 확인된 2만 8,000명, 이 숫자가 어떤 숫자인지 가늠이 되는가. 우리나라의 3·1운동을 일본 제국주의가 철저하게 탄압했을 때 전국의 사망자가 최대 7,000여 명 수준이었다. 5·18광주민주화운동도 사망자와 실종자가 600명 수준이었다. 숫자만으로도 2·28사건이 얼마나 참담했는지 쉽게 짐작할 수 있다.

2·28사건의 핵심은 국가의 폭력이다. 국가가 적국의 군대도 아닌 자국의 국민을 상대로 부당하고 가혹한 폭력으로 대량 학살을 저질렀다는 것이다. 나를 보호해 줄 것으로 믿고 세금을 내던, 위

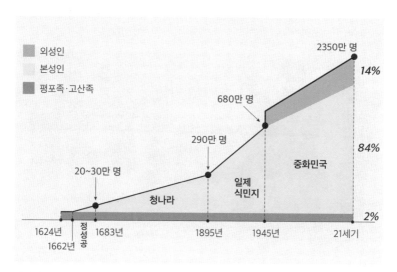

외성인
본성인
평포족·고산족

2350만 명
14%

680만 명

84%

290만 명

중화민국

20~30만 명

일제
식민지

청나라

2%

1624년 정성공 1683년   1895년   1945년   21세기
1662년

타이완의 인구 구성 추이

기에 처하면 내가 나서서 구해야 한다고 생각하는 그 국가가, 나와 내 가족을 죽이고 마을을 불 지르고 주민들을 학살한 것이다. 적대 관계를 공식적으로 선포하고 군과 군이 충돌하는 전쟁에서의 죽음과는 차원이 다르다.

세 번째 슬픈 역사는 1947년에 시작됐을 뿐이다. 2·28사건으로 선포된 계엄령은 중화민국 정부의 철권통치로 이어졌다. 우리나라 독재의 역사와 흡사하다. 누구도 2·28사건의 죽음에 대해 슬퍼할 수 없었고, 물어볼 수도 없었고 대답도 허용되지 않았다. 40년 동안 고통이 쌓이고 쌓이면서, 수많은 저항과 희생을 거쳐 1987년에야 비로소 계엄령이 해제되었다. 저우완야오는 계엄령 해제의 의미를 다음과 같이 요약했다.

"그제야 좌우의 사상 문제로 잡혀갈 염려를 하지 않아노 뇌고, 모국어(타이완 지방어) 사용을 부끄럽게 생각하지 않아도 되고, 자신이

2·28사건 당시의 현장을 묘사한 전시관의 그림

속한 족군(族群)의 과거에 대해 억지로 잊지 않아도 되고, 국정교과
서만으로 역사를 배우지 않아도 되고, 아이들이 교육을 통해 자신
의 향토를 알 기회를 갖게 되고, 소수집단도 점차 중요하게 간주
되었다. 새로운 시대가 온 것이다."

　나는 타이베이의 2·28기념관에 연결된 지하철 타이다이위안역
에 도착했다. 이미 2·28사건은 지금도 폐부 깊은 곳에서 꿈틀거리
는 슬픈 역사란 것을 알고 간 길이었다. 심정적인 충격은 이미 걸
러진 것으로 생각했다. 그러나 지하철역 출구에서 바로 이어지는
기념관 입구에 다가가면서 나는 또 다른 충격에 온몸이 굳어지고
말았다. 숨소리조차 낼 수 없었다. 기념관 입구에 특별 전시회를
알리는 붉고 검은 색 조형물 하나가 소리 없는 폭발음으로 나를
덮쳐왔다. 바로 4·3 제주였다. 2·28국제인권전이란 제목으로 꽤
큰 전시실에서 제주의 4·3을 보여주고 있는 게 아닌가.

　2·28사건 전시실을 먼저 둘러보고는 떨리는 발길로 4·3 전시실

에 들어섰다. 남의 나라에서 대면하는 우리의 슬픈 역사, 전시실에서 대면한 첫 구절은 '아름답고 슬픈 섬(美麗與悲傷)'이었다. 타이완과 제주, 자연의 힘이 수십만 년에 걸쳐 조각해 낸 지극히 아름다운 두 개의 섬이 사람이 만들어낸 고통의 역사와 공존하는, 다르지만 똑같은 변방의 섬이었다.

나는 오래도록 그곳에 앉아서 움직일 수 없었다. 고통의 심연에 빠진 이들이 바다 건너 이웃에도 그러한 고통이 있음을 알게 되었다. 그들은 제 가슴의 상처만 쓰다듬고 쓰다듬던 손을 내밀어 서로의 손을 잡은 것이다. 그들은 국가 폭력이란 인권 말살의 비극적인 현대사를 세상에 알렸다. 다시는 그런 사태가 일어나지 않게 해달라고 미래에 호소하고 있었다.

변방이란, 슬픔이 화산재처럼 쌓여 구멍 숭숭 뚫린 화산석처럼 굳어버린 폐병의 흔적이다. 언젠가 그 고통이 응집하고 폭발하여 중원을 삼킬 수도 있다지만, 고통의 당사자에게는 허언일 뿐이다. 과장에 과장을 섞어 예언이라고 해도 그것은 먼 훗날의 일이다. 나는 변방의 한 섬에서 서로 다른 두 섬의 같은 고통을 한꺼번에 직면했다. 그리고도 고작 내 소심한 가슴만 쓸어내리고 있었다. 그들의 지극한 통한을 어루만져 줄 생각은 하지도 못한 채. 🏮

황해를 건넌 디아스포라 재당 신라인

까마득하게 먼 변방을 여행하면서도 수시로 고향 나라 대한민국을 떠올리는 것은 내가 한국인이라서 그렇다. 시계 방향으로 변방을 돌면서 지리적으로 우리나라에 가까워질수록 우리 역사가 더 많이 보이는 것은 내가 한국인이기 때문만은 아니다. 중국의 해안을 북에서 남으로 훑어 여행하면서 산둥성과 장쑤성에서는 신라를, 항저우와 저우산도에서는 고려를, 저장성에서는 왜구와 조선을 엮어서 짚어보게 될 줄은 나도 몰랐다. 남으로 더 내려가 푸젠과 광둥에서는 20세기 전반의 조선인 혁명가들의 독립운동을 만날 수 있다. 해협을 건너 타이완에서 20세기 후반의 제주 4·3과 조우했던 것은 앞의 글에서 소개한 대로이다. 이제 중국의 연안을 따라 남행을 시작하려고 한다.

법화원의 적산명신상

　장보고가 세운 법화원(823~845)에 내가 처음 찾아간 것은 2014년
이었다. 법화원은 산둥반도 동쪽 끝의 청산터우(成山頭)에서 남쪽으
로 60여 킬로미터 떨어진 츠산(赤山), 옛 지명으로는 적산포에 있다.
청산터우에서 백령도까지 직선으로 180킬로미터, 옛말로는 닭 우
는 소리가 들리는 거리였다. 요즘 사정으로는 인천공항을 이륙한
비행기가, 서둘러 나눠준 기내식을 치우기도 전에 하강해야 한다.
산둥 인근에 살던 신라인들에게는 고향과 다를 바 없었을 법화원
은 20여 년 만에 당나라의 폐불정책으로 사라졌다. 천년이 훌쩍
넘는 세월이 지난 1988년에 복원하여 한국인도 즐겨 찾는 명소가
되었다. 법화원에 세 번이나 머물렀던 일본의 구법승 엔닌을 찾아
오는 일본인도 많다.

　장보고의 해상 근거지는 지금의 완도 일대, 청해진(828~851)이었
다. 청해진 역시 유적지를 복원하여 당시의 역사를 말해주고 있
다. 북방으로의 육로가 막힌 신라가 당나라와 해상으로 교류하기
위해서는 경기만의 항구를 확보하는 것이 필수적이었다. 애초에

법화원의 장보고상

백제의 땅이었으나 고구려가 점령했을 때 당항성^(당성)을 세웠다고
한다. 신라가 점유했을 때에는 당은군이었고 당은포^(唐恩浦)에서 배
가 출항했다. 유적지로는 경기도 화성에 당성 사적지가 있다. 충
남 당진^(唐津)은 지명으로 보면 당나라와 깊은 관계가 있을 터이나
유적지로 발굴된 것은 아직 없다. 화성의 당성 사적지에는 산성
일부가 복원되어 있다. 산성의 정상부인 구봉산에 오르면 바로 아

래는 농지이지만 조금 멀리는 해안선과 제부도, 대부도가 훤히 보인다. 서남쪽으로는 멀리 당진도 눈에 들어온다. 당진이 육로로는 멀지만 바닷길로는 한나절이면 닿는 하나의 해상권이었다.

적산포와 당은포 사이의 바다, 같은 생선도 잡는 배의 국적에 따라 중국산과 국내산으로 나뉘는 바다, 중국에서는 황해라고 하고 우리는 황해 또는 서해라고 부른다. 면적은 약 40만 제곱킬로미터이고 평균 심도는 40여 미터밖에 되지 않는다. 갯벌이 넓고 해산물이 풍부한 바다다.

산둥반도에서 우리 서해안까지 동서 방향으로 건너는 바닷길은 황해횡단항로라고 한다. 연안항로는 서해안에서 평안도와 랴오둥반도를 지나 먀오다오군도(발해만과 황해의 구분선)를 거쳐 산둥반도 북안의 펑라이(옛 지명 등주登州)로 이어진다. 해안선을 따라가기 때문에 항로는 길지만 상대적으로 안전하다. 서해 흑산도에서 창강 하구 방향으로 건너는 항로는 황해사단(斜斷)항로라고 한다. 창강 하구나 항저우 앞바다(지금의 저우산군도)에서 일본 규슈로 바로 가는 항로도 있다.

고대 황해에서 바다의 역사가 활발해진 하나의 요인은 8~9세기에 걸쳐 바다를 건너다니던 신라인들이다. 이들은 중국-한반도-일본을 잇는 무역에서 주도권을 잡기도 했다. 8세기 말에서 장보고 시대까지 60여 년간은 신라인이 황해의 국제무역을 독점하다시피 했던 시대였다. 이들은 중국 연안과 한반도 중남부 그리고 일본의 서부에 걸쳐 상업 네트워크를 이루었다. 대륙 연안에는 신라방이나 신라촌 같은 공동체도 통상했다. 역사학자들은 이를 고리아타운으로 또는 신라인 디아스포라로 묘사하기도 한다.

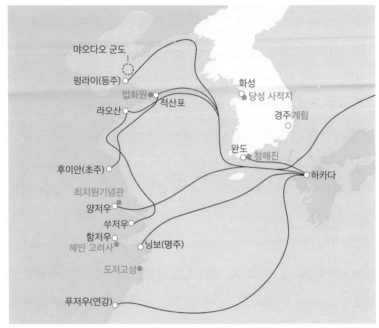

신라 시대 황해의 항로

바다를 건넌 사람들은 누구인가. 단기간에 대규모로 이동한 것은 군대와 전쟁 포로였을 것이다. 신라가 끌어들인 당나라 군대는 바다를 건너왔다. 백제와 고구려의 유민 역시 바닷길로 끌려가 대륙 곳곳으로 흩어졌다. 흥미로운 것은 반대 방향으로 대륙으로 쳐들어간 군대도 있었다는 것이다. 대조영의 아들로 왕위를 계승한 발해의 무왕은 당나라와 팽팽한 긴장과 타협을 주고받았다. 그런 와중에 732년 장문휴(張文休) 장군을 보내 랴오둥반도에서 배를 타고 바다를 건너 등주(지금의 펑라이)를 공격했다. 발해군은 등주성을 함락하고 등주 자사인 위준까지 죽였다.

7세기에 백제와 고구려의 전쟁이 끝나자, 8~9세기에 신라의 민간인 이주가 많아졌다. 유학생은 선진 문물을 배우기 위해, 승려들은 구법을 위해 바다를 건넜다. 무장으로 출세해 보려는 이들도 있었다. 무역으로 생계를 해결하거나 부를 쌓으려는 상인들 역시 위험한 바다를 건넜다.

당의 인접국 가운데서는 신라의 유학생들이 상당히 적극적이었다. 837년에는 216명의 신라인이 당나라에 유학중이었다. 당나라에는 외국인을 위한 과거인 빈공과가 따로 있었다. 김운경이 최초의 빈공과 합격자(821)이다. 최치원이 수석으로 합격한(874) 것은 한중·양국에 모두 잘 알려진 사실이다. 기록에 남은 빈공과 합격 신라인은 당대에 58명, 당 이후 오대십국에서 32명이나 됐다.

빈공과는 당나라 내국인들이 응시하는 대과(大科)와는 달리 외국인을 위한 명예직 과거였다. 그래도 소수는 관직에 진출했다. 김운경, 김문울, 김장 등은 정4품에서 종5품이었고, 최치원은 종5품이었다. 그러나 신라인들은 당나라 관리로서 더 이상 출세하기는 어려웠다. 관직 남발도 심했고 임기가 끝나면 신라에 보내는 사신단에 포함시켜 강제로 귀국시키곤 했다. 일부는 현지의 문인들과 교류를 해서 역사에 남기도 했다. 최치원의 시문은 당대에 널리 알려졌고 그런 연유로 장쑤성 양저우(揚州)에는 최치원기념관이 세워져 있다. 어느 나라든 외국인을 위한 기념관을 세우는 것은 흔하지 않다.

바다를 오가던 승려도 적지 않았다. 원광(당나라 이전 남조의 진나라), 자장, 의상, 명랑, 승전, 혜통, 순경, 도윤, 순지, 태현, 현휘, 무염 등은 유학을 마치고 귀국해서 활동했다. 원측, 승장, 무상, 김교각, 신방 등은 당나라에 남기도 했다. 당나라에서 다시 인도까지 가기도 했다. 《왕오천축국전》을 쓴 혜초를 비롯해서, 삼국유사에는 인

양저우의 최치원기념관

도 유학승들이 100여 명에 달한다고 기록되어 있다. 삼국시대 최초로 인도에 간 사람은 백제의 겸익이었다. 7세기 중국의 승려 의정이 인도에 16년간 머물렀는데 그동안 고구려와 신라의 승려 9명을 만났다고 기록했다. 고구려의 현유는 지금의 스리랑카에 머물렀다. 신라 승려 두 명이 수마트라섬 서부에서 병사했다는 기록도 있다. 8세기에는 혜초, 원표, 무루, 혜륜, 의신, 무상 등이 인도로 떠났다.

무공을 꿈꾸며 바다 건너 당나라 군대에 들어간 이들도 있었다. 삼국사기에는 설계두와 장보고 그리고 장보고의 친구 정년의 전기가 실려 있다. 장보고는 소속 군대가 인원을 감축하자, 신라로 귀국하여 청해진을 세웠다. 그 이후 해상왕이란 별칭을 얻을 정도로 큰 활약을 펼쳤던 것은 우리가 아는 바와 같다.

838년부터 847년까지 당나라에 머물렀던 일본 승려 엔닌은 장보고가 세운 적산포의 법화원에 세 차례나 머물렀다. 엔닌은 견당사 일행을 따라 바다를 건넜는데 그가 탄 배는 다름아닌 신라의 배였다. 그가 남긴 《입당구법순례행기》에는 신라방, 신라촌, 신라소, 신라관, 신라원^(사찰) 등에 관한 세세한 기록이 담겨 있다. 신라방은 도시의 밀집 거주 구역이고 신라촌은 전야나 포구의 촌락이다. 신라인들은 도시에서는 해운이나 상업에 종사하는 이들이 많았고 향촌에서는 농어업이 주된 생업이었다. 신라촌을 관리하는 신라소도 있었다. 당나라는 이민족에 대해 그들의 문화와 습속을 용인했던 터라, 신라인들끼리의 문제는 신라의 방식에 따라 처리하는 것을 허용하는 정도였으니 자치라고 할 수준은 아니었던 것 같다. 엔닌의 여행기에 등장하는 인물의 절반이 신라인이라는 것만 봐도 당시 바다를 오가거나 당나라에서 정착해 살던 신라인들이 얼마나 많았는지를 짐작할 수 있다.

재당 신라인은 당나라 습속에 맞게 성을 가졌다. 역사 기록에 남은 재당 신라인의 이름들 가운데 왕씨가 가장 많았다는 것도 흥미롭다. 그 가운데 왕초^(王超)라는 상인이 있다. 내 닉네임 왕초^(王初, 골프를 치기 시작하면서 골프의 왕초보라는 뜻으로 지은 것이다)와 같은 발음이라 눈에 뜨였다. 가끔은 내가 중국 여행을 많이 하게 된 것은 신라인 왕초의 기를 받아서 그렇다는 농을 하기도 한다.

왜 신라인들은 위험한 바다를 건넜을까. 신라에는 크게 네 번의 기근이 들었다. 먹고 살 것이 없어 어딘가로 떠날 수밖에 없었던 백성들이 많았다. 재부를 좇아 바닷길 무역으로 나선 사람들도 있었다. 왕위 쟁탈전과 반란에 떠밀리기도 했다. 해적들에게 납치당해 노예로 팔려가기도 했다. 장보고가 청해진을 세운 명분 가운데 하나도 해적들의 노예사냥을 막겠다는 것이었다. 유학, 구법, 무공 등으로 바다를 건넌 이들 가운데 6두품이 많았다는 사실도 주

최치원기념관의
최치원상

목할 만하다. 꿈이 있고 능력도 있으나 신라의 골품제는 그들에게
감옥과 다를 바 없었던 것이다.

　가고 싶다고 갈 수 있는 것은 아니다. 그들이 대륙으로 가서 정
착할 수 있었던 것은 당나라가 이민족에게 개방적이었기 때문이
다. 물론 이민 당대에 성공을 거두는 것은 쉽지 않았다. 개방적인
당나라조차도 크고 작은 장벽은 있었다. 최치원도 더 이상 출세할
수 없는 한계에 부딪혀 귀국했다. 그러나 신라의 신분제 속박은

그대로였고 최치원은 외직을 돌다 은둔 속에서 일생을 마쳤다.

중국 연안을 여행하며 신라인의 역사를 보면서 시야라는 말을 종종 떠올렸다. 당나라에서 관리나 문장가로 인정받은 최치원도 더 넓은 시야에서 조망할 수 있다. 최치원이 빈공과에서 수석을 했다지만, 대과에서 수석을 차지한 이언승(李彦升)이란 외국인도 있었다. 이언승은 한자 문화권이 아닌 대식국(아라비아) 출신이라서 놀라지 않을 수 없었다. 최치원이 문장으로 유명하지만 일본인 아베노 나카메로(阿倍仲麻呂 698~770)도 문장가로 유명하다. 그는 일본 나라현에서 태어나 당나라로 건너왔고, 고위직인 종3품의 비서감, 산기상시를 역임했다. 시선 이백, 시불 왕유, 저광희 같은 시인 명사들과 교분을 쌓고 어울리다가 당나라에서 생을 마쳤다. '왕유의 친구' 조형(晁衡)이 바로 아베노이다.

최치원 이야기에 이언승이나 아베노를 함께 나열하면 속된 말로 김새는 일이거나 어색한 것인가. 아니다. 오히려 시야를 넓히는 것이다. 내가 그동안 최치원만이 당나라의 출중한 외국인이라고 착각했기 때문에 잠시 어색했을 뿐이다. 해상의 도적질조차 그렇다. 권덕영 부산외국어대 교수의 연구에 의하면 9~10세기에는 일본인 해적들인 왜구가 출몰한 게 아니라 신라인 해적이 일본 해안 지방까지 어지럽혔다. 신라인 해적으로 인해 신라와 일본의 외교가 중단될 정도로 피해가 심했었다고 한다. 해적은 일본인'만'인 것으로 내가 잘못 알고 있었던 것이다. 이제 시야를 조금 더 넓히자는 생각으로 고려 상인들을 찾아 저장성의 동중국해로 내려간다.

송도강과 고려 상인

서구 제국주의가 동아시아 바다로 진출해 오면서 가장 탐내던 중국의 항구는 어디였을까. 홍콩이나 상하이 또는 광저우가 아니었다. 우리에게는 다소 낯선 저우산도(舟山島)였다. 첸탕강은 항저우를 거쳐 동중국해로 흘러가면서 항저우만을 이루는데, 항저우만의 남쪽이 닝보(寧波, 옛 지명 明州)이고 항저우만의 동남쪽 큰 바다로 나가는 곳에 저우산도가 있다. 닝보의 동쪽 끝 바닷가에서 저우산도의 해안까지는 직선거리가 8~9킬로미터 정도이다. 지금은 연륙교가 놓여 있어 닝보에서 저우산도 중심부까지는 육로 75킬로미터 정도면 닿을 수 있다. 면적은 502제곱킬로미터로 거제도의 1.25배 정도이다. 저우산도는 주변의 다른 섬들과 묶어 저우산군도라고 부르기도 한다. 저우산군도의 해역은 동서 182킬로미터,

남북 169킬로미터로 2.2만 제곱킬로미터에 달한다. 저우산도 이외에 면적 1제곱킬로미터 이상인 섬만 해도 58개이다. 행정구역으로는 저우산시이고 자체 공항도 갖고 있다.

저우산도는 수심이 깊고 해안에 굴곡이 많아 큰 배를 대기에 적합하다. 창강이나 첸탕강이 바다와 만나는 지역이 수심은 얕고 퇴적이 많은 것에 비교하면 항구로서는 상당히 유리한 입지였다. 특히 저우산도의 동쪽 바다는 구로시오해류가 한반도와 일본을 향해 북으로 흐르는 길목이다. 전통 시대의 항해는 바람과 해류에 크게 의존했기 때문에 구로시오해류를 탈 수 있는 길목이라는 것은 훌륭한 조건이었다. 대양의 항해에서는 해류를 바다의 고속도로라고 한다. 그러니 저우산도는 고속도로 출입구인 셈이다. 동북으로는 고려와 일본과 연결되었고 남으로는 동중국해를 거쳐 동남아시아, 인도, 아랍과 연결되었다. 이뿐만 아니라 저우산도에서 첸탕강을 거슬러 항저우로 가면 운하를 통해 내륙 곳곳으로 갈 수 있으니 해상 교통에서는 요지 중의 요지였다.

우리나라 삼국시대에 한반도 남부로 이어진 항로가 이미 열려 있었고, 당과 오대십국 곧 통일신라시대에 상당히 활발한 교역이 이루어졌음은 재당 신라인을 찾아간 앞의 글에서 확인한 바와 같다. 거란이 북방을 차지하자 북송과 고려를 잇는 바닷길은 국제정치적으로 중요성이 커졌다. 여진이 남하하여 북송을 멸하고 산둥과 허난까지 차지하자 송나라는 항저우(옛 지명 臨安)로 수도를 옮겨갔다. 자연스레 남송이 고려와 통할 수 있는 저우산도 항로는 외교와 교역에서 더욱 중요해졌다.

명대와 조선 시대에는 해금(海禁) 정책으로 인해 바닷길은 쇠락하고 저우산도는 황폐해졌지만 서구의 해양 세력이 접근해 오면서 저우산도에 다시 뜨거운 관심이 모아졌다. 유럽인으로서 동아시아 바다로 가장 먼저 진출한 포르투갈은 1540년경 저우산도에 상륙하여 밀무역을 하기 시작했다. 20여 년 뒤에 명나라는 이들을 쫓아냈고, 쫓겨난 포르투갈 상인들은 마카오로 옮겨가 자리를 잡으니 이것이 마카오 역사의 시작이었다.

영국 역시 아편전쟁 이전부터 저우산도를 차지하려고 호시탐탐 기회를 노렸다. 강희, 건륭 연간에는 이곳에 홍모관(紅毛館)을 세워 상주하기도 했다. 그러나 영국의 무장 함대가 드나드는 것을 경계한 청조는 국제무역을 광둥만으로 제한하면서 저우산도를 비워버렸다. 그렇다고 그것으로 끝난 건 아니었다. 영국은 1840년 아편전쟁 초기에 저우산도를 점령했다. 아편전쟁은 광저우에서 촉발되었지만 실제로 첫 번째 전투가 발생한 곳은 바로 저우산도였다. 청나라 군대가 저우산도에서 영국 함대를 향해 포사격을 하며 방어했으나 사거리가 미치지 못했다. 청군의 포격이 끝나자 영국 함대가 함포로 공격하여 점령해 버렸다. 아편전쟁의 전후 처리에서 영국은 저우산도를 확보하려 했으나 청나라가 끝까지 반대하여 저우산도 대신 홍콩을 할양하는 것으로 매듭지어졌다. 영국은 저우산도를 청에 반환하면서 제3국에게는 할양할 수 없다는 단서를 붙이기까지 했으니 저우산도에 대한 집착이 보통이 아니었음을 알 수 있다.

지금의 신중국 역시 마찬가지다. 상하이의 푸둥신구에서 십여 개의 작은 섬이 모여 있는 양산진(洋山鎭)까지 장장 32.5킬로미터에 달하는 둥하이대교를 2005년에 개통했다. 지금은 양산진에서 저

서긍 일행의 항해 여정

우산도까지 60킬로미터가 넘는 어마어마한 길이의 해상 교량을 세우고 있다. 저우산도를 복합적인 국제 산업 기지로 키우기 위한 개발 계획에 따른 것이다.

저우산도에서 한반도에 이르는 항로는 송나라 사신단의 일원이었던 서긍이 남긴 《고려도경》에 상세한 기록이 담겨 있다. 서긍은 1123년 송나라 수도 변경을 출발한 뒤, 운하를 통해 명주를 거쳐 저우산도에 도착했다. 이곳에서 항해에 적당한 바람이 일기를 기다리면서 저우산도 바로 옆의 작은 섬 보타산(普陀山)을 찾아 항해의 안전을 기원했다. 큰 바다로 나가는 대기소가 바로 저우산도였던 것이다.

보타산에는 불긍거관음(不肯去觀音)이라는 당나라 시대부터 유명한 관음상이 있다. 서긍은 불긍거관음의 유래에 대해서도 기록을 남겼다. 신라 상인이 오대산의 관음상을 본국으로 가져가려 했으나 배가 암초에 막혀 나아가지 못했다. 신라인이 관음상을 내려놓자 보타원의 승려가 가져가 봉안했다. 이후로는 바다를 왕래하는 선박들이 이 관음상에게 항해의 안전을 기원했다는 것이다. 9세기 중반 일본의 승려 혜악(慧鍔. 일본 임제종의 창시자)이 저우산도 부근의 신라초라는 암초에 걸려 배가 움직이지 못하자 기도를 하여 배가 구

보타산 불긍거관음원

조되었다는 기록도 있다. 죽음의 공포가 넘실대는 먼 바닷길로 나서면서 관음보살에게 안전과 재부를 기원했던 것이다. 그리하여 보타산을 해상 실크로드의 둔황이라고 하기도 한다. 유라시아 교역로의 길목인 둔황에서 육지의 상인들이 상단의 안전을 기원하며 개착한 수많은 석굴의 불상들과, 바다의 상인들이 항해의 신으로 널리 받들어 모신 관음상은 같은 맥락이다.

보타산의 불차(佛茶)도 유명하다. 보타산의 불정산 산허리에 역사가 오래된 꽤 큰 차밭이 있다. 신라 사람이 저장성 천태산(닝보 남쪽의 타이저우 소재)의 차나무를 가져다가 지리산에 심은 게 우리나라 차나무의 기원이라는 이야기도 있다. 구전되는 내용의 진위 여부를 떠나 신라인과 고려인도 보타산의 불차를 음용하는 고객이었을 것이다.

송대 이후 13, 14세기 원대에 이르러 유라시아 대륙의 교역로가 안정되자 해상 교역로와 함께 '환유라시아 교역로'가 성립했다는 것도 세계사로서 의미심장하다. 신중국이 추진하는 일대일로가 바로 이 환유라시아 교역로의 현대판이다.

다시 서긍 일행의 항로를 따라가 보자. 저우산도에서 '바람이 익어' 항해에 적합한 방향으로 불자 배를 띄워 큰 바다로 항해를 시작했다. 서긍은 보타산을 지나 저우산도를 빠져나간 뒤 북쪽으로 백수양, 황수양, 흑수양 등을 지났다. 그리고 협계산(夾界山, 가거도)을 보면서 고려의 바다에 들어왔다고 인식하고, 조금 더 항해해서 흑도(흑산도) 해역에 이르렀다. 이 항로가 바로 황해의 사단항로(斜斷航路)이다.

서긍 일행은 흑도에서 연안을 따라 북상하여 군산도(지금의 군산 앞바다에 있는 선유도)에 닿았다. 이곳에서 서긍 일행을 영접한 고려의 관리가 바로 김부식이었다. 서긍은 선유도와 관련된 것도 기록했는데, 선유도에 솟아 있는 웅장한 절벽은 지금도 서긍이 묘사한 그대로이다. 서긍이 기록한 오룡묘(五龍廟)라는 사당도 찾아볼 수 있다.

선유도에서 계속 북상하여 예성강 하구의 벽란도(碧瀾渡)로 향했다. 항로로는 벽란도가 종착이고 사신단은 육로로 개경의 고려 왕성으로 갔다. 서긍의 기록에 의하면 저우산도를 출발해서 닷새째 흑산도를 보았고, 여드레째 군산도에 도착했다. 명주에서 벽란도까지 38일, 귀국할 때에는 42일 걸렸다.

벽란도는 강화도 북쪽의 예성강 하구에서 5킬로미터 안쪽에 있다. 한양에 한강의 마포가 있듯이 개경에는 예성강의 벽란도가 있었다. 벽란도는 수도의 항구로 조운선과 고깃배 그리고 국내외 상선이 드나들었다. 서긍이 도착했을 때 고려 군사들이 징과 북을 치며 환영한 곳도 이곳이다. 송나라 사신단은 이곳에서 하루를 쉬고 개경의 왕궁으로 들어갔다. 벽란도는 안타깝게도 지금 당장은 가볼 수 없다. 그저 강화도의 평화전망대나 교동도의 화개산 정상에서 멀리 바라보는 게 고작이다. 13세기에 벽란도의 배후인 개경에는 10만 호가 있었다고 하니 그 숫자대로라면 인구는 50만 정도였을 것이다. 같은 시기 유럽에서 가장 컸던 피렌체가 인구 10만 정도였던 것에 비하면 개경이 세계적인 대도시였다는 것을 알 수 있다.

고려와 송나라 상인의 사무역은 사신단의 공무역에 비해 횟수나 거래 규모에서 훨씬 컸다. 고려사의 기록만으로도 송상은 260여 년간 120차례 벽란도를 찾아왔고 인원수로는 연 5,000여 명에

고려 시대의 송나라 배 신안선. 사진: 국립해양문화재연구소 제공

달했다. 김영제 단국대 사학과 교수는 고려에 귀화한 송상도 적지 않았다는 사실을 밝혔다. 고려에서는 이들을 출신지에 따라 송상이나 송도강(송나라 사람인 선주)이라 불렀지만, 송나라의 기록에는 고려 선박의 주인 등으로 기록되어 있다. 심지어 고려의 정보원으로 의심받기도 했다. 이들이 곧 고려 시대의 화교였던 셈이다.

무역 아이템도 상류층의 고가 사치품에서 대량 소비 물품들로 확대되었다. 고려의 수출품 가운데 화문석과 부채 그리고 청자가 인기를 끌었다. 고려 부채는 송나라의 멋쟁이 사대부라면 하나씩은 갖고 있어야 하는 명품 액세서리라고나 할까. 고려에서 생산한 청자 역시 송나라에서는 인기 품목이었다.

선박도 크게 발전하여 송나라의 대형 첨저선(尖底船)은 수송 능력이 상당히 커졌다. 선박 임대계약도 등장하여 송나라 배를 전부 또는 일부를 임대하는 고려 상인도 있었다. 송나라와의 관계에서 고려인들이 국제적으로 활발했다는 사실은 항저우에도 유적으로 남아 있다. 항저우의 유명한 서호(西湖) 공원의 서남 구역에는 혜인

고려의 항해도가 새겨진 청동거울 황비창천. 사진: 국립중앙박물관 제공

고려사(慧因 高麗寺)가 있다. 927년 혜인선사로 창건되었는데, 1085
년 고려의 왕자인 대각국사 의천이 이곳에서 화엄경을 배웠다. 의
천은 혜인사의 중창을 크게 도왔고 이를 계기로 고려사로 불렀다.
의천의 소상을 봉안하기도 했고, 지금도 의천과 관련한 전설이 전
해오고 있다. 1757년에는 청나라 건륭제가 법운사(法雲寺)라 사액했
으나 1920년대 크게 개축하면서 혜인 고려사로 다시 개칭했다.

　고려 왕실의 조상에서도 해양 요소가 종종 나타난다. 태조 왕건
의 조상을 신화로 꾸미는 데 바다가 주요 배경으로 설정되어 있
다. 왕건의 조부인 작제건이 바다를 건너와서 예성강으로 들어서
다가 배가 늪에 빠졌는데, 배에 싣고 있던 동전을 뿌려서 상륙했
다고 한다. 작제건이 성장하여 다시 바다를 건너가려다가 풍랑을
만나 서해 용왕의 딸과 결혼하여 왕건의 아버지를 낳았다는 것 역
시 해상가문이란 사실을 신화로 반영하고 있다. 통일신라 시대에

이어 우리 역사에 해양 국가적 특성이 이어져 왔음을 알 수 있다.

개경의 국제도시 성격이란 면에서 고려가요 쌍화점을 종종 거론한다. 회회(回回 이슬람 사람)가 손을 잡을 일이 발생할 정도로 외국인들과 섞여 살며 번성하던 개경이나 벽란도의 거리를 상상하게 된다. 지금으로 말하면 이태원 거리랄까.

박종기 국민대 교수는 고려를 다원 사회로 조망하고 있다. 골품제에 자승자박된 신라나 성리학 이데올로기로 획일화된 조선과는 다르다는 것이다. 유불선에 풍수지리와 민간신앙이 공존했고, 하층민의 계층 상승도 많았다. 북방의 거란과 여진, 남방의 송나라와의 외교 관계에서도, 대외무역을 용인하고 장려하는 개방적인 자세에서도 다원적 성격을 확인할 수 있다는 것이다.

우리의 고려사 인식에 대해서도 돌아보게 된다. 침탈과 분단에 위축된 근현대사와 천지창조 급으로 채색된 고대사, 이를 뒤집어 보면, 근현대사는 상식과 정상으로 되살리느라 바쁘고, 고대사에서는 학술이 아닌 유사 역사까지 상대하느라 번잡하다. 그래서 그런지 우리나라 역사학계는 물론 일반 독자층에서도 고려사는 관심 부족은 아닌가 싶다. 🈟

왜구와 표류로 읽는 조선

도저고성(桃渚古城)이란 사적지가 중국 저장성 타이저우시 북부 해안에 있다. 명대에 도강(桃江) 하구의 13개 모래섬(渚)을 내려다보는 위치에 성을 세우면서 붙인 명칭이다. 성벽은 1.3킬로미터 정도에 지나지 않지만 해안 방어를 위한 요충지였다. 역사도 있지만 바다와 강과 작은 봉우리가 어우러져 있고, 산호가 굳은 암석들이 기이한 경치를 연출하고 있는 좋은 여행지이다. 해상선자국(海上仙子國)이란, 바다의 신선들이 노닐던 곳이라는 중국 지방정부의 마케팅 슬로건이 그럴듯하다.

고성의 성벽에 꽂힌 척(戚)이란 깃발이 이곳의 역사를 말해주고 있다. 척은 척계광(戚繼光 1528~1588)이란 명나라 장수가 이 지역의 왜구를 토벌하기 위해 조직한 척가군의 깃발이다. 중국에서는

도저고성   도저고성에서 본 도강 십삼저

척계광을 항왜 명장 민족 영웅이라고 부른다. 우리나라의 이순신 (1545~1598)과 비슷한 위상이고 활동 시기도 비슷하다. 척계광은 도적 떼인 왜구를 토벌했고 이순신은 침략군인 왜군을 격파했다. 이순신이 왜군을 격파한 것은 척계광이 왜구를 토벌한 지 30년여 년 뒤의 일이다. 두 사람 모두 정치적인 이유로 심한 고초를 겪은 것도 비슷하다. 바다의 영웅이란 인상이 강하지만 북방 방어에 나섰던 것도 유사하다. 이순신은 무과 급제 이후 젊어서 함경도에 부임했고, 척계광은 인생 후반에 명대 만리장성 축성을 주도한 장본인이다.

척계광은 왜구 토벌이란 임무를 부여받고 이 지역에 부임했다. 1561년 도저고성과 인근 지역에 왜구가 침공해 오자 대대적인 전투를 벌여 큰 승리를 거뒀다. 겨우 해적 떼를 토벌했다고 민족 영웅이라고 칭하는 게 과하다고 느낄 수도 있으나 당시 명나라 사정은 그렇지 않았다. 16세기 중반 왜구는 명나라 연안 지역을 휩쓸고 관군을 격파한 뒤 성을 점령하고는 몇 개월씩 인접 지역을 조직적으로 약탈하기까지 했다. 정규군과 다를 바가 없었다.

우리에게 왜구란, 일본 제국주의와 함께 예민하게 반응하게 하는 말이다. 우리 땅에 처음 왜구가 나타난 것은 고려 시대인 1223~1265년이었다. 몽골-고려의 일본 정벌 전후로 80여 년 동안은 왜구가 나타나지 않다가 고려 말기인 1350~1370년에 왜구로 인한 피해가 극심했다. 이 시기에는 고려뿐 아니라 중국 연안 지역까지 피해 지역이 확산되었다. 왜구 토벌 과정에서 최영, 최무선, 이성계 등의 인물이 역사 전면에 떠올랐다. 조선 초기에도 왜구로 인한 피해가 있었다. 흥미로운 것은 일본 해적을 왜구라고 부른 것은 고려였다는 사실이다. 애초 왜구는 일본인[倭]이 노략질[寇]을 한다는 주어와 동사로 구성된 문장이었으나 고려에서 관용어가 되었고, 중국에서도 이를 그대로 사용했다. 지금은 역사 용

척계광

어로 완전히 굳어졌다.

척계광 시대 곧 16세기 중반의 왜구는 13세기, 14~15세기의 왜구와는 질적으로 양적으로 확연한 차이가 있다. 학자에 따라서는 16세기의 후기 왜구와 그 이전의 전기 왜구로 구분하기도 한다. 전기 왜구는 생존을 위해 약탈을 하는 도적 떼에서 크게 벗어나지 않았지만 16세기의 후기 왜구는 대규모 선박과 인원을 갖춘 일종의 무장 선단이었다. 약탈과 납치뿐 아니라 대규모 밀무역을 병행했다. 조건이 맞으면 밀무역이요, 맞지 않으면 약탈로 표변했던 것이다.

16세기 왜구의 가장 큰 차이는 인적 구성이었다. 일본인이 아니라 명나라 사람들이 다수였다. 명나라 기록에 70퍼센트가 명나라 사람이고 30퍼센트가 일본인이란 숫자도 나타난다. 왜구의 리더 그룹도 일본인과 명나라 사람이 섞여 있었다. 16세기의 왜구 가운데 가장 유명한 인물 왕직(汪直)은 푸젠성 출신의 명나라 사람이었다. 명나라 연안의 일부 주민들은 왜구가 상륙하면 아예 발 벗고 나서서 길 안내는 물론 관군에 대한 공격이나 약탈에 앞장서기도 했다. 연안의 현지인 입장에서는 명나라 군대의 횡포나 왜구의 노략질이나 큰 차이가 없었고, 해적 떼의 일부는 뻔히 아는 사람들이었다. 그리하여 중국에서는 일본인 해구를 진왜(眞倭), 명나라 사람들은 가왜(假倭)라고 구분하기도 한다.

무장을 갖추고 연안에서 밀무역과 약탈을 병행한 불법 조직을 왜구라고 한다면, 17세기 중반 명청 교체기에 청나라에 저항한 정성공의 아버지 정지룡도 왜구였다. 정지룡이 규슈에서 일본인 여자와 결혼하여 낳은 아들이 바로 정성공이다. 포르투갈 선박들도 총과 대포를 앞세우고 밀무역을 노리고 돌아다녔기 때문에 16세기 왜구†의 일부로 간주되기도 한다. 개인적으로 특정한 역할을 맡아 왜구에 참여한 포르투갈인도 있었고, 소수의 조선인 피랍자나 노예도 있었다.

왜구는 단지 생존을 위한 식량과 일용품을 구하기 위해 해적질에 나섰을까, 아니면 일본인들은 태생적으로 심성이 불량하거나 침략의 DNA가 있어 바다를 건너 노략질에 나선 것일까. 이렇게 생각하면 명료한 느낌은 들지만, 역사는 그렇게 단순하지는 않다. 9~10세기에는 신라인의 해적질이 심각해 신라와 일본의 공식 사신까지 끊길 정도였다. 16세기에는 명나라 사람이 왜구의 다수를 차지했다는 것도 그렇다. 게다가 19세기 남중국해의 해적은 베트남 사람들이 많았다.

16세기 왜구를 이해하기 위해서는 동아시아의 넓은 바다에 어떤 일이 일어나고 있었는지를 살피는 것도 필요하다. 일본인은 나쁜 놈들이라는 단순한 시각으로는 시대를 제대로 읽어내기 어렵다. 척계광이 대규모 왜구를 상대하고 이순신이 당시 세계 최대 전쟁인 왜란에서 왜군과 대적했던 16세기, 동아시아의 바다는 서로 다른 요소들이 대대적으로 혼거하고 융합하고 경합하는 대항해, 대교역, 대변혁의 시대였다. 대륙과 바다 양쪽에서 모두 일어난 변화들이다.

명나라가 대륙을 평정하고 국내적으로는 사회가 안정되었다. 자연스레 농지가 늘고 농업 생산도 늘어났다. 면화와 마 등의 생산이 늘면서 수공업과 상업도 함께 발달했다. 대륙의 인구가 증가하고 강남 지역에는 물산이 늘고 재부가 쌓여갔다. 비농업 인구가

늘고 상업 네트워크가 성장할수록 바다로 나가려는 자생적인 원심력이 높아졌다. 이런 와중에 명나라의 해안이나 크고 작은 섬들은 황제의 입장에서는 일종의 치안 취약 지대였다. 반대로 황제로부터 멀어지거나 멀어지고 싶은 자들에게는 적당한 은신처가 됐다. 조세나 노역의 부담을 피해 들어간 도망자와 유민, 이민족의 통치 아래 실의에 빠진 문인들, 계절에 따라 어선을 타느라고 생계가 끊어지기 쉬운 수부, 사민(沙民)과 같이 허름한 배에 살 수밖에 없는 궁핍한 연안 하층민들이 쌓여갔다. 그런 한편으로 명나라 상인들은 공공연히 밀무역꾼들을 연안의 섬으로 불러들였다. 당시에 이미 필리핀 마닐라에 화교 공동체가 형성될 정도였다.

한편 남중국해에는 도항 금지 정책에도 불구하고 동남아나 인도, 아랍의 배들이 무역의 실리를 좇아 오래전부터 드나들었다. 선박이 대형화하고 각 지역의 경제가 발달하면서 고가의 사치품들뿐 아니라 대량 소비품의 교역이 늘어나기 시작했다. 남중국해의 무역은 16세기에 동중국해로 일반화되어 갔다. 포르투갈의 상선들은 총과 대포를 앞세워 항구를 확보하거나 섬을 이용해 밀무역을 하려고 했다. 에스파냐도 포르투갈의 뒤를 따라 동아시아 바다로 들어왔다.

유럽에서 서쪽으로는 1492년 콜럼버스가 아메리카 대륙에 상륙했다. 동쪽으로는 1571년 마닐라시를 건설했고 곧이어 멕시코의 아카풀코에서 마닐라까지 태평양 항로를 열었다. 태평양 항로를 통해 미주에서 생산된 은이 동아시아로 실려 왔다. 명나라의 견사와 면포, 도자기 등은 유럽으로 실려 샀다. 명나라의 길 좋은 물화가 싼값에 공급되자 필리핀은 물론 에스파냐의 그라나다까지 관련 산업이 쇠퇴하는 현상이 발생했다. 이로 인해 에스파냐의 필리핀 총독은 1592년 중국산 의복 금지령을 내리기도 했으니 이때부터 인도양과 태평양을 건너 글로벌 경제가 태동한 셈이다.

일본인에게는 해적질이 돈벌이가 되는 경험이 이미 축적되어 있었다. 일본의 남북조시대와 전국시대는 생사가 엇갈리는 전장이 곧 생계의 터전이었다. 1526년 이와미은산(石見銀山)이 발견되고 조선으로부터 회취법이라는 은괴 정제 방법이 전해지자 은의 생산이 급증했다. 일본의 저렴한 은을 명나라로 가져가서 물건을 구매해서 돌아오면 큰 이익이 생겼다. 위험한 바다를 오갈 이유가 안팎으로 충분히 조성된 것이다. 게다가 조공-해금(海禁) 체제에서 일본은 거의 왕따 수준이었다. 조공은 횟수와 선박 규모, 인원 등이 모두 정해진 국가 사이의 공무역이다. 명나라는 다른 주변국과는 달리 일본에 십 년에 딱 한 번 조공만 허락했다.

조공-공무역이란 국제 질서에 참여할 수도 없는 상태에서, 생계의 본능과 모험 사업의 욕심이 과거의 약탈 경험과 결합되어 등장한 것이 바로 16세기 왜구였다. 바다에서 새로운 글로벌 생태계가 만들어지는데 동아시아의 주류 세력인 대륙의 법과 제도는 옹색하기만 했다. 몸집은 커지는데 옷은 그대로였으니 재봉선이 터지면서 삐져나온 종기가 왜구라고 할 수 있다.

왜구가 없어지는 과정도 그렇다. 척계광의 토벌에 의해서만 왜구가 사라진 것은 아니다. 명나라가 1540년 저우산도의 국내외 밀무역꾼들을 강력하게 소탕하자 다른 지역에서 왜구가 더 많이 출몰했다. 결국 명나라는 1567년과 1570년에 해금을 일부 완화했다. 관에 세금을 선납하고 허가장을 받아 도항하는 것을 허용했다. 제한적이나마 일부 항구에서는 무역도 허용했다. 이때 저우산도에서 쫓겨난 포르투갈 상인들은 마카오에 거주하게 됐다.

일본에서도 큰 변화가 있었다. 도요토미 히데요시가 일본을 통일하고, 1588년에는 자국인들의 해적질 금지령을 내린 것이다. 중앙 권력이 강해지면서 밀무역을 통한 이익보다 국제 질서에 맞추는 것이 권력으로서 취할 이익이 더 크다고 판단한 것이다. 이런 조치들이 안팎으로 이뤄지고 나서야 비로소 왜구가 사라졌다. 조선으로서는 어처구니가 없는 일이지만, 도요토미 히데요시가 내건 임진왜란 개전의 명분 하나는 자기들이 왜구를 금지시켜 조선에서 왜구 피해가 없어졌으니 그 대가를 내라는 것이었다.

바다는 모든 강물을 합쳐버린다. 바다는 혼재와 융합이 훨씬 강력한 세상이다. 육지는 영토라고 금 긋기 쉬워도 바다는 영해라고 줄을 치기가 쉽지 않다. 동아시아의 바다가 역사의 무대로 솟아오르던 때가 바로 16세기였다. 그럼 그 바다를 다녀간 조선인은 얼마나 될까. 왜구에게 납치돼 해적단에 편입되거나 노예로 팔려간 조선인이 몇 명 있었던 정도인가.

그런 면에서 도저고성이 새삼 흥미롭다. 척계광이 도저고성에서 왜구를 토벌하기 70여 년 전인 1488년 이곳에 발을 디딘 조선인이 있었다. 바로《표해록》의 저자 최부. 최부는 부친상을 당해 임지인 제주도에서 고향인 나주로 가려다가 폭풍을 만나 이곳까지 표류해 왔다. 최부 일행은 구사일생으로 관아에 인계됐다. 그들이 표착한 조선인들임을 확인받고 귀환 여정을 시작한 곳이 바로 도저고성이다. 최부는 바다에서 표류했으나 육로로 귀국했다. 그것도 표류한 거리의 열 배 정도는 될 것 같은 먼 거리를 돌고 돌아서.

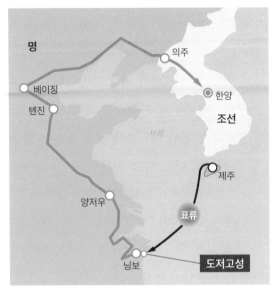

최부의 표류와 귀환 여정

성종은 힘들게 귀국한 최부에게 귀환하는 과정에서 보고 듣고 겪은 것을 상세히 기록해서 보고하라고 명했다. 국왕조차 일상적인 국가 시스템으로는 대륙의 중앙이나 동아시아의 바다가 어떻게 돌아가고 있는지 알 수 없었으니 나라의 수장으로서 당연한 지시였다. 황해횡단항로를 건너 코리아타운을 이루었던 신라 시대보다도 국제 정세의 시야가 크게 좁아져 있었던 것이다. 사단항로를 오가던 고려 해상과 귀화한 송상, 벽란도와 강화도, 삼별초와 왜구 토벌과 같은 바다의 역량은 조선 시대에 이미 갯벌에 가라앉아 버린 것이 아닌가.

최부는 성종에게 상세한 보고서를 썼으니 그게 유명한《표해록》이다. 성종은 세세하게 읽었을 것이다. 그러나 이후의 역사를 보면 성종 역시 독후에는 묵언에 다를 바 없었던 것 같다. 조공 체제에 편입된 나라였으니 달리 방법이 없었다고 해야 할까. 더욱 어

도저고성에 세워진 중한민간우호비

이없는 일은 최부가 보고서를 썼다고 사간원은 그를 탄핵하여 재임용을 거부했다는 것이다. 부친 삼년상이 끝나기 전에 보고서를 작성하는 '일을 했다'는 것이 그 이유였다. 그때 일이지만 지금 그대목을 읽어도 숨이 컥컥 막힌다. 15~16세기 조선은 무엇을 했냐고 되물을 의욕조차 사라진다. 지금 도저고성 한쪽에는 최부의 표착을 상기시켜 주는 '중한민간우호비'가 세워져 있다는 것에 여행객으로서 작은 위안이나 삼아야 할는지.

정화의 대항해와 실론의 공주

취안저우(泉州), 중국 푸젠성의 항구다. 한국인들의 여행 리스트에서는 낯선 도시이겠지만, 반걸음만 들어가면 귀를 쫑긋할 바다의 역사가 수북하다. 취안저우는 중국 바깥에서는 자이툰(Zaitun, Zaiton)으로 많이 알려져 있다. 우리나라가 이라크에 파병했던 부대의 이름, 바로 그 자이툰이다. 취안저우 서쪽 교외에 엄나무(刺桐 츠통)가 많았는데, 아랍 사람들이 츠통이란 발음과 비슷한 '자이툰'으로 불렀다. 아랍어의 자이툰은 올리브다.

중국에 현존하는 이슬람 사원 가운데 가장 오래된 것이 취안저우의 청정사(清淨寺)라는 사실도 다소 의아하게 들릴 수 있다. 청정사는 1009년 북송 시대에 창건되었다. 우리나라에서 중국의 이슬람이라고 하면 신장이나 위구르를 떠올리지만 그것은 이슬람의

취안저우 청정사

중국 전래 역사에서 반쪽에 지나지 않는다. 신장은 유라시아 교역
로로 연결되지만 취안저우는 바닷길로 오가던 곳이다. 이슬람만
이 아니고 불교 역시 바닷길로도 오갔다. 취안저우의 개원사(開元寺)
는 686년 당대에 세워진 불교 사원으로 1,300년이 넘는 역사를 품
고 있다.

　취안저우를 발판으로 전개됐던 바다의 역사를 일깨워 주는 살아
있는 역사 인물도 있다. 바로 실론의 공주이다. 스리랑카(1972년 실론
에서 변경한 국호)가 아닌 전통 시대 실론의 공주이다. 《명사(明史)》에는
세리파교랄야(世利巴交剌惹)라는 실론의 왕자가 1459년 명나라에 입
조했다는 기록이 있다. 그 이후의 사정은 〈천주부지(泉州府志)〉에 기
록되어 있다. 왕자가 취안저우에서 귀국선을 타려는데 깜짝 놀랄
소식이 전해져 왔다. 본국에서 사촌이 난을 일으켜 왕위를 잔탈했
다는 것이다. 왕자는 고심 끝에 취안저우에 눌러앉았다.

실론 왕자는 한자로 음사한 이름의 첫 글자(世)를 중국식 성으로 삼았다. 그의 후손은 어찌 되었을까. 20세기 후반 취안저우에서 왕자 후손들의 흔적을 찾아냈다. 사찰에 토지를 기부하거나 과거 시험 합격자 명단에 오른 기록도 나왔다. 기록을 통해 확인한 바에 따르면 왕자의 후손들은 취안저우에 적응하며 살아왔다. 명말모 인사의 공덕비에는 향신의 한 사람으로 올라 있기도 하고, 건륭 48년에 가옥을 매각한 계약서도 발견됐다. 그러나 현재의 생존자를 찾아내지는 못했다. 여기까지는 1986년 스리랑카 의회 대표단이 중국을 방문하면서 왕자의 실종된 후손을 찾아달라고 부탁해서 확인된 것이다. 당시 중국 국무원은 이 선린외교의 과제를 취안저우 신문사 사장에게 부여했고 그가 백방으로 노력하여 찾아낸 것이다.

그런데 1996년 취안저우의 한 야산에서 세가갱(世家坑)이라는 표

실론(錫蘭) 왕자 후손의 묘비 가운데 하나

지와 수십 기의 묘가 발견됐다. 비명에 새겨진 망자는 모두 세(世)씨였고 사신이라는 말도 다수 포함돼 있었다. 입구의 사자 석상도 15세기 실론의 양식이었다. 실론 왕자의 후손들이었다. 그럼에도 불구하고 생존해 있는 후손을 찾지는 못하고 있었다. 묘지를 발견하고 2년 뒤에 지방정부는 이 구역을 개발하려고 했다. 이에 취안저우 신문은 역사 유적을 훼손한다고 비판하는 기사를 냈다.

이로 인해 세가갱이란 묘지가 지역사회에 다시 한 번 회자되었는데 이로 인해 의외의 상황이 벌어졌다. 기사가 나간 다음 날 신문사에 한 여자가 전화를 걸어왔다. 그녀의 이름은 쉬스인어(許世吟娥, 1975년 출생), 자신이 실론 왕자의 후손이고 세가갱은 자기 조상의 묘지라는 것이다. 재개발로 인해 묘지가 훼손될 것을 우려하여 자신의 존재를 드러낸 것이다.

그녀가 신문사로 와서 밝힌 가문의 내력은 이러했다. 쉬스인어의 조상은 원래 스(世)씨였는데 19세기 후반 고조모 대에 아들이 없어 쉬(許)씨를 데릴사위로 들였다. 이때부터 쉬스(許世)라는 중성(重姓)을 쓰기 시작했다는 것이다. 1960년대 문화혁명의 살벌한 광풍이 몰아치자 쉬스인어의 할머니는 자신들의 외국 관련성이 문제가 될까 두려워 족보를 태워버리고 말았다. 그리고 손녀가 성장하자 가문의 내력을 말로 전해주며 비밀을 지키라고 당부했다. 쉬스인어는 할머니의 유훈대로 조상의 내력에 대해 함구하고 살아왔다. 그녀의 남편도 자식도 모르는 조상의 역사였던 것이다. 그녀는 조상의 묘지가 통째로 훼손될 것을 우려해 가문의 속사정을 세상에 알리지 않을 수 없다고 생각하여 스스로 나서서 밝히게 됐다는 것이다. 중국과 스리랑카의 역사가들 모두 깜짝 놀랐다.

2002년 중국과 우호적이던 스리랑카 정부는 그녀를 실론의 공주라고 칭하며 조상의 나라로 초청했다. 쉬스인어는 스리랑카를 방문했고 중국과 스리랑카의 우호를 상징하는 인물로 유명해졌다. 그녀는 조상의 나라에 정착하면 도와주겠다는 스리랑카 정부의 제안을 완곡하게 거절하고는, 지금도 스리랑카를 위한 평민 대사로서 취안저우에 살고 있다. 세가갱은 개발의 광풍을 피해 갔고 실론교민묘구라는 표지를 세워 역사 유적지로 보호되고 있다.

취안저우에서 실론까지의 바닷길은 싱가포르를 거쳐 말라카해협을 돌아가기 때문에 짧게 잡아도 6,000~7,000킬로미터이다. 취안저우에서 우리나라 서해안까지의 거리에 비해 5~6배는 족히 되는 거리다. 15세기 조선이 새로운 왕조 세우기에 분투하고 있을 때 서남의 먼 바다에서는 나의 상상을 넘어서는 거리를 상선으로 오가면서 바다의 역사를 쌓아오고 있었던 것이다. 삼면이 바다이면서 바다에 갇혀 있었던 조선과는 대조적이다. 한중일 삼국이 동아시아 역사의 전부인 듯 착각하고 살아온 나에게, 남중국해가 동남아를 넘어 인도와 스리랑카까지 연결되어 있다는 거대한 역사가 실감나지는 않았었다. 그러나 '살아 있는 실론 공주'는 나의 좁은 시야와 짧은 거리 감각을 단숨에 뒤집었다.

취안저우에서 음미하는 바다의 역사는 시박사(市舶使, 市舶司)라는 키워드로도 비춰볼 수 있다. 시박사는 당송과 원명 시대에 국제무역을 관장하는 관직 또는 관아의 명칭이다. 취안저우는 남조(창강 이남에 있던 송-제-양-진 네 왕조) 시대부터 국제무역이 발달하기 시작했다. 당나라는 시박사를 두고 국제무역을 관리했는데 취안저우는 당시에 세 번째로 큰 항구였다. 당나라가 망하고 오대에 들어서는 해

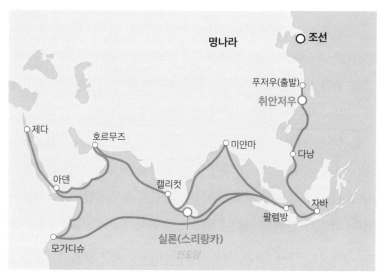

명대의 서양(西洋) 항로

외무역을 중요한 세금원으로 인식할 정도로 무역이 발달했다.

송나라는 정책적으로 무역을 중시했다. 취안저우는 광저우에 이어 두 번째 큰 무역항이 되었다. 앞글에서 찾아갔던 저장성 닝보^{(당}시에는 명주)를 넘어선 것이다. 1087년에는 푸젠의 시박사를 취안저우에 설치했다. 그 유적지는 지금도 남아 있다. 취안저우가 동남아와 인도 아랍의 40여 개 항구와 거래를 하는 전성기를 맞았다. 남송 시대에는 전체 재정수입의 10퍼센트가 취안저우에서 나올 정도였으니 그 규모를 짐작할 만하다. 마르코 폴로는 취안저우가 세계에서 가장 큰 항구 가운데 하나이고 많은 상인이 운집하고 화물은 산더미로 쌓여 있어 상상을 넘어선다고 기록했다.

이 시대의 바닷길은 저장성의 닝보와 저우산도 – 푸젠성 취안저우 – 광둥성 마카오 – 동남아 말라카해협 – 인도와 스리랑가 – 아랍으로 이어져 있었다. 유라시아 대륙의 남안을 크게 도는 항로다.

이 항로는 어느 날 갑자기 단번에 개척하듯 만들어진 것이 아니다. 인근 지역과 연결되는 항로가 릴레이를 하듯이 서로 다른 물산과 문화를 주고받는 역사가 쌓이면서 형성된 것이다. 신라 시대에 아랍의 물산이 전달된 것도 이 바닷길을 통해서였다.

송나라는 여진에 눌려 카이펑에서 항저우로 수도를 옮겼기 때문에 내게는 속된 말로 '찌그러진 왕조'라는 뉘앙스로 남아있었다. 원나라는 그 원천이 북방초원이니 당연히 북방이란 이미지가 강했다. 그러나 실제 송 원 두 왕조는 유라시아 바닷길을 누볐던 출중한 해양 국가였다. 활기가 넘쳤다. 취안저우의 이슬람 사원 청정사와 몇 만에 달하는 이슬람 거주민의 숫자가 그것을 말해준다. 실론 왕자와 후손의 이야기도 이 항로에서 생겨난 스토리의 하나이다.

내가 학교에서 배운 세계사는 서양이 대항해시대를 열었고 신대륙을 발견했고 근현대 역사를 주도했다는 것이다. 대항해시대를 연 것 역시 서양 중심의 편협된 역사 서술이다. 신대륙의 '발견'이라는 오만한 말은 역사 용어로 이미 폐기됐다. 그들이 대양에 진출하기 이전에 이미 인도양과 동아시아 바다에서는 수없는 원거리 항해가 이어져 왔던 것이다.

인도양의 동서 양쪽 끝까지 이어지는 가장 장쾌하고 멋진 항해는 명나라 초기에 있었던 정화(鄭和)의 대항해였다. 정화는 1405년부터 1433년까지 일곱 차례에 걸쳐 난징에서 출발해 아프리카 동부까지 오갔다. 당시 명나라 정화의 함대가 보유한 해양 역량은 세계 최대였고 최강이었다. 길이로만 해도 최대 150미터(70미터로 추정하는 학자도 있다)에 이르는 대형 선박 60여 척, 그에 따른 소형 선박

윈난성 쿤밍에 있는 정화공원의 정화 석상(사진 유광석)

도 100여 척, 승조 인원 2~3만 명이나 되는 대규모 선단이 총 18만 5,000킬로미터를 항해하며 인도양 전역을 누빈 것이다. 70년 후 1492년 아메리카 대륙에 도착할 때의 콜럼버스 선단과 비교하자면 그야말로 압도적이었다. 그렇다고 유럽의 함대처럼 불법 무역이나 노예 사냥과 인명 살상이 뒤섞인 해적이었던 것도 아니었다. 중국의 표현으로는 평등 무역이었던 것. 정화가 항해하던 당시의 인도양은 서로에게 열린 바다였고 공용의 통로였었다.

정화의 대원정은 출발도 그렇지만 결말노 미스터리가 아닐 수 없다. 세계 최강의 해양 역량을 어느 날 갑자기 스스로 거둬들인 것이다. 명나라는 정화의 항해 기록마저 파기해 버렸다. 그러고는 도항과 사무역을 금지하는 해금(海禁) 체제로 돌아선 것이다.

근현대사를 서양이 바다를 장악하면서 동양을 압박하는 역사라고 요약한다면 아마도 그 변곡점은 정화의 항해가 아니었을까. 그때까지 우월했던 역량을 명나라는 왜 스스로 포기했을까. 조선이 망국하여 식민지가 되고 그것이 분단의 고통으로 이어진, 먼 이유 가운데 하나는 명나라가 해금을 시작하면서 새로 구축한 동아시아의 조공-공무역 국제 질서라고 볼 수도 있다. 바다를 창으로 보면 무한대로 열린 공간이요, 담으로 보면 막으려야 막을 수 없는 광대한 수평선이다. 그것을 열고 닫는 것은 한 시대의 선택이었다. 그러나 그 결과는 수백 년간 지속되어 온 망가진 역사였다고 하면 지나친 말일까. 🔲

고향에 지은 화교의 집 — 조루

　육지에서 길이 막히면 바다에서 길을 찾을 수 있다. 육두품 신라인들은 신분제에 막히자 황해를 건넜고, 거란과 여진에 맞서서 긴장을 늦출 수 없었던 고려는 송나라로 가는 바닷길에서 선택지를 넓혀 나갔다. 전란이나 노역, 기근에 시달리거나 재부의 꿈을 찾던 대륙 연안의 백성들도 바닷길로 나섰다. 바다로 나가는 장사는 위험했지만 그만큼 큰 이문을 안겨주었다. 그렇게 오가다가 어떤 이는 이국땅에 눌러앉았다. 바다의 역사에서 떠난 자와 남은 자 그리고 돌아온 자 대부분은 연안의 백성들이었다. 중국에서는 이들을 화교라고 한다.

　가장 많이 떠나 화교가 되고, 화교로 성공해서 가장 많이 돌아온 곳은 광둥성이다. 19세기 말부터 20세기 전반까지 광둥성 중남부

여러 형태의 조루

에서는 화교들이 망루형 살림집을 많이 지었다. 멀리서 보면 너른 농지 한가운데 호리호리한 맵시를 드러내는 4~5층짜리 콘크리트 빌딩이 보인다. 가까이 다가서면 구석구석 서구식 문양으로 장식된 독특한 살림집들이다. 서양과 중국이 한데 섞인 중서합벽(中西合 璧)이다. 한 건축학자는 하이브리드 모더니티(Hybrid Modernity)라고 규정하기도 했다.

　이런 살림집을 조루(碉樓)라고 한다. 조루는 망루와 같은 방어용 건축물을 뜻한다. 티베트에도 조루라는 다른 스타일의 민가 건축이 있는데, 이와 구분하기 위해 카이핑 조루라고도 한다. 광둥성의 카이핑(開平)을 중심으로 허산, 신후이, 타이산, 언핑 등 오읍(五邑)에 밀집되어 있어 붙인 명칭이다. 화교들이 고향에 지은 조루에는 중국 화교의 역사와 문화가 고스란히 담겨 있다.

카이핑 조루는 건축만으로도 흥미롭다. 화교들이 고향으로 부친 돈 덕분에 이 지역은 부유한 편이었다. 그래서 19세기 말 20세기 초 전란이 끊이지 않던 치안 부재의 시대에는 도적 떼의 표적이 되곤 했다. 화교들은 이를 막기 위해 망루 형태로 집을 지은 것이다.

조루는 기능적으로는 방어가 가장 중요했다. 외벽 곳곳에 외부를 감시하면서 사격을 할 수 있는 구멍을 많이 만들었다. 이런 사격공(孔)은 일자형, 티자형, 원형, 반원형 등 그 모양이 다양하다. 일층 현관은 견고한 이중 철문으로 만들어 총격에도 견딜 수 있게 했다. 대문 바로 위에는 사격공을 뚫어 접근해 온 도적들에게 직접 총을 쏠 수 있게 했다. 창문은 크게 만들지 않고 현관문처럼 철판을 덧대 견고하게 만들었다. 창문 안쪽에는 쇠창살을 설치하기까지 했다. 각층의 테라스에는 외부로 돌출된 연자와(燕子窩)를 두었다. 연자와는 개인용 참호와 비슷한데 측면과 바닥에 사격공을 냈다. 옥상 출입문은 두꺼운 철판을 수평으로 닫게 만들었다. 최악의 경우 옥상으로 대피하여 완전히 차단하는 것이다.

마을 공동의 방어 기능을 갖춘 건축물도 있다. 갱루(更樓)라고 하는 망루가 그것이다. 갱루에는 탐조등과 경보기를 설치했다. 실제로 1922년 12월 일군의 도적 떼가 카이핑중학교를 습격했는데 갱루의 야간 탐조등으로 미리 발견하여 인근 마을에 경보를 울렸다. 이에 의용대가 신속하게 출동해 도적 떼를 막아냈다. 시골 사람들

서양 건축의 외관을 많이 차용한 조루

의 작은 승리는 해외 화교들에게는 놀라운 소식이었다. 이를 계기로 화교들이 고향 마을에 조루를 지어주는 열풍이 불기도 했다.

조루에는 문화적으로도 화교의 새로운 세태가 반영되어 있다. 전통적인 대가족과 시대 변화에 따른 소가족이 병존하는 구조가 그것이다. 층마다 주방이 있어서 세대별로 한 층씩 사용한다. 평소에는 밥을 따로 해 먹지만 홍수가 나거나 도적 떼가 출몰하면 어느 층에서든 함께 식사할 수 있도록 했다. 전통적인 대가족의 살림집과는 달라진 것이다. 화교들은 부엌을 나눴을 뿐이지 집안이 갈라진 것은 아니며(分竈不分家), 아궁이가 많으면 후손이 번성한다(多竈口多人丁旺)고 설명하기도 한다. 건축이니만큼 자연환경도 큰 영향을 주었다. 이 지역은 강수량이 많고 물길이 촘촘하여 태풍이나 호우 피해가 많았다. 4~5층으로 높게 지은 것은 침수 피해에 대응한 것이다. 조상의 위패를 모시는 당옥을 일층이 아닌 옥상에 둔 것도 같은 맥락이다.

조루 안팎은 다양한 서구식 장식으로 치장돼 있다. 화교들이 사진이나 그림엽서 또는 설계도를 보내고 고향의 향촌 주택 건설자들에게 똑같이 지어달라고 한 것이다. 눈으로만 서양 건축을 보았던 건축주와 그런 건축물을 직접 본 적이 없는 고향의 토박이 무명 건축가들이 합작한 결과, 중국의 향촌 건축과 서구 건축이 융

조루가 많았던 카이핑 오읍

합을 이룬 것이다.

조루는 현재도 많이 남아 있다. 2007년에는 1,800여 개에 달하는 카이핑 조루와 촌락 전체가 유네스코 세계 문화유산에 등재되기도 했다. 여행객으로서 조루를 찾아보고 싶다면 광저우시 서남쪽 장먼시(江門市) 카이핑에 있는 누리촌(努力村)이나 리위안(立園)을 찾아가면 된다. 카이핑에서 시내버스를 타면 30분 거리이다. 두 곳 모두 건축 박물관이다. 19세기 말에서 20세기 전반에 걸쳐 지어진 다양한 조루를 둘러볼 수 있다. 건물마다 화교들의 생활 문화도 볼 수 있고, 전시관에서 건축주 가문의 역사도 들여다볼 수 있다.

바다의 역사는 물자의 이동과 사람의 이주로 가득 채워져 있다. 동아시아 바다에서는 15, 16세기부터 중국에서 다른 지역으로 이주한 화교들이 많았다.

현대의 화교라는 말은 출신지와 거주지에서 의미가 다를 수 있다. 신중국은 자국민의 이중국적을 허용하지 않기 때문에 중국 국적을 유지한 채 외국에 장기 거주를 하는 경우에만 화교라고 한다. 유학생이나 주재원, 공무 출장을 위한 일시 체류자나 아예 외국 국적을 취득한 사람은 화교라고 하지 않는다. 외국의 국적을 취득하면 화교가 아니라 외적(外籍) 화인이라고 구분한다. 학술에서는 화교 대신 화인이란 말도 종종 사용한다. 여행에서는 당가(唐街)라는 말도 종종 접한다. 우리나라에서는 혈통이 중국인이면 일괄하여 화교라고 하지만, 실제 국적은 타이완도 있고 신중국도 있다. 우리와 혈통이 같은 중국 국적의 동포들도 중국에서는 화교라고 한다.

중국의 화교 역사는 당송과 원명을 거쳐 아편전쟁까지, 아편전쟁 이후 신중국까지, 신중국의 개혁 개방 이후의 시기들로 나뉜다. 당송 시대에는 남중국해 연안에서 동남아 지역과의 무역이 발달하면서 해외로 나갔던 상인들 일부가 그곳에 정착하는 경우가 있었다. 당시 인구로 십만 명 정도라고 추정한다.

명나라는 해외 도항과 사무역을 금지하는 해금(海禁) 정책을 폈다가 1570년대에 이를 해제했다. 명나라 상인들은 계절풍을 따라갔다가 일부는 현지에 남았다. 현지 사정에 눈을 뜬 화교들은 다음 해 다시 돌아오는 명나라 상인들의 상품을 팔아주거나, 그들이 가져갈 물건들을 매집해 주며 화교 사회로 성장해 갔다.

한편에서는 서양 각국이 동아시아 바다에서 거점 항구를 확보하고 식민지 경제를 구축하기 시작했다. 이에 따라 동남아 여러 지역에서는 중국의 값싼 노동력이 필요했다. 16, 17세기 대항해, 대교역 시대는 중국의 수공업 인력과 일반 노동자들을 끌어당겼다. 이 시대의 이민자들은 대략 백만 이상으로 추정한다.

아편전쟁 이후에는 계약 화공(契約華工)이 대량으로 송출됐다. 중국에서는 계속되는 궁핍과 전란이 인구를 밀어내는 힘으로 작용했고, 노동력이 부족한 동남아 각 지역의 광산과 농장은 이들을 끌어당겼다. 이들의 이주와 현지 생활을 보면 그 노고가 보통이 아니었다. 현지나 본토의 화교 거상들이 배표를 선급으로 끊어주며 모집한 노동자들을 현지의 주석 광산이나 고무나무 농장으로 보냈다. 노동자들은 합숙소에 묵으면서 임금노동을 했다. 이들을 주쯔(猪仔 돼지)라는 속된 말로 부르기노 했다. 화교 서상들은 이들의 임금에서 고가의 선급 뱃삯을 먼저 공제했다. 그다음엔 합숙소의 매점에서 아편을 팔아 나머지 임금도 거의 회수해 가는 식이었다. 고향에서 가난과 기근에 시달리던 노동자들은 동남아로 이주하여 합숙소에서 하루 세 끼를 배부르게 해결했다. 그러나 열악한 환경에서의 고된 노동을 견디기 힘들어 아편에 손을 댔고 귀한 노임을 아편에 낭비했다. 쌀밥은 배부르게 먹었지만 비타민을 섭취하지 못해 각기병에 걸려 죽어나가기 일쑤였다. 전염병도 많았다.

반대로 말하면 화교들 가운데 거부들은 배표와 주석과 아편으로 동족 노동자들을 착취하여 거대한 부를 쌓았다. 일부 노동자들은 돈을 모아 귀향하거나 현지에 자리를 잡아 고향의 가족 친지들을 부르기도 했다. 이런 고난과 축재가 결합하여 순환하면서 화교의 숫자는 계속 증가했다. 20세기 초에 400만~500만 수준이었고 신중국이 성립된 1949년에는 1,200만~1,300만에 달했다.

신중국의 개혁 개방 이후에는 미국, 캐나다, 호주 등으로의 이민이 많아졌다. 친지 방문이나 유학으로 가서는 눌러앉곤 했다. 2017~2018년에 전 세계 화교는 5,000만이 넘을 것으로 추정하고 있다. 그 가운데 동남아 각국에 73퍼센트로 가장 많고 남미와 북미에 12퍼센트 정도가 있고, 그 외 유럽과 대양주 등 세계 도처에 산재해 있다.

신중국 초기에는 외국 국적을 취득하면 조국을 버린 자로 비난하기도 했다. 그런데 1950년대 인도네시아 등 동남아 각국에서 화교들을 신중국의 간첩으로 간주하는 적대적인 시각이 심각한 문제가 됐다. 이에 신중국은 1955년 저우언라이가 인도네시아를 방문했을 때 "국적이 어떻든 친구는 친구이고 형제는 형제이다"라고 말하면서 현지 국적 취득을 권고하기도 했다.

동남아에서 서구까지 이주하면서 화교들은 그들만의 독특한 중서합벽의 문화를 남겼고 지금도 그 맥은 이어지고 있다. 고향으로 돌아온 화교들이 새로운 살림집을 지었으니 그것이 바로 이번 기행에서 살펴본 조루인 것이다.

화교들은 이주한 현지에도 그들의 독특한 문화를 남기고 있다. 그 가운데 화려한 페라나칸 문화도 주목받는다. 자기들 스타일로 중국에 주문 제작한 고급 자기, 현란한 유리 장식품, 서양에서 수집한 기물, 화려한 의상과 독특한 건축 등이다. 대표적으로 말레이시아 페낭의 페라나칸맨션박물관이나 싱가포르의 박물관 등지에서 찾아볼 수 있다. 이들 페라나칸 컬렉션을 연구한 미술사학자 강희정 서강대 교수는 이들의 독특한 고급문화를 '아편과 깡통의 궁전'이라는 한 구절로 축약했다. 바다의 역사에 대한 나의 호기심을 결정적으로 증폭시킨 단행본의 제목이다.

6장

가까운 오지

객가 유민들의 생존 방식 — 토루

중국의 민족과 족군 분류에서 객가(客家)라는 갈래가 눈에 뜨인다. 객가인은 장시성과 푸젠성, 광둥성이 교차하는 지역에 많이 산다. 이 지역을 따로 구분하여 객가 조상의 땅(客家祖地)이라고도 부른다. 객가인은 객가조지 이외에 홍콩과 마카오는 물론 쓰촨성과 타이완에도 많다. 동남아와 서양으로 이주한 객가인도 많았다.

중국에서 객가는 민족으로는 한족에 속한다. 한족을 다시 아홉 개 민계(民系)로 나누는데 그 가운데 하나가 객가이다. 다른 민계는 전부 지명인 데 반해, 이들은 '객'이라는 타자화된 뜻글자를 사용하는 것도 예사롭지 않다. 조상은 중원에서 온 한족 혈통이지만, 객이라는 명칭처럼 또 하나의 변방민으로 살아왔음을 짐작할 수 있다.

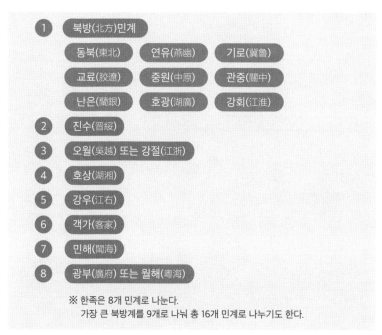

1	북방(北方)민계		
	동북(東北)	연유(燕幽)	기로(冀魯)
	교료(胶遼)	중원(中原)	관중(關中)
	난은(蘭銀)	호광(湖廣)	강회(江淮)
2	진수(晋綏)		
3	오월(吳越) 또는 강절(江浙)		
4	호상(湖湘)		
5	강우(江右)		
6	객가(客家)		
7	민해(閩海)		
8	광부(廣府) 또는 월해(粤海)		

※ 한족은 8개 민계로 나눈다.
가장 큰 북방계를 9개로 나눠 총 16개 민계로 나누기도 한다.

한족의 민계 구분

객가의 조상들은 기아와 전란을 피해 고향을 등지고 떠나온 유민들이다. 대량의 유민은 한 왕조가 망하고 새로운 정치 세력이 등장하는 혼란기에 발생하곤 했다. 새 왕조가 등장하면 전란이 잦아들고, 정치를 개혁하고 농업을 장려하여 전반적인 생산력이 회복되고 인구도 증가한다. 그러나 안정기나 전성기를 넘기면서 황실은 무능해지고, 관리들은 기득권을 이용해서 심각한 부패에 탐닉한다. 결과는 백성들을 가혹하게 착취하는 것이다. 여기에 가뭄과 홍수, 한해와 같은 자연재해나 변방에서 강성해진 세력이 중원으로 밀고 들어오는 인위적 요소가 보태지면 권력층은 사분오열하고 죽음으로 내몰리는 농민들은 빈란을 일으키면서 극도의 혼란에 빠진다. 이런 시기에 대규모 유민이 발생한다. 이런 총체적

객가인 밀집 지역

혼란은 엄청난 희생을 치르면서 최후의 승자가 새로운 왕조를 세워야 비로소 진정되는 법이다.

중국 역사에서는 대규모 유민이 여섯 차례 발생했다. 진시황이 전국칠웅의 여섯 나라를 전쟁으로 멸망시키는 과정, 한나라 말기에서 위진남북조에 걸쳐 북방 민족이 대거 남하하여 중원을 차지하던 시대, 당나라 말기 황소의 난과 오대십국, 거란과 여진에 눌리다가 몽골에 멸망한 송대, 명말 청초의 혼란기, 그리고 청조 후기의 태평천국의 난 등이다. 이들 유민의 역사 때문에 객가의 역사는 진시황 시대부터라고는 하지만 실제 하나의 족군으로 형성된 것은 남송 시대인 것으로 보는 게 다수의 견해인 것 같다.

그런데 객가인이 스스로를 객가라고 불렀을지 의아스럽다. 청대 초기에 이 지역에서 토착민과 신규 이주민 사이에 큰 싸움이 일어났을 때 토적(土籍)과 객적(客籍)이란 말로 구분하는 기록이 있으니 객이란 말이 사용되긴 했었던 것 같다. 20세기 초반 중국에서 민족 분류와 객가 문화가 본격적으로 연구되기 시작하면서 뤄샹린(羅香林 1906~1978)이란 학자가 객가라는 말을 사용했다. 이 말을 당사자들이 스스럼없이 받아들여 일반화됐다고 하는데, 일부에서는 객가라는 말을 거부하고 스스로 애인(涯人)이라 부르기도 했었다. 또 다른 해석으로 손님들을 호의로 기꺼이 맞는다는 뜻으로 표현한 말이라고도 하지만 이것은 나중에 좋은 뜻으로 해석한 게 아닐까.

객가인이 손님을 반가이 맞아주었다고 하지만, 역사에서는 그와는 반대 방향으로, 살던 곳을 떠나 스스로 객이 되기를 마다하지 않았다. 남중국해의 교역로를 따라 타이완이나 필리핀, 말레이시아, 인도네시아, 태국, 미얀마 등으로, 또 미주와 유럽으로 퍼져 나갔다. 바로 화교들이다. 객가인은 중국에 7,400만, 외국에 3,000만 정도가 거주한다고 알려져 있다. 객가인은 객가 출신의 유명 인사 덕분에 더 유명해지기도 했다. 싱가포르의 리콴유, 태국의 잉락과 탁신 전직 총리 남매, 타이완의 리덩후이 등이 객가인 출신이다. 중화민국의 쑨원, 신중국의 덩샤오핑도 객가인이다.

객가인의 토루(土樓)도 우리의 시선을 잡아당긴다. 토루는 그들의 전통 살림집 가운데 가장 대표적인 건축양식이다. 사진에 보이는 마을은 톈뤄컹촌(田螺坑村, 푸젠성 장저우시 난징현)이다. 네 개의 원형 토루와 하나의 사각형 토루가 한데 모여 있다. 마을 뒷산에서 내려

사채일탕 토루

다보면 요리 접시를 늘어놓은 식탁처럼 보여 사채일탕(四菜一湯)이라고도 부른다. 한채 한채가 수십 수백 가구가 모여 사는 터라 우리의 어감으로는 성채라고 해야 적당할 것 같다. 최근 한국인들이 주목하는 여행지로 미디어에서 본 사람도 많고, 직접 여행을 가서 본 사람도 적지 않다.

토루로 걸어 들어가면 중원과 변방의 요소가 뒤섞인 그들만의 독특한 역사와 문화를 음미할 수 있다. 객가인이 남천해서는 산중의 작은 분지에 농지를 개간하고 자리를 잡았다. 이것은 먼저 정착해 있던 현지인에게는 굴러 들어온 바위가 될 수밖에 없다. 좁은 땅에 많은 사람이 살기 어려우니 다툼이 벌어졌다. 밀려난 이들은 사흘을 굶은 뒤 도적 떼가 될 수밖에 없으니 이런 환경에서 토루라는 건축양식이 생성한 것이다.

토루에는 몇 가지 특징이 있다. 첫째는 대가족 집체 주택이란 것이다. 훗날 늘어날 가족을 염두에 두고 당장의 필요보다 큰 집을 짓기도 한다. 개개의 방들은 표준화되어 있다. 한 칸의 1층에서 꼭대기까지를 한 가구가 사용하는 게 보통이다. 4층이라면 1층은 주방, 2층은 식량 저장고, 3층은 침실, 4층은 침실 겸 창고 등으로 용처를 구분한다. 소농 사회의 종법 제도의 하나로 가운데 마당에는 조당(祖堂)을 지어 공동의 조상을 모시기도 한다. 그러나 가가호호의 경제활동과 일상생활은 독립되어 있다.

두 번째 특징은 화교들의 조루와 같은 방어성이다. 안으로는 넓게 열리고 쉽게 뭉치는 구조이지만, 밖으로는 상당히 폐쇄적인 구조이다. 외벽은 점성이 있는 홍토(紅土)에 석회, 자갈을 섞은 다음 절굿공이 비슷한 공구로 일일이 두들기고 다져서 쌓아 올린 것이다. 중요한 부위에는 찹쌀밥이나 흑설탕을 넣어 점성을 더욱 높인다. 이렇게 시공하면 못을 박기 어려울 정도로 단단해진다. 하단은 두께가 150센티미터 정도로 웬만한 공격으로는 파손되지 않는다. 꼭대기 층에는 토루 전체를 돌면서 외부의 적을 감시할 수 있는 복도를 만들고 복도 곳곳에 작은 창이나 사격공을 냈다.

대문은 정문 하나만 만든다. 10~20센티미터 두께의 목판으로 만들고, 바깥 면에는 철판을 덧대기도 한다. 안쪽에는 빗장을 설치한다. 그러고도 굵은 통나무 두 개를 직각으로 받쳐 외부의 강한 충격에도 열리지 않게 한다. 대문 위의 3, 4층에는 밖으로 돌출된 공간을 만들어 대문을 공격하는 적들에게 끓는 물을 쏟아붓게 했다. 마당의 우물도 필수적이다. 봉쇄를 당하면 장기간 버틸 수 있게 하는 필수적인 설비다.

토루는 처음에는 정방형이 많았고 훗날 사회가 안정화하면서 개

원형 토루

방성이 강조된 장방형으로, 나중에는 건축 기술이 발전하면서 원형 토루로 변해갔다. 원형 토루는 지진에 강한 구조였고, 코너마다 죽은 공간이 발생하는 방형 토루에 비해 실용 공간을 최대로 확보한다는 면에서도 유리했다. 방의 배정에서도 서열을 따지지 않아도 되기 때문에 공평했다.

대륙은 황제에게는 자부심을 과시할 수 있는 거대한 통치 영역이고, 출세하려는 이들에게는 기회의 광장이지만, 하루하루 살아가는 민초들에게는 몸을 숨기기도 힘든 고초의 현장일 수 있다. 한곳에서 발생한 전란이나 재난이 그것과는 아무 관계도 없는 먼곳까지 심대한 영향을 주기 때문이다. 황제가 가까우면 세금과 노역이 더 커지고, 그곳에서 멀어지면 도적 떼가 관군보다 먼저 들

안정보

이닥치곤 했다. 객가인의 일상도 이러했을 것이다.

이런 상시적인 난국에서도 소박하고 아름답게 살아가는 공동체의 지혜를 음미할 수 있는 토루가 있다. 푸젠성 중부 싼밍시(三明市) 동남쪽 40킬로미터 거리에 있는 안정보(安貞堡)라고 하는 개인 소유의 토루가 바로 그것이다.

안정보는 건축면적만 1만 제곱미터나 되고, 방이 350개나 된다. 9미터 높이의 외벽이 좌우 45미터, 전후 70미터를 감싸고 있다. 택호에 보(堡)라는 군사 용어를 사용한다. 전면의 좌우 모서리에 돌출된 포루(砲樓)는 호위 장군처럼 당당하다. 지붕이 뒤로 가면서 한 칸 한칸 높아지는데 처마의 끝선을 날렵하고 뾰족하게 뽑아 올렸다. 마치 거대한 거북이가 등짝에 날카로운 가시를 꽂고 입을 굳게 다문 채 정면을 응시하는 모양이다. 어디를 둘러봐도 약점 잡아 공격할 곳이 없어 보인다.

안정보는 이 지역의 유지였던 지점서(池占瑞)와 그의 아들이 1885년 완공한 것으로 지관성(池貫城)이라 불리기도 한다. 안정보는 평시에는 지씨 일가의 살림집이지만, 도적 떼가 나타나면 촌락의 모든 사람들을 대피시키는 공동의 피난처가 되었다. 지씨 부자는 성채와 같은 토루를 짓기 위해 자금성까지도 직접 찾아보았다고 한다. 실제로 도적 떼가 수차례 쳐들어왔고, 보름 가까이 포위된 채 격렬한 공격을 당했을 때에도 막아냈다고 하니 그 방어력은 민가 건축 최고였을 것이다.

건축의 내력과 함께 대문 좌우에 걸린 대련이 나에겐 아주 인상적이었다.

安于未雨綢繆固 (안우미우주무고)

貞觀沐風謐静多 (정관목풍밀정다)

비가 오지 않을 때 미리 단단히 준비했기에 편안하고, 수고로이 노력하였기에 평안하여 바른 도리를 볼 수 있다는 뜻이다. 현장의 설명문에는 지씨 부자를 향신(鄉紳)이라고만 했으니 중앙 정계로 크게 출세한 것은 아니다. 그러나 도적 떼가 쳐들어오면 마을 사람들을 전부 자기 집으로 피난하게 했으니 참으로 큰 공덕이 아닐 수 없다.

공동체에 고난이 닥치면 누군가는 한 끼 식사를 내주고, 누군가는 하룻밤 숙박을 베풀고, 누군가는 한 계절의 생존을 도와주고,

누군가는 고난의 근본 원인을 막아내는 일을 떠맡는 게 사람다운 것이 아닐까. 덜 힘든 사람이 더 힘든 사람을 위해 자신의 재산과 능력을 기꺼이 베푸는 것은, 아마도 인간 사회가 조금씩이나마 발전해 가는 원동력일 것이다. 향신이라는 칭호밖에 없었지만 그의 베풂은 동시대를 살던 이웃을 넘어 멋진 건축 유물을 통해 낯선 외국인인 나에게까지 향기롭게 전해졌다. 정말로 아름다운 건축이다. 권력을 휘두르는 자들의 웅장한 궁궐이나, 신을 팔아 치부하는 자들의 화려한 사찰에 비할 바가 아니다.

먀오족을 둘러싼 '오래된 역사병'

산등성이에 올라 맞은편을 바라보면 집집마다 하나씩 내건 백열등이 만들어내는 환상적인 야경. 힘들게 올라온 산등성이의 허름한 식당의 평상에 백숙 한 냄비 끓여놓고 백주 한잔 곁들이면, 나의 십수 년 중국 여행 가운데 최고의 한 장면이 완성된다. 구이저우성 카이리시 외곽에 있는 시장(西江)이라는 먀오족(苗族) 마을이다.

구이저우 동남부의 바사(岜沙)와 후난성 서부 펑황고성(鳳凰古城)도 잊을 수 없는 먀오족 마을이다. 바사의 먀오족은 오래도록 사냥을 생업으로 살아왔다. 이 마을 남자들은 지금도 구식 사냥총을 항상 허리에 차고 다닌다. 어느 집이든 벽에 사냥총이 걸려 있다. 중국에서 사냥총을 허가받은 유일한 마을이지만 지금의 주된 생업은 관광이다. 펑황고성은 강변에 밀집된 조각루(弔脚樓)라는 이 지역 특

먀오족마을 시장의 야경

유의 전통적인 살림집으로 유명하다. 급경사에 붙이듯 지은 집이라 경사면 아래로 몸체를 받쳐 촘촘하게 세운 나무 기둥(弔脚)이 독특하다. 이 기둥에 경관 조명을 하여 환상적인 야경을 연출한다.

먀오족의 어느 마을이든 여성들의 전통 복식이 눈길을 잡아끈다. 장식이 자글거리는 은관(銀冠)과 화려한 수를 놓은 상의가 인상적이다. 좁고 낮은 식탁들을 길게 이어 놓고, 마을 사람 수십 명이 함께 식사를 하는 장탁연(長卓宴)도 잊을 수 없는 장면이다. 동굴에 관을 적치하는 동장(洞葬)도 외지인들의 진한 호기심을 끌어당긴다. 여행으로는 매혹적이지만 그들에게 쌓여온 수난의 세월과 오늘의 역사 서술을 들여다보면 역사가 무엇인지 새삼 되짚게 된다.

중국의 먀오족은 942만(2010년 인구조사)으로 55개 소수민족 가운데 인구로는 네 번째다. 동남아는 물론 유럽과 미수에노 300여 만이 있다고 하니 지구촌 소수민족이라 해도 될 것 같다. 이렇게 넓게 퍼져 사는 먀오족의 역사는 수난으로 점철되었다. 이 글의 앞에서 변방은 출생하고 성장하는 곳이고 중원은 본선 무대라는 말을 했었다. 이 말은 중원의 권력 획득에 성공한 민족과 황제들에게나 해당할 뿐이다. 그렇지 않은 거의 대부분의 경우 중원의 압박과 생존의 노고에 치이는 세월을 수천 년 이어온 것이 변방의 현실이다. 거두어들이는 물산은 부족한데 걷어가는 세금은 가혹했다. 그렇다고 저항은커녕 조금이라도 심기가 어긋나면 생사가 엇갈리는 일이 비일비재했다. 이런 변방의 수난을 온몸으로 겪으면서 오늘날까지 살아남은 먀오족은, 중국 중앙정부가 가장 중요하게 다루는 소수민족이라는 중국 친구의 말이 또렷이 기억된다. 중원에서는 먀오족을 일컬어 30년이면 작은 전쟁을 일으키고, 60년이면 큰 전쟁을 일으킨다며 경계한다. 먀오족은 돌을 베개로 쓸 수 없듯 한족은 친구로 삼을 수 없다고 토로한다. 이 문장만으로도 중원과

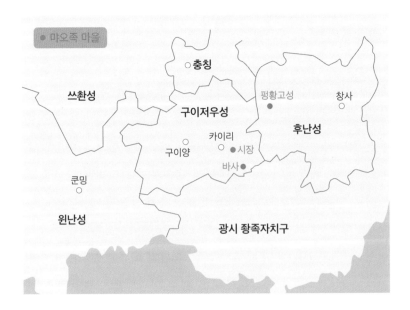

먀오족 사이가 심상찮음을 알 수 있다.

먀오족은 문헌상으로는 송대부터 나타난다. 송대와 원대에는 중앙의 권력이 서남방의 산골 구석구석까지 미치지는 못했다. 토착민의 수장을 토사(土司)로 임명하여 간접 통치를 했다. 먀오족도 마찬가지였다. 그러다가 원나라가 기울고 명나라가 일어나면서 사정이 달라졌다. 명나라는 원의 잔여 세력인 양왕(梁王)과 토착민이었던 단(段)씨 세력을 정벌하기 위해 1381년 30만 대군을 보냈다. 명나라 군대가 장시성과 후난성을 거쳐 구이저우성와 윈난성으로 들이닥치면서 먀오족을 포함한 토착민들은 무지막지한 고난을 겪어야 했다.

먀오족의 수난은 청대에 가장 극심했다. 청조는 토사 제도를 아예 폐지하고 중앙 관리를 보내 직접 통치하는 강경책(改土歸流)을 폈다. 먀오족은 이에 반발했다. 결과는 잔인한 살육이었다. 강희제가 1703년 보낸 군대는 먀오족 40만여 명을 죽였고 300개 마을을 불태웠다. 옹정 연간에는 가혹한 세금과 정치적 박해로 인해 포리(包利)와 홍은(紅銀)이 주도하여 반란을 일으켰으나 또다시 30만이 주살당하는 비극으로 끝났다. 1855~1872년 장수미(張秀眉)와 양대륙(楊大六)이 과도한 군량 징수에 반발하여 먀오족 최대 최장의 항전을 일으켰다. 17년 항전의 결과 역시 참극이었다. 20세기 전반까지 먀오족의 반란은 다섯 차례나 더 있었다. 중원의 권력에 순치되지 않는 저항과 수난의 역사였던 것이다.

그러나 저항의 역사 그 이전의 역사에서 나는 고개를 갸우뚱하지 않을 수 없었다. 먀오족 마을의 작은 박물관이나 전시관에 그

먀오족 마을 전시관의 치우

들이 말하는 먀오족의 역사가 있다. 창세신화에서는 단풍나무와
나비가 등장한다. 그다음 송대 이전의 고대사는 먀오족–남만–삼
묘–구려(동이)–치우(蚩尤)로 거슬러 올라간다. 바로 이 대목에서 내
눈길이 멈칫할 수밖에 없었다. '구려의 수장 치우'라니.

치우는 2002년 한일 월드컵에서 대한민국 붉은 악마들의 엠블
럼에 그려진 도깨비의 원형이라고 알려지면서 우리에게 친숙해진
중국의 역사 인물이다. 중국에서는 전쟁의 신이라 불리기도 한다.
그런데 치우가 이끌던 동이족의 일부가 남으로 이동하여 먀오족
의 선조가 됐다는 것이다. 신화든 역사든 치우와 동이족, 도깨비,
먀오족 등이 버무려진 이야기를 들으면, 오래된 고향의 흐릿한 소
식을 바람결에 전해 듣는 기분이 들기도 한다. 문제는 그것이 역
사학으로 충분히 논증된 게 아니라는 것이다.

《1300년 디아스포라, 고구려 유민》과 《치우, 오래된 역사병》의

저자인 김인희 박사는 먀오족을 전문적으로 연구했다. 저자는 베이징의 중앙민족대학에서 언어 인류학을 전공했고, 〈한국과 먀오족의 창세신화 비교 연구〉라는 논문으로 박사 학위를 받았다. 역사학에 고고학과 인류학을 접합시킨 저자는 다방면의 문헌 연구는 물론 1996~2009년까지 구이저우, 윈난, 광시 등지에서 먀오족 마을을 비롯한 수많은 현지 조사를 했다. 이를 통해 먀오족과 고구려 유민의 관련성에 대해 연구했다. 저자는 치우, 구려, 삼묘, 남만은 현대의 먀오족 학자들이 송나라 이전의, 빈칸일 수밖에 없는 먀오족 역사에 억지로 채워넣은 것임을 논증하고 있다.

저자는 춘추-전국-한대-당송-청대-중화민국까지, 문헌상의 치우가 어떻게 변해왔는지, 그리고 신중국에서 치우에게 무슨 일이 일어났는지를 분석했다. 결론적으로 치우는 각 시대의 요구에 따라 상당한 변신을 거듭했는데, 그것이 수사적 과장이나 치장의 수준을 크게 넘어섰다는 것이다.

갑골문에서 치(蚩)는 재앙이란 뜻이고, 우(尤)는 욕심을 상징하는 말이었다. 치우는 《상서》〈여형〉편에서 황제(皇帝)와 전쟁을 한 인물로 등장한다. 이후 전국시대 문헌에서는 기주 또는 탁록에서 황제(黃帝)와 전쟁을 벌인 인물로 출연한다. 한대에 들어 사마천은 《사기》〈오제본기〉에서 황제(黃帝)를 모든 제왕의 시조로 선정했다. 이에 따라 황제와 맞섰던 치우는 초기 역사의 비중이 큰 악인으로 부각됐다. 사마천 이후에는 치우가 악인이라는 관념과 형상이 강화되었다. 송대에는 느닷없이 산서성 염지(鹽池)에서 관우와 전쟁을 벌이기도 한다. 치우는 청나라가 제국주의 침략을 받으면서 근대 혁명파 지식인에 의해 조연으로 다시 소환된다. 국가는 민족이 있어야 하고, 민족은 조상이 있어야 한다는 맥락에서, 황제가 전체 한족의 조상으로 승격되고, 황제의 적으로 대치하던 치우도 함께 주목받게 된다. 치우는 전쟁의 신이라는 존재로 언급된 바도 있지만 전체적으로 보면 악의 존재였다.

그런데 20세기 후반에 들어 황제와 치우라는 선악의 적대 관계는 새로운 방식으로 리모델링되기 시작했다. 출발은 먀오족이었다. 1950년대 먀오족 지식인들은 자신들의 민족사를 쓰기 시작했다. 과거사에서도 현실에서도 가난과 고난에 시달려온 먀오족은 자긍심을 키울 수 있는 오래된 역사와 위대한 조상이 필요했다. 이런 맥락에서 그들과 인접성이 있는 것들을 꿰어 맞춘 역사가 먀오족-남만-삼묘-구려-치우라는 것이다. 송대 이전의 역사에 연결시킨 마디마디마다 학술적으로는 용인하기 어려운 무모한 비약을 거듭했다는 것이 김인희 박사의 지적이다.

치우의 현대적 변신은 먀오족의 조상으로 등장한 것에 그치지 않았다. 신중국은 1978년 개혁 개방 이후 취약해질 수밖에 없었던 사회주의 이데올로기 위에 민족주의를 도포하기 시작했다. 한족만이 아닌 중국인 전체를 중화민족이라 규정하고 이들의 조상으로 염제와 황제를 강조하며 숭배를 강화했다. 염황에 대한 각종 역사 연구를 지원하고 다양한 기념 활동을 전개했다. 전 세계에 흩어진 모든 중국인을 한족이 아닌 중화민족으로서 모두 염황의 후손이라고 포장한 것이다. 1989년 톈안먼 사건 이후 도입한 애국주의 사상 교육도 가속기가 됐다. 중국 곳곳에 염제와 황제의 상이 세워지고, 사당이 건립되기 시작했다.

이때 먀오족 학자 천징(陳靖)은 허난성 정저우의 염황 거상과 허베이성 탁록현의 황제 사당 건립 계획을 알고는 국무원에 편지를 썼다.

"우리 먀오족이 중화민족의 하나이기는 하지만, 치우의 후손이지 염황의 후손은 아니다. 만약 지방정부에서 염황상을 세우고 치우를 악인으로 만든다면 우리는 중화민족에서 마음이 떠나게 될 것이다."

먀오족의 심각한 반발로 인해 CCTV의 드라마 '염황 이제'는 촬영하고도 사장됐다. 학술 토론회에서는 염제 황제에 치우까지 합친 '염황치 삼조'라는 신조어가 등장했다. 민족 문제에 대단히 민감한 신중국은 먀오족의 주장에 학술이 아닌 정치로 대응한 것이다. 허난성 정저우의 황하공원에는 염제와 황제의 거상이 그대로 세워졌지만, 허베이성 탁록현에는 황제의 사당이 아니라 치우와 염제까지 포함한 중화삼조당(中華三祖堂)을 건립하는 것으로

중화삼조당

귀결됐다.

치우가 먀오족의 조상이라는 주장도 허구이지만, 5,000년 전 탁록대전에서 황제에게 패하여 죽었다던 치우가 20세기 말이 되자 황제와 나란히 앉아 삼조라고 명명되다니. 역사는 오늘에 발을 딛고 어제를 돌아보는 것이지, 오늘의 정치에 맞춰 어제를 해체하여 마음대로 재조립하는 것은 아니지 않은가. 시대마다 과거의 역사를 재해석할 수는 있다. 그러나 치우에 관해서는 어느 정도까지 온당한 것인지, 나는 갸우뚱할 뿐이다.

먀오족의 민족주의는 치우를 자신들의 조상으로 끌어다 붙였고, 신중국의 민족주의는 치우를 중화민족의 조상으로 더 높이 끌어올렸다. 제국주의에 저항적 민족주의로 맞섰던 우리는, 우리의 역사 경험으로 인해 민족주의를 순결한 것으로만 생각하기 쉽다. 그러나 민족주의는 각 민족의 정치적 입장에 따라 극과 극으로 달라질 수 있다. 일본의 제국주의가 배타적이고 침략적이지만 일본 입장에서는 민족주의라면 민족주의이다. 신중국의 민족주의는, 19세기 제국주의에 대항하던 민족주의와는 차원이 달라졌다. 김인희 박사는 역사를 이용하여 배타적 민족주의나 편협한 애국주의로 기울어가는 경향을, 니체를 인용하여 역사병이라고 진단하고 있다. 치우는 중국에서 역사병의 하나가 되어 있다. 그러나 우리에게도 유사 증세가 적지 않은 터라 김인희 박사의 지적을 되새겨본다.

"한국의 민족주의는 백 년 전의 시대 상황 속에서 신채호가 '독사신론'에서 제시한 민족사 체계를 시원으로 하며 저항적 민족주의의 성격을 갖고 있다. 그렇기 때문에 한국인들은 21세기가 된 지금에도 민족주의의 무리하고 배타적이고 공격적인 성향에 대해서 너그러운 시선을 보이거나 지지하는 경향을 보이고 있다. 한국의 주류 학계에서는 치우는 재야의 문제라고 하여 논의조차 하지 않는다. 그동안의 연구 경향을 보면 타국의 논리상 허점에 대해서는 날카로운 비판을 하면서 자국의 문제점에 대해서는 눈을 감고 침묵했다. 이제 그동안의 침묵을 깨고 상대방을 향해 비추던 '비판의 거울'을 자신을 향해 비춰야 할 때가 되었다."

고대사에 대한 황당한 억지 스토리를 히스토리라고 침을 튀기는 경향은 도대체 어디까지 갈는지. 남의 나라 이야기를 비판하기에 앞서 먼저 뜨거워지는 우리의 민낯을 어찌하기 어렵다. 역사병이 꽤 깊고 넓다.

둔보 — 성안에 갇혀 살아온 사람들

78미터 절벽에서 101미터 폭으로 엄청난 물을 쏟아내는 폭포, 이런 폭포가 주는 웅장함은 보는 사람을 압도한다. 땅바닥을 딛고 있는 내 몸뚱이를 슬며시 끌어올려 폭포가 품어내는 뿌얀 물방울 구름 속으로 끌어당기는 몽환이 느껴지기도 한다. 폭포 중간 높이로 이어지는 탐방로를 따라 걸으면 폭포수 커튼 안쪽을 지날 수 있다. 폭포수 안쪽에서 듣는 물소리는 원시의 음향 그대로다. 전신으로 울려오는 폭포 소리의 파동은 스테레오니 서라운드니 하는, 사람이 고안해 낸 음향 장치들을 무색케 한다.

중국 구이저우성의 카르스트 지형이 만들어낸 황궈수(黃果樹)폭포다. 황궈수폭포의 상류에는 주발을 엎어놓은 형상의 거대한 바위 표면을 넓게 감싸며 흐르는 루포탕폭포가 색다른 장관을 연출한

황궈수폭포

다. 하류에는 톈싱차오라는, 엉킨 실타래 같은 기묘한 계곡이 여행객들을 유혹한다.

　카르스트 지형이 만들어낸 또 다른 기묘한 풍광, 원추형 봉우리가 봉긋봉긋 솟아난 만봉림(萬峰林)도 대단하다. 봄에 유채꽃이 필 때에는 노란 색조가 봉긋한 지형과 어우러져 환상적인 그림을 연출한다. 황궈수폭포와 만봉림을 보면 이곳 구이저우는 우리의 자연환경과는 근본적으로 다른, 깊고 깊은 오지라고 느껴진다. 그러나 이런 경관에 취했다가 깨어나면 내 주변에 상당수의 여행객이 있다는 것을 자각하게 된다. 이곳은 한국에서는 멀다고 해도 사람이 많이 사는 곳에서 먼 곳은 아니다. 구이저우는 중원에서 후베이와 후난을 거치면 바로 닿는다. 쓰촨과 충칭과도 접하고 있다. 구이저우 서쪽은 윈난이다. 구이저우에서 남으로 내려가면 광시, 광둥으로 이어지면서 바다에 가까워진다. 그리하여 이곳을 여러

만봉림

차례 여행하면서 내게 쌓인 인상은 '가까운 오지'이다.

중원과는 문화적, 지리적, 정치적 거리를 두고 살아왔던 먀오족 (苗族)이 가장 많이 사는 곳이 바로 구이저우다. 그러나 앞에서 살펴본 먀오족의 수난사가 말해주듯 황제는 이곳을 오지로 남겨두지 않았다. 황제가 보낸 관리와 군대가 등장했고 이들에 저항한 먀오족은 도륙을 당하다시피 했다. 당시의 자연지리로는 깊고 깊은 오지였으나 황제의 힘은 바로 눈앞에 들이닥친 것이다.

먀오족의 눈앞에 실제 등장한 것은 황제가 아니라 황제가 보낸 군대였다. 군대의 장졸 역시 황제에게 휘둘리는 백성인 것은 마찬가지다. 그들은 황제의 권위를 위해 강제 또는 반강제로, 자발적 비자발적으로 동원됐다. 고향을 떠나 정벌이란 임무를 완료했으나 고향에 돌아가지 못하고 그곳에 눌러앉아 살아야 했다. 황제는 처음부터 그들에게 가족까지 동반하게 했다. 미혼인 병졸들에게는 혼인까지 주선했다. 군대와는 별개로 주민들도 대량으로 이주시켰다. 오지를 토착민들의 땅으로 남겨두지 않고 아예 황제의 백

구이저우성 주요 도시

성들로 채우겠다는 속셈이었다. 병졸을 뽑아 파견해서 정벌했으
니 조북정남(調北征南)이라 하고, 중원의 백성들까지 이주시켜 영토
를 채웠으니 조북전남(調北塡南)이라 한다.

　병졸과 이주민은 주로 중원과 강남 지역에서 차출했다. 이 지역
은 인구는 많고 농지는 부족했다. 이주민 가운데는 떠돌던 유민과
파산한 농민, 범법자도 상당수 있었다. 이주민에게는 토지를 나눠
주고 세금은 가볍게 했다. 이렇게 보냈으니 중원에서 하층민으로
눌려 살던 이주민에게는 선물이었으나 토착민에게는 느닷없는 침
탈이었고 갈등은 비극으로 끝나기 일쑤였다.

　시기적으로는, 밍나라 초대 황세인 무원상이 160만, 3대 황세인
영락제가 35만을 이주시켰다. 낯선 땅으로 이주한 또는 이주당한

한족 백성들은 생존을 위해 척박한 땅을 개간해야 했다. 구이양에서 안순, 취징으로 이어지는 윈난으로 가는 주요 통로는 한족의 거주지로 바뀌기 시작했다. 한족 문화도 함께 옮겨왔다. 이때부터 구이저우는 한족이 토착민보다 많아지기 시작했다. 600년 전의 일이다. 도시와 도시를 잇는 지역은 한족이 차지했고, 토착민은 황제의 군대와 한족의 문화에 밀려났다. 지금도 구이저우에서는 성(城)은 한족이, 논은 쫭족(庄族)이나 이족(彝族)이 차지하고, 먀오족은 깊은 산중에 산다고 한다. 실제 그렇다.

우리가 아는 대로 먀오족과 다른 소수민족은 황제의 강력한 힘에 정벌을 당했다. 그러나 황제가 보낸 병졸들과 이주민은 실제로는 성벽에 갇혀서 살게 됐다. 밀려난 토착민은 수시로 저항했는데, 그것은 종종 이주민에 대한 공격으로 나타났기 때문이다. 이들은 성벽을 쌓아 마을을 이루고 살았다. 고향으로 돌아가지 못하니 그야말로 가까운 오지에, 그것도 성벽에 갇혀 살면서 그들만의 문화를 형성해 왔다. 이들이 사는 취락이나 주택을 둔보(屯堡)라고 하고, 이들 특유의 생활문화를 둔보 문화라고 한다.

이들은 저항하는 소수민족의 공격에 대응하며 자연스레 군사 문화에 적응해 살아왔다. 출신 지역을 떠나 같은 처지로 모여 살게 됐으니 자기들끼리의 유대감이 강했다. 현지 토착민에 대해서는 우월 의식도 강했을 것이다. 낯선 땅에 정착하니 고향에서의 전통문화는 오히려 굳건히 보존했다. 일상의 교류나 오락은 물론 혼인까지도 자기들끼리 하면서 독특한 문화와 전통을 만들어냈다.

가장 흥미로운 것은 마을과 살림집들이다. 마을의 가로(街路)와 주택의 배치는 물론, 한채 한채의 살림집에 군사적 요소가 강하게 반영돼 있다. 집은 작은 보루와 같아서 담장에는 사격공을 곳곳에 뚫어놓고, 옆집으로 피신할 수 있는 비상구들이 가깝게 마주 보고 있다. 한 집이 침입자에 의해 위험에 빠지면 옆집으로 재빠르게 피신하려는 것이다. 집 후면도 높은 돌담으로 에워싼 경우가 많다.

마을의 중심 대로에서 가지 치듯 갈라진 가로의 구조는 여느 마을과 다를 바 없다. 그러나 중심가로든 작은 골목들이든 대부분

둔보의 대문

아편 판매 창구를 설명하는 둔보 전통 복장의 안내원

곡선으로 휘어진 둔보의 골목

곡선인 것이 특이하다. 골목이 골목과 만나도 직각이 아니고 어슷하다. 골목 자체도 곡선으로 휘어져 있다. 골목 하나가 장악되더라도 다음 골목 안쪽까지의 시선을 차단함으로써 직선 사로(射路)에 노출되지 않게 한 것이다. 마을 안으로 들어서면 미로에 빠지는 느낌이 든다. 이런 구조는 침입자를 유인하는 작전에 유용하다. 침입자가 중심 가로에 들어서면 마을의 주출입구를 막고, 골목길을 들어서면 골목 입구를 막아버린다. 침입자는 시야가 좁은 상태에서 갇히게 된다. 둔보를 안내하는 해설원은 문을 잠그고 개를 때려잡는다[關門打狗]고 설명한다. 마을 출입구에는 망루를 설치하여 바깥을 감시한다. 망루는 마을 입구 이외에도 골목 곳곳에 산재해 있다.

세월이 쌓이면서 군대가 주둔한 군보, 민간인이 모여 사는 민보, 상인들의 상보로 나눠지기도 한다. 구이저우의 안순에서 윈난의 취징을 거쳐 쿤밍으로 이어지는 대로에 둔보가 많다. 특히 안순에는 둔보와 둔보 문화가 잘 보존된 곳이라 둔보라 하면 안순을 떠올리게 된다. 톈룽둔보(天龍屯堡)와 윈펑팔채(云峰八寨) 등이 잘 알려져 있다.

둔보 사람들은 현지 토착민과는 교류가 많지 않았고, 생활 습속은 시간이 지나도 크게 변화하지 않았다. 고향에서는 세월이 지나면서 자연스레 변화된 것들조차 이곳에서는 원형 그대로 남아 있는 것이 많다. 특히 복식과 희극에서 뚜렷하게 나타난다. 1993년 이 지역에서 명대 왕의 무덤을 발굴했는데 넓은 소매에 테를 두른 상의, 꽃과 새를 수놓은 신발 등이 출토되었다. 이때 출토된 600여 년 전의 복식이 이 지역 부녀자들이 평상시에 입는 전통 복장과 거의 똑같아 학자들을 깜짝 놀라게 했다.

둔보의 희극은 무대 위에서 하지 않고, 관객들이 둘러선 평지에서 하기 때문에 지희(地戱)라고 한다. 무대만 다를 뿐 지희의 내용이나 연출 형식 등도 명대 희극의 원형에 가깝다. 언어에서도 권설음이 많아 명대 관방어 발음이 전이되어 남아 있다는 것을 보여 준다. 그리하여 중국 민속학자들은 둔보 문화를 명대 중원 문화의 활화석이라고 부르기도 한다.

둔보를 돌아보고 나오면서 생각해 본다. 이 땅은 누구의 땅인가. 먀오족과 그 외의 소수민족들의 땅인가. 황제가 힘으로 점령했으니 황제의 땅인가. 강제로나마 이주해 온 이들이 이미 600여 년의 세월을 살았으니 그것을 인정하지 않을 수 있는가.

역사는 세월의 집적이고 백성들의 피땀으로 채워진다. 그것을 정치적으로만 포장하여 오늘 당장의 국제 정세나 국내 정치에 대입하는 것은 결코 간단한 일이 아니다. 신중해야 한다. 이스라엘 사람들이 2,000년 전의 역사를 들어 팔레스타인이 자기들 조상의 땅이고, 그러니 지금은 내 땅이라고 주장하며 정치 군사적 위력으로 밀고 들어간 시오니즘은 그 지역에 엄청난 비극을 일으켰다. 지금은 해결이 불가능할 정도로 뒤틀려 있음을 우리는 두 눈 뜨고 보고 있다. 긴 세월의 역사를 정치라는 도마 위에 툭툭 잘라 올리는 것은 과연 어디까지 정당한 것인가.

샹그릴라로 가는 길 1─루구호 모쒸족의 페미니즘

십여 년 넘게 중국 여행을 일상으로 살다 보니 어디가 가장 좋았냐는 질문을 많이 받는다. 나는 중국 여행 티켓이 단 한 장만 주어진다면 윈난(雲南)이라고 답한다. 도시인들에게는 오지를 추천하게된다. 그러나 몸에 밴 도시의 편리함을 내려놓는 게 쉽지는 않다. 실제로는 날것 그대로의 오지가 아닌, 여행객의 편의성을 적당히받쳐주는 가깝고도 먼 오지가 유효한 여행지가 아닐까.

윈난성 수도 쿤밍에서 시작하여 토림을 거쳐 루구호에서 긴 호흡으로 노닐다가, '금모래강'[金沙江]에서 작은 배를 타고 절벽 위의 석두성을 거친다. 위룽설산을 바라보며 하바설산 기슭의 산길을 걷는다. 하룻밤 묵어야 하는 산길, 산장의 깊은 밤에 쏟아지는별을 보는 것은 덤이다. 다시 북상하여 티베트의 향기를 맡으면서 샹그릴라시와 대협곡을 거쳐 해발 6,740미터의 메이리설산을 정면으로 바라보는 곳까지 간다. 메이리설산에서는 일반적인 한국 여행객이 상상치 못한 장관을 목도할 수도 있다. 하나의 지점이 아니고 길게 이어가는 여정이다. 이것이 누구나 품고 있을 법한 샹그릴라, 그리로 가는 나만의 길이다.

토림(土林)은 억겁의 세월이 대지를 기묘하게 깎아낸 각양각색의 흙기둥들이 즐비한 지질 공원이다. 붉은 기운이 도는 밝은 황토색 흙기둥이 파란 하늘을 병풍처럼 두르고 있다. 자태가 정말 아름답다. 선뜻 입을 다물지 못한다.

토림 다음은 루구호라는 고원의 호수이다. 그곳으로 가는 길도 매력적이다. 굽이굽이 산길을 끝도 없이 휘돌면서 서서히 고도를 높여 올라간다. 가끔 차를 세우고 올라온 길을 돌아보면 땅덩어리가 이렇게나 클까 싶다. 산 아래 계곡에 포근하게 안긴 마을에서 밥 짓는 연기가 올라오는 광경을 바라보면 이곳이 샹그릴라가 아닐까 하는 몽상이 새어나올 수도 있다.

그렇게 하루 종일 차를 달려야 루구호(瀘沽湖)에 도착한다. 수면이 해발 2,685미터, 수심은 평균 40미터이고 깊은 곳은 105미터나 된다. 깊이에서 나오는 진하고 푸른 물빛은 푸른 향기가 되어 온몸에 스며들 것만 같다. 해발 3,770미터의 거무신산(格姆神山)에 올라가면 루구호 전체를 조망할 수 있다. 가슴이 탁 트이도록 시원하다. 시선을 위로 던지면 시리도록 푸른 하늘, 아래로 굽어보면 짙푸른 하늘을 삼키고 있는 푸른 호수. 하늘과 호수가 광대한 유화로 펼쳐진다.

루구호

　루구호 일주 도로 44킬로미터를 느긋하게 돌 수도 있다. 예쁜 카페에서 차 한 잔을 즐기고 얕은 물가에서 물수제비를 뜨면서 하루를 만끽할 수도 있다. 호수 안쪽으로 뻗은 반도 끝이 곧 호수의 중심이다. 그곳에서 거무신산 전체를 한눈에 볼 수 있다. 과연 신산이라 할 만하다. 긴 하루의 피로감이 가득 차오르지만, 호수 위로 쏟아지는 별이 쏟아지는 잠을 막아서기도 한다. 다음 날 아침 늦잠에 뒤척이다가 창밖으로 보이는 루구호의 물안개도 한폭의 수채화이다. 잠에서 버쩍 깨어서는 곧바로 몽환에 빠지지만, 그 순간에는 샹그릴라라는 말이 떠오르지도 않을 것이다.

　아침 국수라도 하면서 호숫가를 둘러보면 아름다운 루구호에서 오래도록 살아온 모쒀(摩梭)족을 대면하게 된다. 중국의 55개 소수민족에는 없지만 그들의 신분증에는 엄연히 모쒀인이라고 명기돼 있다. 루구호 서남부의 윈난성 모쒀족은 나시족(納西族, 리장의 소수민족)으로, 루구호 동북부의 쓰촨성 모쒀족은 몽골족으로 분류된다. 이 지역에 1956년 비로소 신중국의 행정력이 미치기 시작했으나 그

들의 민족 분류에 혼돈과 착오, 부실이 섞인 결과이다. 모쒀족은 독자적인 민족으로 분류해 달라고 청원했으나 아직 받아들여지지 않았다.

모쒀인들은 '여인국'이란 다소 자극적인 말로 널리 알려져 있다. 모쒀족 상당수는 모계 – 가모장제 – 대가족을 이루어 살아왔다. 3~4대가 대가족으로 사는 것이야 우리에게도 낯설지 않다. 그러나 가문의 어른은 여자이고 여자에서 여자로 대를 잇는 가족제도는 선뜻 이해가 가지도 않고 수긍하지도 못한다. 수천 년 동안 가부장제가 인간 DNA에 새겨진 유일한 가족제도라고 착각하는 가부장적 편견으로는 이들의 습속과 문화를 독해하는 것 자체가 어렵다.

모쒀족에 대한 가장 큰 오해는 그들의 혼인 제도는 주혼(走婚)이라는 것이다. 틀렸다. 주혼은 여자 집에 남자가 찾아와 밤을 같이 지내고, 해가 뜨기 전에 자기 집으로 돌아가는 모쒀족의 남녀 관계를 말한다.

남녀 관계는 우리와 다르지 않다. 시장이나 거리에서, 공동의 노동이나 이웃과의 교류에서, 마을 축제에서 자연스럽게 시작된다. 사전에 약속해야만 남자가 여자를 찾아올 수 있다. 여자의 방은 2층이고 남자는 그 창문 아래에서 미리 약속한 신호로 노크한다. 여자가 창문을 열어주면 벽을 타고 올라가는 게 보통이다. 관계가 끝나는 것도 간단하다. 여자가 창문을 열어주지 않거나, 남자의 물건 하나를 창밖에 걸어두면 된다. 남자가 여자의 집을 찾아가지 않아도 그것으로 그만이다. 여자는 남자에게 당당하게 다가서고, 남자는 여자에게 당당하게 어필한다.

주혼은 남녀 교제의 패턴일 뿐 혼인이 아니다. 남녀가 함께 살면서 새로운 가족 단위를 이루는 우리 식의 결혼이 이들에게는 아예 없다. 주혼 관계를 통해서는 자녀의 양육, 재산과 상속, 경제활동과 생계, 가족 성원 등 어떤 권리나 의무도 발생하지 않는다. 물론 남녀 교제 결과의 하나로 아이가 출생한다. 그러면 여자는 교제 상대와 무관하게 자기 집에서 자기 가족의 일원으로 키운다. 생물학적 아버지가 누군지 알지만 굳이 드러내지 않는다. 아이가 성장하면서 남자 어른의 조력도 필요하지만 그것은 어머니의 남자 형제의 몫이다. 남자 역시 자기의 아들이라는 것을 표시하지도 드러내지도 않는다.

그러면 가부장제의 남자들이 섣불리 상상하듯 모쒀족 여자들은 성적으로 문란한가? 그렇지 않다. 남녀 교제는 우리와 마찬가지. 오래가기도 하고 짧게 끊어지기도 한다. 여러 상대를 동시에 만나는 것은 품위 없다고 여기기 때문에 흔하지 않다. 그러나 남녀 관계를 가족은 물론 누구에게든 드러내지 않는다. 뜨겁지만 조용한 사생활이다. 어머니라 할지라도 성인 자녀들의 남녀 관계에 간섭하지 않는다. 아들이든 딸이든 13세가 되면 성인 의복을 입혀주며 성년식을 치른다. 딸은 어머니의 옷을, 아들은 외삼촌의 옷을 물려받는다. 이날부터 딸들은 화방(花房)이라고 하는 자기만의 방에서 기거한다. 미성년 딸도 자기 방이 있을 수 있지만 이 경우에는 바깥으로 난 창문을 폐쇄한다. 열세 살이면 이들은 남녀 모두 성적 자기 결정권이 완벽하다.

남자가 여자에게 위해를 가하지 못한다. 남자가 여자를 희롱해도 남자니까 무방하고, 여자니까 부끄러워해야 하는, 그런 젠더의 불평등이나 차별은 없다. 애초에 여자로 태어났으니 경시하고, 여자로 성장하니 억압당하는 일이 없다. 여자를 신체적으로 학대하는 할례나 전족은 물론 얼굴을 가리는 복장도 없고, 그와 유사한 습속도 없다. 성관계 한 번으로 여자를 올가미에 걸린 사냥감으로 취급하는 일이란 이들에게는 상상도 못 할 일이다. 물론 남녀의 역할 구분은 있다. 여자는 농사와 가사 등 가정 안팎의 일들을 주도한다. 남자는 큰 힘을 쓰는 가사나 타지역을 오가거나 장사나 종교와 같은 대외적인 일을 맡는다. 남자는 대가족 안에서는 가모장, 곧 할머니나 어머니나 누이를 충실하게 보좌한다. 여자는 피를 만지지 않게 하는 금기가 있어 닭이나 돼지를 잡는 일은 남자들의 일이다.

나도 여러 차례 이 지역을 여행했고 관련 사료를 읽었지만 이들의 가족 구성과 일상을 실감나게 이해하기는 어려웠다. 그러나 이들의 일상을 채우고 있는 여자 남자 관계는 찬찬히 음미할 가치가 있다. 페미니즘을 이해하는 방편이 될 수 있고, 우리가 사는 공동체의 미래에 관한 영감을 얻을 수도 있기 때문이다.

우리는 수천 년 동안 가부장제를 강력하게 구축하여 살아왔다. 어머니의 존재감이 크게 느껴지지만 그것도 가부장제라는 틀에서 허용된, 사실은 여자의 희생을 강요하고 강조한 것이다. 남자들을 위해 여자를 낮추고 희생시키는 체제였다. 갓 태어나 성별을 확인하는 순간부터 어른들은 외면하기 일쑤였다. 성장하면서 여자는 여자이기 때문에 이러이러해야 한다는 부모의 억압, 교육상의 세뇌, 습속과 문화의 족쇄가 다층적이고 복합적으로 가해졌다. 이들에게 가모장제는 외계 행성보다 더 먼 세계였을 것이다.

21세기 대한민국은 성평등이 보편적 당위로 인정되고 그에 따라 사회 구석구석이 서서히 또는 급속하게 변화하고 있다. 실생활에서는 크고 작은 갈등이 불거지기도 한다. 장노년층은 가부장제의 관념과 편견에서 벗어나지 못한 채 세태에 뒤떨어진 훈계로 스스로를 소외시키기 일쑤다. 중년들은 장노년보다는 성평등에 우호적인 태도를 보이지만 속으로는 여전히 강하게 저항하는 게 태반이다. 젊은 층은 공감이나 불만, 무관심이나 냉소 등등 여러 스탠스를 취한다. 남자들은 성평등이 과속이거나 역차별이라며 불만을 토로하기도 한다. 여자들은 불충분하다고 주장하고, 남자들의 반발에 미러링으로 강하게 반박하기도 한다. 이로 인해 성평등을 둘러싼 일부 날카로운 충돌이 양성 갈등으로 굳어지는 건 아닌지 우려스럽기도 하다.

이런 면에서 루구호는 성평등과 페미니즘에 대해 조용히 사유하

루구호의 아침

고 성찰하는 지점이 될 수 있다. 이에 관련된 책들을 추천할 만하다. 《어머니의 나라》와 《아버지가 없는 나라》라는 두 권의 기록물이다. 《어머니의 나라》는 6년여에 걸쳐 모쒀족 안으로 천천히 걸어 들어간 중국계 싱가포르 여자 추와이훙이 자신의 관찰과 체험을 기록한 것이다. 처음에는 격무에 지쳐 로펌을 떠나 중국을 여행하면서 루구호에 닿았다. 이곳에 애착을 느낀 저자는 발길이 잦아졌다. 모쒀인 친구들이 생기고, 몇 년 후에는 루구호 부근에 자신의 집을 짓고는 장기 체류를 시작했다. 누가 누구의 생부인지알 정도까지 그들과 어울려가면서 여자가 억압받지 않고 남자를 억압하지도 않는 문화 속에서 정신적 안식을 찾아가는 과정을 기록한 것이다. 그의 섬세한 사유와 차분한 성찰을 간접 체험할 수 있다.

《아버지가 없는 나라》는 그와는 반대의 경우다. 쓰촨성에 속하는 루구호 북안의 쭤쒀라는 마을에서 태어난 얼처나무라는 모쒀족 여자가 살아온 이야기이다. 얼처나무는 열다섯 살에 지방정부에서 주최하는 노래 경연 대회에 참가했다가 베이징까지 다녀오게 됐다. 이를 계기로 자신의 재능을 발견하면서 새로운 세계를 찾아 고향을 떠났다. 쓰촨성 량산의 가무단과 상하이의 소수민족 대학을 거쳐 국제 무대까지 진출했다. 이 책의 저자는 1989년 모쒀족을 주제로 박사 학위 논문을 쓴 호주의 인류학자 크리스틴 매슈. 그는 연구 과정에서 얼처나무를 만나 그의 파란만장한 일생과 그가 성장하던 모쒀족 마을을 세밀하게 취재하고 기록한 것이다.

모쒀족은 여인국이라는 한 단어로 설명할 수 없는, 우리와는 전혀 다른 모계 - 가모장 문화이다. 인류가 오래전에 잃어버린 중요한 것 하나를 그대로 담고 있어 우리의 미래를 다듬어나가는 데 의미 있는 준거가 될 수 있다.

2021년 대한민국에서 성평등은 시대의 당위이고 뒤집을 수 없는 흐름이다. 그러나 장년 노년 남성들은 시대 변화에 저항하거나 부적응하는 사례가 적지 않다. 나 역시 크게 다르지 않다. 수천 년 동안 기득권을 누렸고 당대에도 육십 년 이상 혜택을 충분히 누렸으니 이제라도 그들의 목소리에 귀를 기울이는 게 온당하다. 페미니스트가 되기는 어렵다고 해도 최소한 그들의 목소리를 경청할 줄은 알아야 한다. 루구호의 아름다운 풍광을 떠올리면서 그들, 모쒀족과 우리나라의 여자들을 함께 읽어보자. 어차피 여행은 길 위에서 읽는 책이고, 독서는 책 속으로 가는 여행이니까. 다 읽었거든 이제 다시 나만의 샹그릴라 가는 길을 계속 가보기로.

샹그릴라로 가는 길 2—메이리설산

현실의 삶이 팍팍하거나 시대가 우울하거나 자신에 대해 회의가
깊어지면 어딘가 있다고 누군가 말했다는 이상향을 떠올리기도
한다. 젖어오는 상실감이 클수록 이상향에 대한 공상은 더 가까이
어른거리는 게 사람의 마음이다. 코로나19가 지구촌 세계를 냉동
시켜 국경선을 차단시킨 지 이미 2년째다. 갑갑증이 매일 도진다.
그러거든 앞에서 루구호까지 닿았던 '나만의 샹그릴라로 가는 발
길'을 이어가자.

루구호에서 소환선(小環線)이란 산길을 타고 라보촌까지, 80킬로
미터 정도를 세 시간 정도 넘어가면 호수같이 고요한 진사강을 만
나게 된다. 리장시와 닝랑현의 경계를 이루는 구간이다. 오노협을
무너뜨릴 것처럼 포효하던 진사강의 물살을 기억한다면 이곳 진

사강의 고요함은 경이롭다고 할 것이다. 진사강의 거낭두(革囊渡)대
교에서 바오산향(寶山鄕)의 석두성으로는 차를 타고 산길을 넘어갈
수도 있고, 소형 철선을 타고 강물 따라 갈 수도 있다. 차를 타면
절벽을 파내다시피 해서 만든 등골 서늘한 산길에서 심장이 오그
라들 수도 있다. 작은 철선을 타고 고요한 진사강 물결에 실려 가
면 양안의 절경에 숨이 넘어갈 수도 있다. 석두성은 진사강 강가
에 불쑥 솟은 거대한 암반 위에 걸터앉은 작은 마을이다. 지형이
워낙 기묘한 탓에 몽골군도 공략하지 못하고 지나쳤다고 한다. 석
두성 객잔에서 내려다보는 진사강의 석양도 참 멋진 장면이다.

　석두성에서 남서쪽으로 산길을 굽이굽이 넘어가면 한국인들에
게도 국민 관광지라 할 만한 리장(麗江)고성이 나온다. 리장에서 호
도협으로 가면 세계적인 트레킹 코스를 1박 2일 동안 걸을 수 있
다. 하바설산 남록의 비탈길을 가로지르며 호도협 건너의 위룽(玉

호수같이 고요한 진사강

龍)설산의 풍광을 만끽할 수 있다. 중도객잔이니 나시객잔이니 하는 산장에서 보내는 하룻밤은 호도협 트레킹이 주는 또 하나의 짜릿한 낭만이다.

　호도협부터 행정구역으로는 샹그릴라시에 속한다. 루구호나 진사강, 리장에서 물씬 풍기던 나시족 향취는 잦아들고 티베트풍이 홍건하게 젖어나온다. 지금은 리장에서 샹그릴라로 가는 고속도로가 뚫려 아찔한 다리 위에서 호도협을 순식간에 통과할 수도 있다. 이와는 달리 멀리 돌아갈 수도 있다. 호도협을 서쪽 끝에서 동쪽으로 통과하고 백수대(白水臺)를 거쳐 산길을 돌고 돌아 샹그릴라시 중심에 닿을 수 있다. 시간이 촉박하지 않은 여행자에게는 당연히 이 코스를 추천하게 된다. 샹그릴라의 두커쭝고성이나 쑹찬린사, 나파하이의 초원과 습지 역시 우리에게도 잘 알려진 여행지이다.

　그러나 내 마음속의 샹그릴라로 가는 길은 샹그릴라시가 종착지는 아니다. 북서쪽으로 170여 킬로미터를 더 가야 한다. 샹그릴라 대협곡의 바라거쭝(巴拉格總)을 들르고 바이마(白馬)설산을 보면서 메이리(梅里)설산과 대면하는 지점까지 가야 한다. 바라거쭝은 한국인들은 거의 가본 적이 없는 곳이다. 새로 들어선 숙소들이 있어 하루를 묵어 갈 만하다. 메이리설산 직전에 보게 되는 바이마설산(해발 5,640미터)은 메이리설산과 가까운 탓에 대부분 차창으로만 보게 된다. 종착에 가까워지면 더친현에 이른다. 더친현 중심지를 조금 빠져나가면 나만의 샹그릴라 종착지인 메이리설산 전망대에 다다른다.

메이리설산은 주봉의 정상이 해발 6,740미터나 된다. 주봉 주위에는 해발 6,000미터가 넘는 봉우리가 13개나 늘어서 있다. 티베트고원 동남부에서 가장 높은 산군이다. 주봉은 아직도 인간의 발길을 허락한 적이 없다. 1991년 1월에는 중일 연합 등산대가 도전했다가 대원 17명 전원이 조난당해 사망하는 대참사가 일어나기도 했다. 메이리설산은 티베트인들에게는 범접할 수 없는 성스러운 산이라서 그랬을까. 등산으로 도전한다면 전문가조차 목숨을 걸어야 하지만, 설산을 조망하는 것은 해발 4,000미터의 고산 증세를 조금만 견디면 일반 여행객의 몫이 된다. 그렇게 얻게 되는 윈난 최고의 절경, 그것이 바로 메이리설산 전망대를 샹그릴라 가는 길의 종착지로 삼는 이유다.

메이리설산의 절경은 전망대 위치도 큰 역할을 한다. 메이리설산은 서쪽으로는 고산들이 끝없이 이어지지만, 동쪽의 계곡은 란찬강(베트남의 메콩강)이 해발 2,000미터에서 흐른다. 설산의 정상에서 계곡의 강물까지 4,500미터의 표고차가 한눈에 들어온다. 샹그릴

메이리설산의 일몰

라급 비경이다. 란찬강의 동쪽 기슭, 그러니까 메이리설산을 마주
보는 해발 4,000미터 높이에 전망대가 있다. 메이리설산에게 불려
온 착한 동생처럼 공손하게 마주 앉아 있다.

그러나 최후의 절경은 따로 있다. 바로 석양과 일출이다. 붉은
해가 설산 너머 기울어가면 설산 위의 넓고 높은 하늘에 시뻘건
노을이 광대하게 펼쳐진다. 그것도 한 장면이 아니라 눈 깜짝할
사이에 몇 차례나 완벽하게 변한다. 그 신속하고 거대한 붉은빛의
향연은 하늘을 통째로 휘두르는 춤사위 같다. 나는 그것을 처음
목격했을 때 그 자리에 주저앉을 것만 같았다. 일출도 상상을 절
한다. 전망대 뒤에서 해가 떠올라 전망대 앞의 설산을 비춘다. 해
를 보는 게 아니라 해가 비추는 설산을 보는 것이다. 일출이 시작
되면 메이리설산의 백옥 같은 경사면은 잔란한 황금빛을 만사하
기 시작한다. 황금빛은 설산을 태우며 정상에서 서서히 아래로 내

란찬강 츠중에서 만난 로즈허니 와인

려간다. 거대한 합창이 들려오는 듯하다.

일출 후에는 한참이나 마음을 가라앉혀야 한다. 그러고는 란찬강으로 내려가 강을 따라 남으로 길을 이어간다. 메이리설산 전망대까지는 겨울 날씨였으나 란찬강 강변은 포근한 봄으로 여행객을 맞아준다. 표고 차이 때문이다. 란찬강의 수면은 넓다. 햇빛을 가루로 부수듯 튕겨내어 멋진 윤슬을 연출한다. 란찬강 강가의 츠중(茨中)이란 작은 마을도 찾아볼 만하다. 이곳에는 1867년 프랑스 선교사들이 세운 교당과 포도원이 아직도 남아 있다. 당시 선교사들은 로즈허니(Rose honey, 玫瑰蜜)라는 품종의 포도나무를 가져다 심었다. 포도원에서는 지금도 이 품종을 재배하고 포도주를 생산한다. 1860년 유럽에서 필록세라는 포도 흑사병이 돌아 이 품종이 멸절되는 바람에 지금은 이곳에만 남아 있다고 한다. 지구를 반 바퀴 돌아온 덕분에 살아남은 품종이라니 샹그릴라에서 돌아오는 길에 어울리지 않겠는가.

샹그릴라는 소설 속의 지명으로 실재하지 않는 허구라는 것은 누구나 안다. 그러나 그것을 향해 솔깃해지는 우리 마음은 현실에 존재하는 많은 샹그릴라를 만들어냈다. 개인적으로는 답사 여행 중에 종종 듣는 노래 'Our Shangri-la'가 가장 가깝다. 길 위의 음악 친구인 에밀루 해리스가 마크 노플러와 듀엣으로 부른 노래이다. 중년 남자의 밍밍한 웅얼거림이랄까 아니면 말랑말랑한 감미로움이랄까, 음유시인풍의 노래가 매력적이다.

최초의 샹그릴라는 1933년 발표된 제임스 힐튼의 소설 《잃어버린 지평선(The Lost Horizon)》이다. 샹그릴라는 윈난 리장에서 디칭자치주로 가는 길목의 샹거리라라는 작은 마을에서 연유했다는 주장도 있고 그와는 상관없는 작가의 창작이라는 주장도 있다. 이 소설은 전쟁과 공황에 시달리던 당시 서구 사람들의 상실감과 오리엔탈리즘을 자극했다. 1937년 같은 제목의 영화로 만들어지면서 더 유명해졌다. 이탈리아계 미국 영화감독 프랑크 카프라가 감독이었고 존 하워드와 제인 와이어트가 주연이었다.

샹그릴라를 또 하나의 실물로 만들어낸 것은 호텔업계였다. 1939년 미국 캘리포니아의 산타모니카에 동명의 호텔이 있었다고 하나 지금 확인되는 것은 없는 것 같다. 현재 전 세계에 체인망을 구축하고 있는 샹그릴라 호텔은 1972년 말레이시아의 부호 궈허녠이 싱가포르에서 창업한 것이다. 고급 호텔과 리조트의 브랜드로 사용되고 있다.

최근 10년 동안 한국인이 샹그릴라를 언급했다면 그것은 중국 윈난성의 디칭(迪慶)티베트자치수의 행성 숭심인 샹그틸라시(香格里拉市, 2014년 현에서 시로 승격)가 대부분이었을 것이다. 디칭자치주는 행정구역으로는 티베트가 아닌 윈난성에 속하지만 해발 4,000미터를 넘나드는 칭짱(티베트)고원의 동남부 끝자락에 속한다. 호적인구 36만 9,000명 가운데 티베트인이 가장 많은 13만 3,000명으로 32퍼센트를 차지한다. 리쑤족(11만 2,000명)과 나시족(4만 7,000명)도 적지 않다. 한족도 4만이지만, 상주인구로는 이보다 더 많을 것이다. 여행으로서는 티베트 문화가 키워드이다.

샹그릴라 비지니스의 최대 히트작은 샹그릴라로 개칭한 샹그릴라시가 아닐까. 행정 지명의 변경은 처음부터 관광업을 일으키기 위한 프로젝트였다. 디칭자치주는 목축 경제와 목재 산업으로 지탱해 오던 지방 경제가 한계에 부딪히자 1994년부터 관광업에 눈을 돌렸다. 이들은 《잃어버린 지평선》의 샹그릴라가 디칭의 자연환경과 유사하다는 데에 눈을 돌렸다. 때마침 싱가포르 TV가 현지를 취재하면서 샹그릴라를 연결시켰다. 이로 인해 외국에서도 샹그릴라를 연상하기 시작했다.

이런 발상은 디칭에서만 있었던 것은 아니다. 윈난과 쓰촨, 티베트 등 중국의 서남부뿐 아니라 미얀마, 네팔, 부탄, 인도 등지에서도 자기네 마을이 소설 속의 그 샹그릴라라는 주장이 많았다. 디칭자치주는 좀더 적극적이었다. 1997년 자치주 건립 40주년 기념식에서 세외도원(世外桃園) 샹그릴라가 바로 디칭이라고 선언하면서 지명을 선점하고 나섰다. 그 이후 계속되는 조사 연구를 통해 자신들의 주장을 보완하여 마침내 중국 국무원의 비준을 받아냈다. 결국 2002년 디칭의 행정 중심인 중뎬현을 샹그릴라현으로 개명했다. 샹그릴라 개명 경쟁에 나선 윈난성의 리장, 더친, 쓰촨성의 다오청, 티베트자치구의 차위, 린즈, 보미 등은 물러설 수밖에 없었다. 그 이후 샹그릴라로 개명된 이 지역의 국내외 관광객은 폭발적으로 늘었다. 대성공을 거둔 것이다. 디칭자치주 전체의 지역 경제는 이제 관광업 중심으로 완전히 재편됐다.

1993년 제임스 힐튼은 1920~1930년대 서구의 상실감에 오리엔탈리즘을 버무려 이상향 욕구를 자극했다. 70년 후에 중국은 그 허상을 가져다가 현실 속에 샹그릴라라는 간판을 세우고는 막대한 현찰 관광 수입을 취한 것이다.

누구에게나 각자의 샹그릴라가 있다. 나는 2018년 겨울에 루구호를 거쳐 메이리설산까지 8일간의 여행을 했다. 대단한 감동의 여정이었다. 다시 2019년 겨울, 일년 전의 여정에 진사강의 소형 철선과 바라거쭝 대협곡과 란창강 코스를 추가하여 19일간의 다소 긴 여행을 했다. 2020년 겨울에도 '샹그릴라 가는 길'이란 타이틀로 세번 째 여행할 예정이었으나 코로나19로 백지화됐다. 두 번째의 메이리설산 여행은 코로나19 직전의 마지막 여행이었다. 그런 아쉬움을 곱씹으며 나만의 샹그릴라 여정에 글과 사진으로 여행을 대신했다.

자신만의 샹그릴라 가는 길은 어디인가. 지금까지 없었다면 코로나19에 묶인 김에 여행 계획으로 꾸려보는 것은 어떠한가. 어떤 구상을 하든지 코로나19가 적절하게 정리되어 그것이 곧 이루어지기를 기원하면서 이제 쓰촨으로 넘어간다. 🪧

7장

변방의
혁명가

마오쩌둥의 장정

황제의 출생 지점은 중원의 황궁이 대부분이지만 황실의 발원지는 중원이 아닌 변방이 대부분이었다. 황궁은 중원의 중점이자 정점이지만, 새로운 왕조의 출현이란 면에서 황궁은 변방에서 나온 힘의 종착, 곧 변방의 정점일 수도 있다.

자금성을 보더라도 그렇다. 칭기즈칸의 직계인 쿠빌라이가 지금의 베이징 지역에 깃발을 꼽자 대도(大都)라는 이름으로 세계의 수도가 되었다. 안후이성의 빈농 출신인 주원장이 농민반란에 올라타 명나라를 세워 원나라를 북으로 밀어냈고, 그의 아들 영락제가 베이징에 황궁을 신축했으니 그것이 바로 자금성이다. 동북의 거친 삼림과 습지와 초지에서 명나라에게 지배받던 여진족, 그들이 기병하여 허투알라에서 동경성으로, 다시 선양고궁을 거쳐 영원성을 돌파하여 결국 자금성을 차지했다. 변방에서 축적되고 성장한 에너지가 자금성에 꽂혔으니 자금성은 변방의 정점이라 할 만하지 않은가.

현대 중국사에서도 유사한 흐름을 보게 된다. 안후이성 출신의 장제스는 쑨원 사후에 중화민국을 거머쥐어 빅맨으로 떠올랐다. 그러나 장제스는 변방에서 힘을 키운 마오쩌둥에게 밀려나 타이완이란 변방으로 도망가야 했다. 그의 후예들 역시 미국에 기대어 버티지만 단명한 왕조와 얼마나 다를지 알 수 없는 형편이다.

현재의 신중국은 변방에서 출생하고 성장했다. 중국공산당이 창당된 곳은 상하이 도심이었으니 대도시에서 태어난 것 같지만, 실제로는 뒷골목에서 출생한 것과 다를 바 없다. 1927년 4월 장제스가 상하이에서 4·12쿠데타를 일으켜 공산당원과 진보 인사를 무차별적으로 살해했다. 전국적으로도 이 같은 학살이 자행됨으로써 중국공산당은 대도시에서 완전히 축출되다시피 했다. 도시에서 축출된 마오쩌둥은 장시성 서부의 징강산(井岡山)으로 도피했다. 그는 이곳에서 토지혁명을 기반으로 유격전을 전개하면서 비로소 강고한 힘을 키울 수 있었다. 서서히 살아난 중국공산당은 1931년 11월 장시성 남부 루이진(瑞金)이라는 변방의 작은 도시에서 마오쩌둥을 국가 주석으로 하는 중화소비에트공화국을 선포했다.

장제스는 국가라고 선포한 공산당에 대해 1930년 12월 또다시 토벌에 나섰다. 네 차례의 토벌전에 대항하여 잘 버텼던 공산당은 5차 토벌전에서는 빈사 상태까지 몰렸다. 그들은 혁명의 수도 루이진을 포기하고 탈수하기로 했다. 그들은 대오를 이루어 1934년 10월 장시성과 광둥성의 경계를 타고 도주하기 시작하여 변방에서 변방으로 죽음의 질주를 했다. 마오쩌둥이 1만 2,500킬로미터에 달하는 기나긴 도주, 그들의 말로 장정이 끝났다고 선언한 곳도 섬서성 북부의 우치(吳起)라는 변방의 황토 고원이었다.

장정이 시작되는 그 시점에서 마오쩌둥은 명목상으로는 행정부의 수장이었으나 수하에 행정기관 하나 없는 정치적 왕따였고 고아 신세와 다를 바 없었다. 개인적으로도 고난이었으니 말라리아에 걸려 들것에 실린 채 출발해야 했다. 마오쩌둥의 신세는 변방 끝자락에 걸린 실 끊긴 연과 다름없었다. 그러나 중국공산당 전체의 위기는 마오쩌둥에게 기회로 다가왔다. 장정을 시작하고 얼마 지나지 않아 홍군 대오가 장제스의 추격군에 잘리면서 8만 6,000 병력이 3만으로 폭삭 주저앉는 참극을 당했다. 샹강(湘江)전역이라고 한다. 마오쩌둥은 당시 지휘부에게 패전의 책임을 추궁하면서 군사 지휘권을 포함한 당내 권력을 회복했다.

섬서성 황토 고원에서 회생하기 시작한 마오쩌둥은 변방에서는 조금 큰 도시인 옌안(延安)으로 옮겨 갔다. 지방의 군벌 수준을 벗어나지 못했던 마오쩌둥의 공산당과 홍군은 변방의 혁명 수도 옌안을 발판으로 중국 인민을 끌어당겼다. 그런 힘으로 일본 제국주의에 맞서고 장제스의 국민당을 견제하다가 결국에는 제2차 국공내전에서 최종 승리를 거두었다. 1949년 10월 1일 정치적 중원의 정점이랄 수 있는 천안문 광장에서 중화인민공화국을 선포한 것이다. 마오쩌둥은 변방에서 초라한 국가를 세웠으나 적에게 밀려 변방으로 도주하면서 극한의 고난을 겪었다. 그러나 그것들을 돌파하고 극복하여 결국에는 역전승을 거둔 것이다.

신장에서 출발하여 칭하이와 북방초원, 동북과 동중국해를 지나

대장정 노선

서남의 오지를 거쳐 윈난까지 이어온 변방 이야기가 쓰촨으로 건
너가는 시점에서 조금 긴 중국 현대사를 꺼냈다. 동아시아 역사에
서 성공한 권력은 체제를 갖추고 중원이라는 공간을 차지하지만,
새 시대를 여는 시대의 에너지는 중원보다는 변방에서 생장해 왔
다고 할 수 있다. 다시 대장정의 현장으로 돌아가자. 마오쩌둥의
공산당과 홍군은 쓰촨을 통과하면서 가장 멋진 전투들을 치렀고
가장 심한 고난에 시달리기도 했다. 마오쩌둥 스스로 '내 인생에서
가장 암흑 같았던 하루'라고 했던 가장 심각한 공산당의 위기도 쓰
촨에서 맞았다.

대장정은 장시성 남부 루이진에서 출발하여 후난성 남부를 스쳐
서 구이저우성을 통과했다. 그러고는 윈난으로 들어가 쿤밍 외곽

장정의 홍군이 통과했던 쓰촨의 다구빙산

을 짚고 북상하여 창강을 건넜다. 이곳에서 장제스의 추격을 아슬아슬하게 따돌리고 쓰촨에 발을 디딘 것이다.

창강을 건너 쓰촨에서 처음 마주친 것은 쓰촨의 군벌과 이족(彝族)이었다. 군벌은 개인적 친분이 있는 류보청(劉伯承)을 보내 전투 없이 통과하기로 협상했다. 군벌들은 홍군과 전투를 벌여 패배하면 말할 것도 없고, 승리하더라도 자신의 전투력이 손상되면 장제스의 중앙군에 먹힐 것을 경계하고 있었다. 마오쩌둥은 이런 틈새를 파고든 것이다.

이족 지역도 외교적 제스처로 통과했다. 이족 사회는 당시까지 노예제 사회였다. 류보청은 마오쩌둥의 승인 하에 각 민족의 전통을 존중한다는 명분으로 노예제 사회의 추장과 형제의 결의를 맺고 무사히 통과할 수 있었다. 공산당이라면 절대 용인할 수 없는 노예사회의 추장과 닭의 피를 나눠 마셨으나, 훗날 공산당이 대륙

대도하

루딩교

을 장악하고는 노예제를 폐지하고 추장을 평민의 자리로 내려앉혔으니 그저 영악하다고나 할까.

그다음엔 대도하(大渡河)를 건너면서 장정에서 가장 극적인 전투로 손꼽히는 루딩교(瀘定橋)전투가 있었다. 대도하는 강폭이 100미터 전후로 아주 넓지만 물살이 워낙 거세기 때문에 교각을 세울 수 없는 강이었다. 루딩교는 열세 가닥의 쇠사슬로 양안을 연결하고 그 위에 나무판을 깔아서 만든, 강물에 세우는 교각이 없는 다리다. 국민당 군대는 상판의 판자들을 전부 걷어내고 동쪽 끝에 기관총 진지를 구축하고 지키고 있었다. 게다가 대도하의 홍군 건너편에서는 국민당 지원군이 홍군과 비슷한 시간에 출발하여 올라가고 있었다. 루딩교를 향하던 홍군은 강 건너의 국민당 지원군과 눈이 마주쳤다. 홍군은 국민당 군대인 것처럼 속여 넘겼으나 속으로는 다급해졌다. 국민당 지원군이 도착하기 전에 루딩교 서쪽에서 동쪽으로 건너 기관총 진지를 탈취해야만 했기 때문이다.

이때 미묘하고도 큰 차이가 발생했다. 국민당 지원군은 해가 저물자 정상적으로 행군을 멈추고 숙영을 했다. 그러나 홍군은 생쌀을 씹으면서 철야 행군을 했다. 새벽에 루딩교에 도착한 홍군은 자원자 22인으로 돌격대를 조직하고 공격을 개시했다. 이들은 나무판으로 총알을 막으면서 루딩교의 쇠사슬 위에 상판을 하나씩 깔면서 진격했다. 마침내 루딩교 동쪽에 거의 도달했을 때 국민당 수비대와 치열한 전투를 벌여 기관총 진지를 탈취했다. 곧이어 홍군의 본대가 루딩교를 건넜다. 얼마 후 국민당 지원군이 도착했으나, 이미 시가지 전부를 점령하고 있던 홍군에게 격파당하는 것으로 루딩교전투는 끝났다. 긴장감을 늦췄던 국민당 군대는 홍군에게 화려한 승리의 역사를 바친 셈이다.

루딩교전투는 중국에서는 신나는 승전 스토리로 자주 소환된다. 내가 처음 글로 읽었을 때에는 사실 여부를 의심했었다. 현장을 보고는 인간으로서는 불가능한 전투라고 생각했다. 그러나 전투 결과는 우리가 아는 바와 같다. 30미터 아래의 무시무시한 거센 물살을 보면서 100미터에 달하는 쇠사슬을, 그것도 기관총 사격을 견디면서 기었다니. 무엇이 그들을 이런 전사로 만들었을까. 루딩교로 가는 행군에서 두 군대는 이미 차이가 드러났다. 목숨을 걸고 달리던 자들과 솥을 걸고 휴식을 취하며 행군한 자들의 차이였다.

루딩교를 통과하고 북상한 마오쩌둥의 홍군은 자진산이라는 설산을 힘겹게 넘어 장궈타오(張國燾)의 제4방면군과 다웨이에서 드디어 합류했다. 이것이 바로 장정의 목적이었다. 양측 선발대는 서로를 확인하고는 얼싸안고 춤을 추었다. 곧이어 본대들이 도착하고 제4방면군이 마련한 잔치가 크게 벌어졌다. 1935년 6월의 일이다.

이로써 고난의 탈주 작전 대장정은 끝난 것 같았다. 그런데 장제스의 추격보다 더 위험한 내분이 찾아왔다. 마오쩌둥의 중앙홍군은 수천 킬로미터를 도주해 온 초라한 행색이었고 제4방면군은 쓰촨에서 세력을 잘 유지해 온 군대였다. 수장인 장궈타오 역시 멋진 군장을 하고 나타났다. 장궈타오는 공산당을 창당할 때 13인의 대의원 가운데 조직 담당이었으니 말석의 마오쩌둥보다 높은 위상이었다. 지금 당장 병력으로도 3만의 중앙홍군보다 두 배가 넘는 8만의 병력을 보유하고 있었다. 당의 고위 간부였던 장궈타오는 마오쩌둥이 자기보다 더 높은 당의 중앙이란 사실을 받아들이지 못했다.

마오쩌둥은 합동 회의를 열어 쑹판을 공격하고 북상하기로 결정했다. 그러나 장궈타오는 쑹판 공격을 뭉개면서 버텼다. 홍군이 미묘한 내부 갈등에 시간을 죽이는 동안 장제스는 쓰촨에 새로운 포위망을 치고 다가왔다. 홍군은 기존 작전을 변경할 수밖에 없었다. 사람이 살지 못하는 거대한 습지대를 통과하게 된 것이다. 이 습지에서 적지 않은 홍군들이 늪에 빠져 죽거나 굶어 죽거나 병으로 죽었다. 어처구니없는 시련이었다. 그런데 장궈타오는 습지를 건너고 나서 또다시 지휘권 문제를 제기했다. 마오쩌둥은 두 군대의 간부를 일부 교환 배치하여 융합을 도모하는 한편, 장궈타오를 홍군 총정치위원으로 임명하여 군사 지휘권을 넘김으로써 적전

습지에서 죽은 홍군상

습지 다음의 간쑤성

내분을 수습하려고 했다.

마오쩌둥은 장궈타오가 원하는 것을 해주었다고 생각했으나 장궈타오의 욕심은 그 이상이었다. 그는 섬서성으로 북상하기로 한 당의 결정을 무시하고 군사 지휘권을 이용하여 이미 습지대를 통과한 홍군에게 다시 남하하라고, 마오쩌둥의 움직임이 이상하면 공격하라는 명령까지 비밀리에 하달했다. 홍군끼리 전투가 벌어지는 절체절명의 위기가 닥쳐온 것이다.

장궈타오의 비밀 지령을 알아챈 마오쩌둥은 중앙홍군에게 비밀리에 북상(北上)을 시작하라고 지시했다. 이때 장궈타오 측의 사령관이었던 쉬창하오는 마오쩌둥이 북상하면 공격하라는 장궈타오의 명령에도 불구하고 침묵을 지켰다. 북상하는 중앙홍군을 공격할 것이냐는 부하들의 채근에도 끝까지 침묵을 지켰다. 그러고는 "홍군이 홍군에게 총질할 수는 없다"는 한마디를 내뱉었다. 마오쩌둥은 구사일생으로 장궈타오의 살벌한 사격권에서 벗어났다.

장정의 목적은 장제스의 대규모 토벌전에 대항하기 위해 지역별로 나뉘어 있던 홍군들을 합류시키자는 것이었는데, 합류했던 중앙홍군과 제4방면군이 다시 갈라서게 되었다. 마오쩌둥은 7,000~8,000의 병력으로 쪼그라든 채 북상하고, 장궈타오의 8만 군대는 쓰촨 중심 지역으로 남하했다.

내부의 위기를 비껴 나온 마오쩌둥은 곧 간쑤성으로 들어갔다. 위기 뒤에 기회가 오는 것인지, 적은 병력에도 불구하고 현지의 국민당 군대를 하나씩 격파하면서 무기와 탄약, 식량, 의복 등을 확보해 나갔다. 남하한 장궈타오의 홍군은 국부군과 일진일퇴를 주고받다가 크게 패전하고는 쓰촨 서부의 티베트 지역으로 밀려갔다. 식량이 부족했던 장궈타오의 홍군은 티베트인의 식량을 약탈하면서 혁명군으로서의 군기까지 내던져 버렸다.

장궈타오는 많은 병력을 잃었다. 그는 1936년 7월 중국공산당 중앙 서북국 서기에 임명되었고 10월에는 풀이 죽은 채 마오쩌둥의 새로운 근거지로 합류를 해 왔다. 항복과 다를 바 없었다. 그러다가 결국 1938년 4월 탈출하여 장제스에게 투항하고는 공산당 비방이라는 유치한 선전 임무에 남은 인생의 밥그릇을 얹었다. 명분도 실리도 모두 잃고 적군의 초췌한 선전꾼으로 전락한 것이다.

1935년 10월 마오쩌둥은 섬서성 북부에 도달했다. 류즈단과 시중쉰(시진핑의 부친)이 이끌어온 섬서 - 간쑤 소비에트 정부의 환영을 받으며 안착할 수 있었다. 1년 가까이 죽음의 순간을 넘나들던 장정을 끝낸 것이다. 마오쩌둥은 옌안으로 혁명의 수도를 옮겼고 옌안을 발판으로 일본 제국주의에 항전을 벌였다. 일제가 패망한 다

1938년경의 마오쩌둥

음에 장제스가 다시 국공합작을 파기하고 내전을 벌였으나 대역전승을 거두었다.

쓰촨의 고지대 초원과 여러 설산, 거친 강들을 건너면서 80여 년 전 장정의 몇 장면을 소환했다. 구이저우 산골 오지의 한 전투 기념비에 이렇게 쓰여 있던 것을 나는 생생하게 기억한다.

> 이 치열한 칭강포 전투에 2명의 당 영도자, 3명의 국가 주석, 1명의 국무원 총리, 5명의 국방 장관, 7명의 원수가 있었다. 홍군은 …… 1,000여 명이 전사했으며 2,000여 명이 부상당했다. 국부군은 3,000여 명의 사상자를 냈다.

1955년 중국인민해방군은 창군 이후 처음으로 별 2개 이상의 장군 245명에게 계급장 수여식을 거행했다. 그 가운데 222명이 장정에 참가한 홍군 출신이었다. 이들이 초기에는 도시에서 축출되었지만 변방의 산골 오지를 마다 않고 힘을 키웠고, 변방에서 변방으로 도주하면서 수많은 고난과 역경을 극복했다. 변방에서 다시 세력을 키워 대륙을 장악하고 중원에 자리를 잡은 것이다.

중국 국내적으로 마오쩌둥과 다른 정파와 경쟁자들과의 수많은 갈등을 아무리 강조해도, 신중국의 권력은 마오쩌둥과 장정이라는 테두리의 바깥으로 튕겨나간 적은 없다. 지금의 신중국 최고 권력자 시진핑은 장정의 종착지에서 피로에 지친 마오쩌둥을 맞이해준 시중쉰의 아들이다. 이것도 우연만은 아닐 것이다.

아나키스트 류자명

계림산수(桂林山水), 그리 높지는 않지만 급경사를 이루며 볼록 솟은 봉우리들, 수많은 암봉들 사이를 흐르는 구불구불한 강물, 중간중간 나타나는 협곡과 폭포, 끝을 알 수 없는 신비로운 동굴 등이 여행객의 탄성을 불러낸다. 우리나라의 풍광과는 아주 달라서 이국적인 신비감이 진하게 풍겨 나온다.

계림산수의 대표적인 여행지는 구이린 남부의 양쒀현(陽朔縣)이다. 이곳에서 리강(漓江)의 유람선을 타면 계림산수에 흠뻑 취할 수 있다. 유람선은 양쒀에서 강을 따라 구이린시 방향으로 오르내린다. 크고 작은 유람선도 좋지만 내 감흥에는 대나무 뗏목이 적격이다. 뗏목에 올라 의자에 앉기만 해도 선게에 온 느낌이다. 양쒀에서 구이린 방향으로 15킬로미터 정도 가면 싱핑진(興平鎮)이라는

계림산수 실경과 20위안 지폐 그림

작은 촌락이 있다. 이곳에서는 중국의 20위안짜리 지폐 뒷면의 도안에 사용된 바로 그 풍광을 볼 수 있다. 여행객들은 지폐의 도안과 눈앞의 실경을 한 장의 사진에 담느라 시선을 바삐 움직이곤 한다.

이렇게 멀고 먼 이국적인 선계에서도 한 걸음만 역사 속으로 들어가면 20세기 전반의 독립운동가이자 혁명가였던 조선인 한 사람을 만날 수 있다. 싱핑진에서 리강을 따라 25킬로미터 정도 올라가면 첸징촌(潛經村)이란 마을이 있다. 이 마을에 1942년 1월 링짜오(靈棗)라는 이름의 농장이 세워졌다. 바로 조선인 아나키스트 혁명가인 류자명이 2년 반 동안 농업기술을 지도했던 농장이다.

첸징촌에서 구이린을 거쳐 동북으로 500여 킬로미터를 가면 후난성의 수도인 창사에 이른다. 창사에는 후난농업대학이 있는데, 캠퍼스 한복판에 류자명의 흉상이 보기 좋게 세워져 있다. 그리고

창사의 후난농업대학에 있는 류자명 흉상

그가 거주하던 관사는 이제 류자명진열관으로 조성되어 있다. 중국에서 류자명이 갖고 있는 위상을 실감할 수 있다. 흉상의 기단에는 이렇게 쓰여 있다.

류자명(1894. 1.~1985. 4.)

대한민국 국적의 국제 우인(友人), 충청북도 충주에서 출생했다. 후난농업대학 교수, 저명한 원예학자이다. 한국의 독립운동가이며, 조선국에서 3급 국기훈장을 받았다.

우리는 류자명이란 이름이 낯설기만 한데 중국은 흉상까지 세워 기념하다니 놀라울 뿐이다. 게다가 중국 당국이 군이 대한민국 국적이라고 명시하고 있다. 독립운동가 앞에는 조선이 아닌 한국이 붙어 있고, 소선국(북한)에서 국기훈장을 받은 사실을 빙기한 것도 눈길을 끈다. 한국과 북한, 중국, 세 나라 모두 훌륭한 인물로 평가한다는 것을 알 수 있다. 과연 류자명은 누구인가.

류자명의 90년 일생에는 서로 상반되거나 이질적인 것들이 묘하게 혼재되어 있다. 독립운동과 원예학, 남한과 북한, 한국과 중국, 신중국과 중화민국, 아나키즘과 민족주의와 사회주의, 마오쩌둥과 김일성과 김구라는 요소를 함께 발견할 수 있다. 그의 일생은 20세기 한국 현대사를 모둠으로 담고 있는 항아리라고 나는 생각했다.

그는 독립운동가다. 1919년 3월 고향 충주에서 만세 시위를 준비하다가 발각되어 서울로 도피했다. 이를 시발로 해서 청년외교단(서울), 중국 상하이 망명, 상하이 임시정부 의정원의 충청북도 의원, 신한청년단(1919) 등으로 활동했다. 베이징에서 신채호, 이회영 등과 함께 기거(1921)하기도 했고, 톈진에서는 조선인거류민단을 조직했다. 김원봉의 의열단에 가입(1922)했고, 재중국조선인무정부주의자연맹을 결성(1924)했다. 일제의 밀정 김달하를 처단(1925)했고, 동방피압박민족연합회에 참가(1927)했다. 우한의 공안국에 체포되어 6개월간 구금(1928)되었으며, 상하이에서 남화한인청년연맹을 결성(1933)하고, 육삼정 의거를 주도(1933)했다. 김원봉, 최창익, 김성숙과 함께 조선민족전선연맹을 결성(1937)하면서 조선의용대 지도위원(1938)이란 중책을 맡았다.

류자명은 이회영, 신채호와 함께 아나키즘을 독립 혁명의 이념으로 수용했다. 그러나 이념을 이유로 다른 진영의 독립운동가들과 반목한 적은 없는 것 같다. 진영의 갈등과는 반대로 독립운동의 여러 진영들을 통합하기 위한 노력을 지속적으로 기울였던 인물이다. 그가 우한 공안국에 체포됐을 때 보수적인 임시정부가 백

류자명   충주시 독립유공자비의 비명

방으로 교섭하여 그를 석방시켰다. 류자명은 중도좌파 독립운동 단체들과 연합하여 조선의용대(대장 김원봉)를 창설했던 핵심 인물의 하나이다. 아나키스트였으나 민족주의와 사회주의 진영의 활동가 들과 폭넓게 교감했던 것이다.

　류자명의 독립운동 업적은 대한민국에서 높이 평가했다. 1968 년 대통령 표창을 수여했고 1991년에 건국훈장 애국장을 추서했 다. 2002년 3월 유해를 봉환하여 국립대전현충원에 안장(애국지사 묘 역 제2-964)했다. 2005년 고향 충주에는 류자명 추모비도 세워졌다.

　류자명은 베이징, 상하이, 톈진, 충칭, 광저우, 난징, 우한, 창사, 홍콩, 타이베이, 단둥, 구이린, 푸안, 융안 등 중국 대륙 곳곳을 다 녔다. 그 가운데 베이징에서도 그의 흔적을 찾아볼 수 있다. 베이 징의 유명 여행지인 난뤄구샹(南鑼鼓巷)은 한국 여행객들도 많이 찾 는 곳이다. 그 길에 이어진 차오더우(炒豆)라는 후퉁(골목)이 있다. 이

골목은 신채호가 1921년 1월부터 1922년 겨울까지 거주했던 곳이다. 1922년 상하이 황포탄의기에 대해 임시정부 일부 세력이 황포탄의거를 결행한 의열단을 과격 단체라고 비난하자, 류자명은 의열단의 명확한 이념과 목표를 밝힐 필요가 있다고 판단하고 베이징의 신채호를 찾아갔다. 신채호는 바로 차오더우 후퉁에 기거하고 있었다. 류자명은 신채호에게 의열단을 설명하고 의열단의 이념을 설파하는 선언문을 부탁했다. 두 사람은 함께 상하이로 내려가 의열단의 비밀 폭탄 제조 공장 등을 시찰했고 이듬해인 1923년 1월 문장만으로도 유명한 의열단의 〈조선혁명선언〉이 발표됐다.

중국에서 류자명은 농학자이자 원예학자로 높이 평가받는다. 그는 수원농림학교(1913~1916)를 졸업하고 고향으로 가서 충주공립간이농업학교의 교원으로 재직하기도 했다. 중국에서 독립운동을 하던 조선인들에게 가장 큰 애로는 생존 곧 생계였다. 류자명은 생계의 압박을 해결하기 위해 농학자로서의 활동을 단속적으로 이어갔다.

난징의 합작농장에서 농사기술을 지도(1929)했고, 푸젠성 취안저우의 리밍중학에서 생물학을 가르치며 중국 열대식물을 조사(1929)하기도 했다. 상하이 리다(立達)학원 농촌교육과에서 일본어와 농학을 가르쳤다(1930~1935). 푸젠성 농업개진처 농업시험장 원예계 주임(1940)으로 일하다가, 구이린 링짜오농장으로 가서 농업기술을 지도(1942~1944)했다. 푸젠성 캉러신촌 주임(1944~46)과 타이완 농림처의 기술실 책임자(1946~1950)를 거쳐 후난대학 교수(1950)로 옮겨갔다.

후난농업대학 창설(1951)에 참여하고 은퇴할 때까지 이곳에서 봉

■ 国际主义战士，著名的园艺学家，朝鲜
民主主义人民共和国三级国旗勋章获得
者柳子明先生（1894－1985）．

후난농업대학교 시절의 류자명

직했다. 후난농대는 류자명의 90세 축수(祝壽) 다과회를 열어 주었고, 중국농학회의 표창장(1983)을 받았다. 서거(1985. 4. 17) 후에 후난성 정부는 류자명에게 '후난 과학기술의 별'이란 칭호를 수여(1996)했다.

류자명은 1950년 6월 귀국길에 오르기 전까지 30여 년을 중국에서 망명객으로 살았다. 그 가운데 절반 정도는 농업기술자 또는 원예학자로 활동했다. 그런데 귀국길에 올라 부산행 선편을 타려고 홍콩에 도착한 바로 그날, 한국전쟁이 발발했다. 부산행 선편은 취소되어 오도 가도 못하는 상황에 빠졌다. 이때 후난성에서 류자명을 교수로 초청하여 30여 년에 이르는 후난농업대학 교수로서의 삶이 시작된 것이다.

류자명은 후난농대에서는 후학을 양성하면서 많은 연구 업적을 남겼다. 강남 지역의 포도 재배 기술과 같은 실용 분야는 물론 중국에서 재배하는 벼의 기원이나 마왕퇴에서 발굴된 재배식물의 고증에 이르기까지 그의 연구 활동은 폭넓고 다양했다.

중국에 거주하는 조선인으로 굳어지면서 사상적 변화도 있었다. 1951년에는 마오쩌둥의 시식분사 사상 개소 운동에 몰려 아나키스트로 활동했던 것에 대해 자아비판서를 제출했다. 독립 혁명 이

첸징촌의 과수원

넘으로서의 아나키즘이 신중국이라는 현실 속에서 사회주의로 전향된 셈이었다. 자발적인지 아닌지는 알 수 없다.

류자명은 중국의 아나키스트들은 물론, 국민당과 공산당 인사와도 폭넓게 교류했다. 루쉰에 버금가는 중국의 대문호이고 훗날 노벨 문학상 후보에 오르기도 했던 바진(巴金)과의 60년 교류도 중국에서는 잘 알려져 있다. 이런 연유로 바진이 1936년 4월에 쓴 단편소설 〈머리카락 이야기〉에서는 작중 인물로 등장하기도 했다. 바진은 조선인 독립운동가에 대해 '여러 가지 언어를 할 줄 알았고, 여러 가지 무기를 지니고 다녔으며, 여러 나라 국토를 누비고 다녔는데, 이런 것들이 그들에게는 예사로운 일'이었다고 묘사했다. 류자명을 모델로 한 작중 인물은 '젊음과 활력이 넘치던 머리가, 잿빛의 머릿결 가운데 가끔 검은 머리카락 몇 올이 드러나곤 하는 백발이 성성'해졌다. 독립운동은 앞날을 보기 어렵고 당장의 생계가 어려워 현지의 농장을 오가며 간난고초를 감수하던 1930년대 초의 류자명이다.

류자명의 운명은 일제 패망 이후 북한으로 기울어갔다. 그가 창설했던 조선의용대의 상당수가 북한으로 귀국했다. 한국전쟁이 발발하자 신중국과 남한은 단절되었고, 재중 조선인의 국적은 북한 국적인 것으로 간주되었다. 1954년에 북한의 방중 대표단이 후난성의 창사를 방문했을 때, 류자명은 환영회 위원이었고 통역을 담당했다. 그런데 3년 뒤인 1957년 북한으로부터 귀국하라는 통지를 받았다. 류자명은 후난농업대학 교수직을 내려놓고 신변 정리를 했으나 귀국 직전에 귀국하지 말라는 통지가 왔다. 신중국 중앙정부의 고등교육부가 뒤늦게 류자명의 귀국을 알고는 외교부를 통해 류자명의 잔류를 강력하게 요청했던 것이다. 류자명은 다시 후난농업대학으로 복귀했다. 그의 귀국은 두 번이나 막혔다.

1971년 10월 류자명은 베이징의 북한대사관을 방문하여 북한 체제를 학습했다. 1972년에도 주체사상을 학습하고, 북한이 지정한 후난성과 창사시의 공민 책임자로 임명되었다. 1978년 12월 그는 베이징의 북한대사관에서 3급 국기훈장을 받았다. 그것은 독립운동이 아니라 재중 농학자와 공민 책임자로서의 업적에 대한 포상이었다.

류자명은 한국, 북한, 중국, 세 나라에서 전부 서훈을 받았다. 아마도 유일하지 않을까 싶다. 중국에서는 인민의 좋은 친구(好朋友)인 농학자이자 원예학자였고, 대한민국에서는 존경받는 독립운동가였다. 북한에서는 조국의 명예를 높인 재외 학자였다. 어찌 보면 3국을 아우르는 교류와 협력의 아이콘이 될 법도 했다.

그렇다고 해서 개인적인 그의 일생이 말년에라도 행복했는지는 속단하기 어렵다. 처음 중국으로 망명할 때 국내에는 이미 아들 둘이 있었다. 그러나 귀국조차 보장할 수 없는 망명 생활 속에서 마흔을 바라보는 나이에 중국 여성 류쩌충(劉則忠)과 결혼(1933)했다. 두 나라에 걸쳐 중혼이 되고 말았다. 중국에서 얻은 첫째 딸은 세 살에 사망했고 다시 딸 하나 아들 하나를 보았다. 류자명이 일제 패망 직후에 바로 귀국하지 못한 것은 중국의 가족도 하나의 요인이 되었을 것이다. 혈육의 깊은 인연을 쉽게 털어낼 수 있겠는가.

　게다가 분단된 조국은 한국전쟁을 거치며 극단적으로 대립했고 단 하나의 반쪽짜리 조국을 강요했다. 그의 사상 편력이나 체류국 사정으로는 북한과의 친연성이 높았으나 남한은 그의 고향이었고 부인과 친자식이 있었다. 어디를 선택할 것인가. 다행인지 불행인지 그의 북한행은 취소되어 중국에 계속 살게 됐다.

　그가 은퇴한 다음 후난농업대학이 1983년에 거행한 류자명의 90세 축수 연회가 CCTV에 보도됐다. 이를 통해 고향의 가족들이 류자명의 생존 사실을 알게 됐다. 고향의 자식들이 CCTV에 연락했으나 주소나 연락처를 얻어내지는 못했지만 류자명에게는 고향 소식이 짧게 전달됐다. 명절이 되면 혼자 조용히 아리랑을 불렀다던 류자명은 남한의 가족 소식을 듣고는 안절부절못했다고, 그의 중국 딸이 훗날 전해주었다. 안타까움이 고스란히 전해진다. 그는 생전에 쓴 편지에서도 "남북이 민족 대단결 회의를 열게 되면 나도 돌아가서 참가하고 싶다."고 썼다. 다른 글에서는 '하늘에 달이 두 개'인 것을 탄식하기도 했다.

　21세기 여행객으로서 내가 본 계림산수는 선계와 다를 바 없었다. 20세기 류자명에게 계림산수는 어떻게 보였을까. 선계는 아니었을 것 같다. 일생의 반은 잃어버린 조국을 되찾으려는 항쟁과 이념에 끓었으나 몸뚱이는 남의 나라를 떠도는 망국노였다. 일생의 나머지 반은 조국이 살아났으나 분단이란 불구였고 그는 여전히 남의 나라에서 외국인으로 살아야 했다. 그가 젊어서 선택한 이념이 아나키즘이었듯이 그의 마음 깊은 속에 고향 나라는 있어도 국가로서의 조국은 없었을지도 모른다. 아니 없어졌다고 나는 생각한다. 그는 운명적으로 아나키스트였다.

비운의 혁명가 김산

황토 고원은 지표가 누렇거나 잿빛이다. 나무숲은 찾아보기 어렵고, 풀은 듬성듬성하다. 산을 잇는 능선은 부드럽지만 중턱에서 계곡으로는 경사가 심하다. 계곡 쪽으로는 수직에 가깝게 내리 깎여 연한 속살이 벌겋게 드러나 있곤 한다. 빗물이 수직으로 침식하여 파낸 틈은 촘촘하고 거칠다. 황토에 함유된 광물에 따라 흰색 연두 빨강 노랑 등의 색깔이 제각각 드러나거나 무지개처럼 한데 모여 장관을 이룬 곳도 눈에 뜨인다. 광대한 지표에 붉은 기운이 배어나오고 절단면에서 색색깔의 퇴적층들이 지질의 향연을 벌이기라도 하면, 그야말로 황량한 화판에 화려한 지질 예술이 펼쳐진다.

중국의 황토 고원은 모래보다 가는 황토가 서북에서 날아와 고

황토고원

원지대에 쌓여서 생성된 것이다. 황하의 물길이 남에서 북으로, 다시 동으로 흐르다가 남으로 꺾이면서 크게 감싸는 오르도스 지역이 황토 고원의 중심이다. 동으로는 산시성 타이항산까지, 서로는 간쑤성의 하서주랑으로 진입하는 오초령까지, 북으로는 네이멍구자치구의 명나라 장성 지역까지, 남으로는 섬서성 진령까지 이른다.

이렇게 척박해서 사람이 어찌 사나 싶을 수도 있다. 그러나 황토 고원은 장안(지금의 시안)과 낙양(뤄양)을 품은, 하나라에서 당나라까지 3,000년 동안 중국 고대 문명의 중심이었다. 황하문명이 황하에 발을 담그며 성장했다면 그 엉덩이는 황토 고원에 걸치고 있었다고 할 만하다.

20세기 동아시아 현대사에서도 황토 고원은 신중국에게는 결정적인 받침점이 되기도 했다. 20세기 초입에 불붙은 중국혁명은 쑨원에 의해 남방의 광저우에서 시작됐다. 장제스는 혁명의 중심을 광저우에서 중원의 상하이와 난징으로 끌고 갔다. 장제스에 의해 장시성에 포위된 채 사지로 몰리던 마오쩌둥은 장정이란 이름의 대대적인 탈주를 거쳐 옌안(延安), 곧 북방의 황토 고원으로 혁명의 중심지를 옮겨 갔다. 황토 고원에 발바닥을 밀착시킨 마오쩌둥은 대도시에서 절대적인 힘의 우위를 휘두르던 장제스를 결국 뒤집었다. 마오쩌둥이 승리를 선언한 것은 베이징의 천안문이었지만 그의 혁명 역량이 전국적으로 성장한 것은 바로 황토 고원에서였다.

1930년대 중반 이후 옌안은 곧 중국 혁명의 수도였고 동의어였다. 수많은 혁명가와 청년들이 옌안으로 몰려들었다. 낯선 외국인들도 있었다. 김산과 같이 이념을 찾아온 변방의 혁명가도 있었고, 님 웨일즈와 같이 혁명가를 취재하기 위해 찾아온 혁명 친화

김산

님 웨일즈

적인 미국인도 있었다. 중국 혁명의 성지에서 국적이 다른 이 두 외국인의 불꽃같은 만남(1937)은 《아리랑》(원제 Song of Ariran, 김산, 님 웨일즈 공저)이란 명저를 낳았다. 옌안에서 잉태되고 필리핀에서 다듬어져 미국 땅에서 출간된 《아리랑》은 출간 당시에는 빛을 보지 못했다. 《아리랑》은 역사의 강물에 실려 흐르다가 1983년이 되어서야 그의 고향 나라에 알려지기 시작했다.

죽은 지 45년이나 된 김산은 기록 속에 살아남아서 자신이 겪은 치열한 역사의 시뻘건 장면들을 고스란히 전해주었다. 1927년 12월 광저우기의에서 죽은 조선인 혁명가 150여 명, 해륙풍 소비에트와 해방구와 옌안이라는 낯선 단어들, 중국 땅에서 벌어졌던 국민당의 특무와 일제의 밀정, 잔인한 고문과 그보다 더 비참한 전향들. 《아리랑》을 처음 접한 한국의 학자들과 젊은이들은 당혹스러워했다. 처음에는 사실이 아니라고 의심했다. 대한민국 정부는 '금서'라는 서슬 퍼런 딱지를 시대의 훈장으로 붙여주었다.

김산은 님 웨일즈에게 구술할 때 사용한 가명이다. 본명은 장지락 또는 장지학. 1905년 평북 용천 출생이다. 중학생으로 3·1만세 시위에 참여했다가 3일간 구류를 살았다. 많은 독립운동가와 비슷한 입문 과정이었다. 3일간의 처벌은 3일 동안 그의 몸을 찍어 눌렀으나, 나머지 그의 일생은 독립운동으로 강하게 튀어 올랐다. 1920년 신흥무관학교를 최연소로 입교하고 수료했다. 상하이로 가서 임시정부에 참여하여 독립신문에서 교정과 식자 업무를 했다. 1921~1925년 베이징에서 의학을 공부했다. 대다수의 젊은이들과 마찬가지로 김산은 사회수의를 시대정신이자 조국의 해방을 위한 방편으로 받아들였다.

이 시기에 외교론의 임시정부는 무기력에 빠졌고, 의열 투쟁은 직접적인 개인의 희생에 기댈 수밖에 없는 한계에 부닥치고 있었다. 1924년 쑨원은 제1차 국공합작을 성사시켰고, 광저우는 중국 혁명의 메카가 되었다. 많은 조선인들은 중국 혁명과의 동맹을 조선 독립의 첩경으로 인식하고 광저우로 몰려들었다. 쑨원의 중화민국은 조선인들에게 동맹의 문호를 개방했다. 학비는 물론 체재비도 지원했다. 조선인에게 열린 채널은 두 개였다. 중산대학이 문(文)이었고 황푸군관학교가 무(武)였다.

김산도 광저우로 갔다. 중산대학에서 경제학을 공부했고 황푸군관학교에서 강의를 했다. 김원봉, 오성륜, 김성숙 등과 함께 민족유일당 운동 등 조선 독립을 위한 정치 활동에 힘을 기울였다. 그러나 1927년 장제스가 상하이에서 일으킨 4·12쿠데타로 국공합작은 참혹하게 깨졌다. 광저우에 있던 조선인들의 열망도 벽에 부딪혔다. 그해 12월 장제스에 대항하여 일어난 광저우기의에 김산을 포함한 150여 명의 조선인 혁명가들은 기꺼이 참여했다. 그러나 안타깝게도 3일 천하로 끝났다. 대부분의 조선인들이 머나먼 이역에서 피에 젖은 꽃잎으로 땅바닥에 떨어지고 허무하게 날아가고 말았다. 그들의 열망은 광저우에서 정지 화면으로 멈춰버렸다. 김산은 동지들과 함께 필사적으로 탈출했다. 해륙풍 소비에트에서 잠시나마 혁명의 현장을 목도하기도 했다. 그러나 이마저도 군벌의 공격에 깨지고 말았다.

김산은 또다시 목숨을 걸고 탈출했다. 홍콩을 거쳐 상하이로 돌아왔다. 심신을 회복한 다음에 베이징으로 갔다. 1930년부터 중국 공산당 베이징시위원회 조직부장이란 중책을 맡아 베이징과 화북

광저우기의 열사릉원의
중조인민혈의정

해륙풍 소비에트 유적지, 펑파이 고거

그리고 만주까지 오가면서 활동했다. 그러나 어디든 배신자가 있는 법. 1930년 말 베이징에서 공산주의 활동 혐의로 중국 경찰에 체포되었나.

조선인은 일본 국적이라는 치욕적인 이유로 일본 영사관에 넘겨졌고 고향을 관할하는 신의주 경찰서로 이송됐다. 죽음의 고문을 당했다. 그는 견뎠다. 조직을 불지 않고 증거 불충분으로 풀려났다. 출국 금지 조치에도 불구하고 다시 중국으로 탈출했다. 베이징에 복귀했으나 이번에는 동지들의 의심에 직면했다. 고문을 받고도 살아서 돌아왔으니 비밀리에 전향했을지도 모른다는 것이다. 그는 치열한 토론을 거쳐 조직의 의심을 풀었다.

그러나 1933년 또다시 중국 경찰에 체포됐고 다시 신의주 경찰서로 압송됐다. 이번에도 고문을 감내해야 했다. 겨우겨우 풀려났다. 망가진 심신을 대충 추스른 다음에 다시 베이징으로 튀었다. 이번에는 일본 경찰의 고문에서 두 번이나 살아 돌아왔으니 밀정이 아닐 수가 없다는 의심을 털어내지 못했다. 김산은 깊은 상처를 받고 심하게 좌절했다. 좌절 속에서 죽음의 문턱을 드나들던 그를 천사 같은 중국인 처자가 사랑으로 구해냈다.

살아난 김산은 조선인들의 연합에 의한 독립 혁명을 모색했다. 1935년 김성숙, 박건웅 등과 함께 상하이에서 조선민족해방동맹을 결성했다. 이 단체는 김원봉의 민족혁명당, 최창익의 청년전위동맹, 류자명의 아나키스트 그룹과 함께 1938년 10월 조선의용대를 창설했다.

김산은 조선인들의 독립운동 조직에 대해 중국공산당의 비준을 받고, 두 번째로 중국 경찰에 체포되면서 상실했던 중국공산당 당적을 회복하기 위해 조선민족해방동맹 대표 자격으로 1936년 옌안으로 들어갔다. 김산은 마오쩌둥의 새로운 근거지 옌안에 들어간 두 번째 외국인이었다. 첫 번째 외국인은 님 웨일즈의 남편인 에드가 스노.

김산의 주요 활동 지역

1937년 중국공산당은 김산에게 옌안의 항일군정대학에서 강의를 하도록 했다. 이런 가운데 루쉰예술학원의 도서관을 통해 님 웨일즈와 운명적으로 조우했다. 님 웨일즈는 김산과 조선 혁명에 대해 관심을 갖게 되고 두 달간 22차례의 인터뷰를 통해 《아리랑》이란 명저를 남겼다. 김산은 운 좋게 님 웨일즈를 만나 그의 치열한 삶의 기록을 후세에 남겼다. 그러나 정작 본인은 몹시 불행했다. 당적을 회복하지 못했을 뿐 아니라 일제의 밀정이며 트로츠키파라는 누명을 쓰고 1938년 10월 19일 황토 고원 어느 계곡에서 총살을 당했다. 중국공산당의 비밀 지령에 의한 것이었다.

《아리랑》은 1941년 미국에서 출판됐으나 당시에는 이목을 끌지 못했다. 국내에서는 1946~1948년에 《신천지》란 잡지에 연재되었으나 끝까지 가지는 못했다. 1950~1960년대 일본에서 번역서가 나왔다. 1977년 홍콩에서 중국어판이 출간됐고 이를 통해 김산의 아들 고영광(高永光)은 생부에 관한 생생한 기록을 접하게 됐다. 그는 생부의 처형에 대해 중국공산당에 이의를 제기했고 중국공산당은 1983년 1월 김산의 복권을 다음과 같이 결정했다.

"트로츠키파 참여와 일본 특무 문제는 증거가 없으므로 마땅히 부정되어야 한다. 장명(김산의 당원 명부상의 이름)의 피살은 특정한 역사 조건에서 발생한 억울한 사건으로 마땅히 정정되어야 한다. 그가 장기간 받았던 억울한 누명을 마땅히 깨끗이 씻어주고 명예를 회복해 주며 그의 당적을 회복시키는 바이다."

억울하게 처형당한 지 45년 만에 복권된 것이다. 그는 3·1운동이라는 독립운동의 문으로 들어섰다. 조선의 독립 혁명은 곧 그의 인생이 되었다. 시대정신으로 사회주의를 받아들였고, 독립 혁명의 방략으로 조선 중국 동맹을 선택했다. 광저우로 가서 쑨원의 조중동맹에 몸을 실어 중산대학에서 수학했고 황푸군관학교에서 강의를 했다. 장제스가 1927년 4·12쿠데타를 일으켜 거리의 학살로 국공합작을 깨자 김산의 조중동맹은 자연스럽게 공산당 쪽으로 이어졌다. 광저우의 시내 한복판에 있는 광저우기의열사릉원에 가면 지금도 중조인민혈의정이라는 상당한 규모의 기념 정자를 볼 수 있다. 처음 보는 한국인들을 놀라게 하는 규모다. 김산이 구술을 통해 후세에 전한 1927년의 조선 중국 동맹이 중국인들의 손에 의해 새겨진 역사 기념의 현장이다.

변방의 혁명가 김산의 운명은, 그를 찾아간 여행객으로서는 참으로 막막하고 먹먹한 심정에 빠지게 한다. 나라를 잃은 망국노였기에 목숨 걸고 대항하던 일본 경찰에 넘겨졌고, 일본 경찰의 모진 고문을 견디고 살아서 돌아왔으나 오히려 의심을 받았다. 차라리 일본 경찰의 고문에 죽기라도 했으면 죽음의 과정이라도 제대로 기록에 남았을 것을. 그가 중국인이었으면 1927년 광저우기의에 참여하고 해륙풍 소비에트에 참여했던 것만으로도 처형은커녕 살아서 출세의 길을 걸었을 것을.

그는 황토 고원 어느 계곡에서 마지막으로 마른 숨을 들이마시면서 억울한 처형의 무자비한 총알을 고스란히 받았을 것이다. 황토의 너른 고원에서도 특히 붉은 기운이 도는 저 능선이 내 뇌리에 깊이 새겨지는 것은, 변방의 혁명가 김산의 처절한 아리랑이 핏빛으로 들렸기 때문이다. 슬프다, 그의 비운이. 🔲

타이항산의 조선의용대 진광화와 윤세주

어딜 가나 도시의 불빛 더미에서 멀어지면 밤하늘의 별이 더 밝게 빛난다. 깎아지른 절벽과 깊은 계곡이 이어지는 타이항산(太行山)도 그렇다. 내게는 밤이 깊어지면 별이 유난히 더 빛난다는 기억이 진하게 새겨져 있다. 산중의 허름한 민박집 깜깜한 마당에서 본 밤하늘이 그랬지만 역사의 별이 처연하게 빛난다고 생각해서 그런 것도 있다.

내가 처음 타이항산을 찾은 것은 윤세주 때문이었다. 윤세주는 김원봉의 고향 마을 죽마고우였고 독립운동에서는 평생의 동지로, 김원봉의 복심이라고도 불렸다. 의열단 창단(1919)으로 시작해 조선혁명군사정치간부학교(1932), 민족혁명당(1935)과 조선의용대(1938) 창설까지. 윤세주는 조선의용대 대원으로서 타이항산 지역

에서 팔로군과 연합하여 일본군과 맞섰다. 1942년 5월 일본군의 소탕전에 대항하다가 총상을 입고 타이항산 산속의 움막에서 며칠 동안 혼자 극심한 고통을 겪다가 유명을 달리했다.

타이항산 골짜기에서 윤세주를 찾았을 때 그 옆에는 또 하나의 별이 빛나고 있었다. 진광화라고 하는, 당시 내겐 초면의 낯선 혁명가였다. 그는 윤세주의 10년 어린 동지이면서 전사 당시 조선의용대 조직에서는 상급자였다. 전투가 벌어지자 같은 임무를 나눠 맡았다가 같은 골짜기의 아래 위에서 각각 전사했다. 진광화는 지금도 윤세주와 힘께 허베이성 한단시에 있는 진기로예(晉冀魯豫) 열사릉원에 묻혀 있다. 신중국이 첫 번째로 개장한 국립묘지인 이

열사릉원으로 이장하기 전에도 한단시 서헌 스먼촌(石門村)의 롄화산 구릉에서도 나란히 묻혀 있었다.

조선의용대 두 혁명가의 생애에도 우리나라 독립운동 역사가 십년이란 세대 차이 내지 시대 차이를 보여주면서 고스란히 담겨 있다. 윤세주는 1900년(족보 기준) 경남 밀양 출생이고 진광화는 11년 뒤인 1911년 평양에서 태어났다. 윤세주는 1982년 건국훈장 독립장에 추서됐고, 진광화는 11년 뒤인 1993년에 애국장에 추서됐다. 열아홉을 넘긴 청년 윤세주는 경성에서 3·1만세운동에 참가했고 고향인 밀양으로 내려가 만세 시위를 조직했다. 그는 수배됐고 만주로 망명해 신흥무관학교에 들어갔다. 1919년 11월 김원봉과 함께 의열단을 창단했다. 윤세주 세대에게 독립운동으로 가는 시대의 창은 3·1운동이었고 그들은 민족주의 또는 사회주의라는 두 갈래로 흘러갔다.

3·1운동은 국내에서는 진압당했지만 상하이의 임시정부를 희망이란 이름으로 낳았다. 윤세주는 의열 투쟁에 앞장섰다. 의열단 창단 직후인 1919년 12월 폭탄을 밀반입하고 기회를 노리다가 발각돼 체포됐다. 6년 8개월 동안의 감옥살이를 감내했다. 윤세주는 출옥 후 5년 정도 밀양에서 활동하다가 1932년 중국 난징으로 망명했다. 윤세주의 두 번째 망명길은 곧 김원봉에게 복귀하는 길이었다. 망명지는 진광화가 중등학교를 다니던 시기의 난징이다. 김원봉은 국민당 정부의 지원을 끌어내 남의사(藍衣社)를 통해 활동 자금을 조달했으니 윤세주의 망명은 곧 국민당과의 제휴를 뜻하는 것이었다.

3·1운동 십 년 후 1929년 11월 광주학생운동이 일어났다. 열아

진기로예열사릉원   진기로예열사릉원의 진광화·윤세주 사진

홉의 청년 진광화는 평양 숭덕중학 학생들과 함께 동맹휴학을 주
도하고 반일 시위를 벌였다. 곧바로 검거 대상으로 지목됐고 1930
년 중국 난징으로 망명했다. 윤세주 다음 세대는 독립과 건국의
방책으로 대부분 사회주의를 좇아갔다. 진광화도 그랬다. 그때 국
내의 민족주의 진영은 일본 제국주의의 강압과 회유에 투항하다
시피 했다. 노동운동과 농민운동, 독립운동 등 변혁과 투쟁은 사
회주의 진영의 몫이었다. 진광화 세대에게는 시대의 흐름이었고
시대의 정신이었다.

　진광화는 난징의 오주(五州)중학에 입학했고 조선 학생 비밀단체
인 사회과학연구회에 가입했다. 오주중학을 졸업(1933)하고 광저우
의 중산대학 교육과에 입학했다. 중산대학에서도 사회주의 계열
의 정치 활동을 활발하게 했다. 조선 학생 단체인 용진학회에 가
입하고 집행위원이 됐다. 1935년 어름에는 중산대학 내에 중국항
일학생동맹을 결성하고 간부가 되었다. 그해 12월 국공내전의 중

지를 요구하는 광저우 12·12학생운동에도 앞장섰다.

1936년 1월 중국국민당 관헌에게 체포되기도 했던 진광화는 그해 7월 공산당에 입당했다. 진광화도 조국의 독립을 위해 중국과 제휴했으나 윤세주의 국민당과는 반대편의 공산당이었다. 입당 후에 그는 중산대학 내 공산당 지부를 결성했고 서기가 되었다. 1937년 6월 대학을 졸업할 무렵 공산당이 이끄는 광저우 청년항일선봉대를 조직하기도 했다. 진광화는 졸업하고 옌안으로 갔다. 옌안에서 공산당 중앙당학교에서 수학했다. 2년 후인 1939년 4월 팔로군 야전사령부 정치부로 발령이 났다. 그는 진기로예〔산시 허베이 산둥 허난〕 지역의 당학교 교무과장, 조직과장 등을 지냈다. 그리고 1941년 7월 황하를 건너 북상해 온 조선의용대를 맞이하면서 윤세주를 만난 것이다.

조선의용대의 핵심이고 영혼이라고도 불린 윤세주는 어떤 경위로 타이항산에서 진광화를 만나게 됐을까. 조선의용대는 1938년 10월 우한에서 창설됐다. 자금과 무기는 국민당이 제공하고 실제 운용은 조선인들이 자체적으로 하는, 말하자면 조중동맹에 의한 무장 대오였다. 전선 배치는 양측이 협의해서 결정했다. 처음에는 화중과 화남의 국민당 군대에 분산 배속하여 정치 선전대 임무를 수행했다. 국민당 입장에서는 조선의용대원들의 일본어와 중국어 실력, 탄탄한 군기를 활용한 것이다. 국제적 동맹에도 공짜는 없는 법이다.

그런데 조선의용대 내부에서 점차 문제가 제기되기 시작했다. 조선인들이 거의 없는 화중, 화남에서 정치 선전에만 투입되자 대원들의 의욕은 감쇄했고 장제스와 국민당 군대의 항일 의지에 대

허난성 린현 부근의 타이항산 대협곡

해서도 의구심을 품기 시작했다. 게다가 국민당과 공산당의 합작에 문제가 발생하기 시작했다. 독일, 이탈리아, 일본이 삼국동맹 (1940. 9.)을 체결하자, 이에 대항하여 미국과 영국이 중국을 끌어당겼다. 국민당 정부는 미국과 영국에 기댈 여지가 생기자 공산당과의 2차 국공합작을 홀시하며 극우 반공으로 다시 기울어갔다. 충칭에서는 암암리에 공산당을 견제하는 사건들이 벌어졌다. 이런 분위기 속에서 중도와 좌파를 아우른 조선의용대를 국민당 지구에 그냥 두기도 불안하게 된 것이다. 국공합작이 깨지는 순간 공산당원은 물론이고 진보적 인사들은 모두 도륙을 당할 위험에 빠질 것이기 때문이다. 1927년 4월 장제스가 쿠데타를 일으켜 제1차 국공합작을 깼을 때 적지 않은 조선인 혁명가들이 죽임을 당했던 선례를 조선의용대 대원들은 잘 알고 있었다.

　조선의용대 내부에서 동북 노선을 강력하게 촉구하는 움직임이 일었다. 동북 노선이란 조선인들이 많은 화북과 만주로 진출하여 대원을 확충하여 군세를 키우고, 일본군을 격파하여 조국을 해방시키자는 것이다. 조선의용대는 1940년 11월 충칭에서 확대 간부회의를 열고 북상 항일을 결정했다.

각 지역에 분산되어 있던 조선의용대는 1941년 초부터 뤄양(洛陽)으로 집결하기 시작했다. 그해 봄부터 가을까지 차례대로 황하를 건넜다. 조선의용대는 국민당 지역인 허난성 린현에 있다가 1941년 7월 초 팔로군과 비밀 연락을 주고받으며 허베이성 서현(涉縣)의 팔로군 지역으로 들어갔다. 팔로군 129사단장 류보청과 정치위원 덩샤오핑이 이들을 열렬히 환영했다.

성공적으로 팔로군으로 제휴선을 갈아탄 조선의용대는 자체적으로 1, 2, 3지대를 합쳐 화북지대로 하고, 그 아래 1, 2, 3대를 두는 것으로 개편했다. 그리고 8월까지 40여 일 동안 대토론회를 거쳐 무장 선전, 간부 양성, 적구 조직이라는 3대 활동 방침을 새로 정립했다.

새로운 방침에 따라 조선의용대 간부훈련반(화북조선청년학교)을 개설했다. 교장은 박효삼이고 부교장이 바로 진광화였다. 윤세주는 최창익, 김학무와 함께 정치교관을 맡았다. 조선의용대 대원들이 스스로의 위상과 정책 등을 정립하면서 정치조직으로서 화북조선청년연합회 조선의용대 지회를 결성하고 대거 가입했다. 이때 회장은 진광화가, 부회장은 윤세주가 맡았다. 당시까지 조선의용대 본대는 충칭에 있었고 대장은 김원봉이었으며 화북 지대는 본대의 지휘를 받는 것으로 되어 있었다. 그러나 이때부터 조선의용대의 상부 조직이 화북조선청년연합회로 전환되었다. 서로 다른 세대로 태어났으나 독립 투쟁이라는 고난을 자임했고, 거쳐온 경로는 달랐으나 조선의용대와 화북조선청년연합이라는 지점에서 윤세주와 진광화가 합쳐진 것이다.

두 사람이 만난 지 얼마 되지 않아, 이미 정해졌을 운명의 날이 다가왔다. 1942년 5월 일본 관동군은 황협군(중국의 일본 괴뢰정부 군대)과 함께 대대적인 팔로군 소탕전을 벌였다. 일본군은 마톈(麻田)에 있는 팔로군 총사령부를 포위했다. 팔로군 총사령부는 경위부대 이외에는 비무장이었고, 쭤취안(左權) 팔로군 참모장이 폭격을 당해 전사하는 등 큰 위기에 처했다. 팔로군 사령부와 가까이 있던 조선의용대의 박효삼 지대장은 전투에 동참하겠다고 나섰다. 조선의용대는 서쪽에서, 경위부대는 동쪽에서 포위를 뚫고 나갔다. 두 부대는 헤이룽둥에서 일본군과 치열한 전투를 벌였다.

조선의용대는 조선인 비전투원 대오를 호위하고 펜청 북동쪽의 화위산(花玉山)에 도착했다. 여기서부터 4개 조로 나누어 움직이기로 했다. 5월 28일 아침 윤세주, 진광화, 최채 세 사람은 김두봉과 여성 대원 등 비무장 인원을 숲에 숨기고 적정을 살피다가 그만 일본군에게 발각되고 말았다. 대오 전체가 위기에 처하자 세 사람은 몸을 던지기로 했다. 숲에서 뛰쳐나와 쫭쯔령(庄子岭)이란 산비탈을 향해 최채는 위로, 윤세주는 중턱으로, 진광화는 아래로 각각 뛰었다. 일본군이 이들을 추격하면서 숨어 있던 비무장 대오는 전원 위험에서 벗어날 수 있었다.

그러나 진광화는 총에 맞고 벼랑에서 추락해 전사했다. 윤세주는 히벅지에 총을 맞고 쓰러섰고, 운 좋게 종탄을 피한 최채는 산 위의 작은 굴에 은신했다. 다음 날 최채가 중상을 당한 윤세주를

쫭쯔령 가는 길

찾아내 쫭쯔령의 움집에 뉘었다. 6월 1일 최채가 움집을 다시 찾
았을 때 윤세주는 계단 밑으로 굴러 떨어진 채 죽어 있었다.

진광화와 윤세주가 죽은 쫭쯔령이란 곳을 가자면 한단시 서현에
서 213번 도로를 타고 북으로 가다가 펜청진(偏城镇)으로 빠져야 한
다. 산길을 넘고 넘어 청타촌을 거쳐 다옌촌을 지나고, 소형차 두
대가 교차하기도 힘든 산길 끝에 다다르면 쫭쯔령이란 허름한 아
치가 나온다. 쫭쯔령풍경구 안에는 최근 조선의용군 석정(윤세주의
호) 진광화 순국지 기념비가 세워졌다. 조금만 걸으면 능선 위에 올
라설 수 있다. 능선에서 보이는 어디에선가 진광화와 윤세주가 전
사했다. 쫭쯔령의 거친 산길에서 그날을 반추해 보면 가슴이 미어
진다. 나라를 망쳐서 국권을 잃어버린 자들은 누구이고, 그걸 되
찾겠다고 목숨을 던지는 이들은 누구였단 말인가.

조선독립동맹(화북조선청년연합을 확대 개편한 것)과 조선의용대가 희생자
추도 대회를 열었다. 7월에는 중국공산당 중앙이 직접 나서서 조

선의용대의 두 열사를 추도하도록 했다. 10월에는 팔로군 정치부가 주관하여, 같은 전투에서 전사한 팔로군 참모장 쭤취안과 신화일보 사장 하원과 함께 윤세주, 진광화를 스먼촌의 새로운 묘에 이장했다. 이들 네 기의 묘는 1950년 10월 한단시 진기로예 열사릉원에 다시 한번 옮겨졌다.

한단시 열사릉원에서 진광화는 윤세주에 비해 조금 더 특별한 대접을 받는다. 진광화는 조선의용대라는 군사 조직이나 화북조선청년연합이라는 정치조직에서 윤세주보다 상급 직책이었다. 신중국은 국제 전우로서 자신들의 영웅과 함께 전사한 조선인들을 선양하는 데 상급자인 진광화를 앞세운 것이다. 나는 다시 윤세주와 진광화가 나란히 묻혀 있던 스먼촌의 빈 묘 앞으로 돌아온다. 이것이 우리 시각에서 보는 독립운동사다. 윤세주와 진광화 두 사람 모두 온화한 태도와 도량 넓은 인품과 겸손한 리더십으로 현장의 젊은 운동가들에게 존경받는 인물이었다. 나라를 되찾겠다는 열정이 타이항산 상공에서 세대를 이어가며 함께 빛날 뿐, 나이나 직급의 위아래가 무슨 의미가 있겠는가. 다시 돌아보면, 타이항산의 밤하늘엔 별이 유난히 빛난다. 🔲

만주의 마지막 파르티잔 허형식

중국 하얼빈에서 북쪽으로 쑹넌(松嫩 쑹화강과 넌강)평원을 여행하면 지평선이란 존재를 짜릿하게 실감할 수 있다. 그것도 검은 흙의 평원이 만들어내는 독특한 지평선이다. 시선을 좌우로 돌려도 지평선이 멈추거나 끊어지지 않는다. 옥수수가 한 뼘 정도 자란 초여름에는 연하디연한 어린 잎들이 검은 밭고랑에 살짝 고개를 내밀어 연두색 지평선을 그린다.

누구의 시선도 피할 수 없는 이런 평원에서라면 아이들 술래잡기도 어려울 것 같다. 그러나 이런 곳에서도 일본 제국주의에 맞서 나라를 찾겠다는 이들은 게릴라전을 벌였다. 조선인과 중국인들이 연합한 동북항일연군(약칭 항련 또는 연군)은 군사력이 월등한 일본 관동군과 만주국군을 상대로 만주 곳곳에서 피 흘리며 싸웠다. 전

허형식(좌) 허규식 형제

력의 차이는 현저했다. 결국 1940년 가을 살아남은 연군 전체가 소련의 연해주로 피신해야 했다. 그런 와중에도 끝까지 만주에 남아 싸운 이들도 있었다.

1942년 8월 3일 새벽 동북항일연군의 제3로군 총참모장 허형식은 하얼빈 북쪽 칭안현의 야산에서 경호원 셋과 함께 야영을 하다가 만주국군에 발각됐다. 치열한 전투가 벌어졌고 장렬하게 산화했다. 그들은 허형식과 그의 경호원의 목을 베어 가져갔다. 두 개의 수급은 칭안현 경찰서 앞의 긴 장대 끝에 내걸렸다. 그들은 공비 대두목 이희산(당시 허형식이 사용한 가명)이라고 써 붙였지만, 허형식의 동지들과 그에 동조한 백성들은 장군이란 존칭으로 부르면서 만주의 마지막 파르티잔이란 별칭도 붙여줬다.

독립운동에서의 죽음은 특히나 일본 제국주의가 패망하기 직전인 1940년대 전반, 그것도 일제에게 직접 당한 죽음은 더욱 안타깝기만 하다. 누군가는 일본이 이렇게 빨리 망할 줄 몰라서 친일에 나섰다는 그 암울한 시절, 죽음의 길을 마다하지 않고 일본 제국주의에 정면으로 부딪쳤던, 몇 년 만이라도 더 살아남아 새로운 시대를 만들지 그랬냐는 속절없는 하소연이라도 하고 싶은 죽음들이다. 1942년 5월 타이항산 전투에서 산화한 진광화와 윤세주, 1944년 1월 베이징의 일본영사관에서 고문으로 참혹하게 죽은 이육사, 1945년 2, 3월 일본 후쿠오카형무소에서 의문의 옥사를 당한 송몽규와 윤동주도 그렇다.

허형식이 전사한 곳 부근에 허형식희생지라는 추모탑이 세워져 있다. 헤이룽장성 쑤이화시 다뤄진(綏化市 大羅鎭)의 도로변이다. 하얼빈에서 1111번 고속도로를 타고 북상하다가 쑤이화를 지난 다음 칭안진에서 016번 지방도를 따라 남으로 한참 달리면 다뤄진에 도착한다. 거기서 다시 20분 정도 계속 가면 어렵지 않게 이 탑을 찾을 수 있다. 하얼빈에서는 195킬로미터 정도. 비명에는 이렇게 기록돼 있다.

"허형식, 이희산이라고도 한다. 남, 조선족, 중국공산당원. 중국공산당 북만성(北滿省)위원회 위원, 동북항일연군 제9군 정치부 주임과 제3로군 총참모장 등을 역임했다. 1936년부터 1942년까지 동북항일연군을 이끌고 칭칭 바옌 일대에서 일제 침략군과 전투를 벌여 혁혁한 공을 세웠다. 1942년 8월 2일 밤 세 명의 전사를 대동하고 연군 예하 부대를 시찰하다가 청봉령 일대에서 만주국 토벌대와 조우하여 격렬한 전투를 벌이던 중 불행히도 총에 맞아 33세로 사망했다."

허형식 희생지 추모탑

중국 땅에 많은 조선인 독립운동가들의 흔적이 있지만 한 개인을 위한 추모탑은 이것이 거의 유일한 것 같다. 하얼빈 시내의 동북열사기념관(동북항일연군 박물관)에도 항일 명장이란 항목의 네 명 가운데 하나로 허형식을 꼽고 있다. 허형식은 중국 공산당의 당원이었고, 동북항일연군의 최상위 편제의 하나인 3로군의 총참모장이었다. 연군 전체가 소련으로 피신했을 때에도 만주에 남아 있던 허형식에게 주어진 직책은 전체 3개 영 가운데 제3영의 영장이었다. 역사가 이러하니 중국이 허형식을 이렇게 대우하는 것은 당연하다고 할 것이다.

허형식이 태어난 가문은 우리 역사에서 아주 특별하다. 그는 1909년 의병장 왕산 허위(건국훈장 대한민국장)의 사촌인 허필(건국포장)의 아들로 태어났다. 허위를 비롯해 많은 친족이 1890년대 1900년대 의병 투쟁에 목숨과 재산과 열성을 바쳤다. 1910년대에는 가문의 상당수가 만주로 망명하여 독립군 기지를 개척하는 데 힘을 쏟았

허형식 가계도

허운										
허조				허희						
왕산 허위(형제 허훈 허신 허겸)				범산 허형				시산 허필(부친)		
허학	허영	허준	허국	허민	허발	허길 (사촌누이)	허규 (사촌형제)	허보	허형식	허규식
허경놈 허로자 (재러)	허옥 허노미 허경성 허순성 허순옥 허도성 (재러 재미)	허광배 허웅배 허환배 (재북 재러)	5남3녀		허채 허현 허은 (이상룡 손부) 허록	이원기 이원록 (육사) 이원일 이원조 이원창 이원홍	허엽 허술		허창룡 허하주 (재북한)	허창수 허명희

※적색으로 표기한 7인은 대한민국 서훈자

다. 허형식 항렬에서도 많은 형제가 독립운동에 투신했다.

여성들도 각별했다. 허형식의 사촌누이인 허길은 이육사(애국장)의 어머니. 육사는 독립운동가인 외삼촌 허규의 영향을 많이 받았다. 허은(애족장)은 허형식의 또 다른 사촌인 허발의 딸로, 임시정부 국무령을 지낸 이상룡 집안으로 시집갔다. 친정과 시집 모두 독립운동 집안이라 평생을 죽도록 고생하며 독립운동을 내조했다. 허은은 《아직도 내 귀엔 서간도 바람소리가》라는 귀중한 구술 회고록(변창애 기록)을 남겼다. 나는 독립운동 가문에서는 이 가문을 첫손에 꼽는다. 허형식의 가계도에서 대한민국 서훈을 받은 인물이 일곱이다.

해방 이후에도 허형식의 가문에서는 시대 변화를 앞서가고 좇아가며 많은 운동가를 배출했다. 허위의 손자 허웅배는 1951년 북한이 전쟁 중임에도 불구하고 미래를 생각해서 국비로 소련에 보낸 유학생이었다. 그는 김일성 개인숭배에 반대하여 1958년 소련에 망명했고 《김일성 정전》을 저술했다. 허웅배는 국비 유학생이란

왕산기념관의 허형식

좋은 조건을 마다하고 망명객으로 살면서 반독재 투쟁을 했던 것이다. 허형의 손자 허술 역시 박정희에 맞서 반독재 투쟁을 벌이면서 많은 고초를 겪었다.

 허형식의 가문이 이러했으니 그는 독립운동 속에서 태어난 셈이다. 지금 구미시 임은동에는 왕산허위선생기념관과 생가터가 말끔하게 조성돼 있다. 허형식은 이 마을에서 태어났다. 1915년 여섯 살의 어린 허형식은 가문의 망명길에 있혀 압록강을 건너 등화현으로 이주했다. 1920년대에는 헤이룽장성 우창현에서 살다가

빈안진 풍경

1929년에는 하얼빈시 빈현 빈안진이란 농촌으로 이사했다.

허형식의 항일 투쟁은 빈안진에서 시작됐다. 당시 하얼빈 일대 북만주에는 조선의 중남부 출신들이 적지 않게 이주했다. 그들은 중국인 지주의 소작농들이었다. 자연스럽게 진보적인 농민운동이 일찍부터 뿌리를 내리고 있었다. 이 지역 농민운동을 선도한 것은 조선공산당 만주총국 군사부장인 최용건(북한 부주석)이었다. 허형식은 빈안진에서 최용건을 만났다. 1930년 초에는 일국일당주의의 원칙에 따라 중국공산당에 입당했다.

허형식은 스무 살을 갓 넘긴 1930년, 노동절 투쟁의 일환으로 하얼빈의 일본 총영사관을 맨손으로 습격하는 데 앞장섰다. 허형식으로서는 데뷔전인 셈이다. 그해 가을 중국 공안 당국에 공산분자라는 혐의로 체포되어 선양 감옥에 투옥되었다. 이때 평생 동지를 만났으니 그가 바로 김책(북한 부수상)이다.

1931년 일본 제국주의가 만주를 침략하자 중국의 동북 군벌 계통의 일부는 곳곳에서 유격대, 자위군, 자위대 등의 이름으로 항일 무장투쟁에 나섰다. 지역별로 발생한 무장 대오들은 1933~1935년 동북인민혁명군으로 통합됐고 1936년에는 동북항일연군으로 개편되었다. 1930년대 조선인의 항일 투쟁은 경신참변 이후의 침체기를 벗어나면서 무장투쟁이 재개됐다. 사회주의 계열은 일국일당주의에 따라 중국공산당에 합류해 유격대 활동을 했다. 허형식과 김책, 최용건, 김일성 등이 동북항일연군의 유력한 조선인 지도자들이다.

민족주의 계열에는 양세봉과 이청천이 있었다. 양세봉은 조선혁명당–국민부의 조선혁명군을 이끌고 영릉가전투와 흥경성전투 등을 이끌었으나 1934년 피살됐다. 그가 죽은 이후에 점차 세력이 약해지다가 잔여 병력은 1938년 동북항일연군에 합류했다. 이청천은 한국독립당–신민부의 한국독립군을 이끌고 1933년 대전자령 승전 등을 기록했으나 그해 10월 만주를 떠나 중국 관내로 이동했다. 이들의 잔여 병력은 동북인민혁명군(연군의 전신)에 합류하면서 소멸됐다.

허형식의 항일 투쟁은 시대의 변화에 맞춰 전개됐다. 1932년 중국공산당 만주성위원회 산하의 빈현 지부에서 선전과 조직 활동을 하다가 1933년부터는 탕위안현으로 가서 중국공산당 항일유격대 창설을 지원하고, 곧이어 주하반일유격대 창설도 지원했다. 1934년 6월에는 동북반일유격대 하둥(하얼빈의 동부)지대 제3대대의 정치지도원이 되었다. 1935년에는 동북인민혁명군 제3군 1독립사의 2단장과 3단 정치주임을 역임했다.

펑러진 거리 풍경

　동북항일연군으로 개편되면서 1936년 9월에는 중국공산당 북만임시성위원회 위원 겸 제3군 1사 정치부 주임이 되고, 이동판사처 주임, 제9군 정치부 주임, 제3군 1사장 등을 지냈다. 1939년에는 직급이 더 높아져 제3로군 총참모장 겸 3군장, 다음 해에는 총참모장으로 북만주 항일 무장투쟁을 주도했다.

　일본 제국주의가 월등한 군사력으로 항일 투쟁의 목을 조르자 중국공산당은 1940년 가을 동북항일연군에게 소련 국경을 넘어 피신하도록 했다. 그러나 허형식은 피신하지 않고 자기 위치를 고수했다. 1941년 초에는 살아남은 제3로군의 200여 전사들을 총괄해서 지휘했다. 전사들의 희생도 컸지만 펑러진전투와 삼조평원전투와 같은 빛나는 승리를 거두기도 했다. 1930년대 후반 이후, 조선에서는 김일성의 보천보전투, 만주에서는 허형식의 펑러진전투가 중국인이나 조선인 모두에게 가늘지만 질긴 희망을 던져준

소련으로 피신한 동북항일연군. 앞줄 오른쪽 두 번째가 김일성(1943년)

쾌거였다. 그러나 오래 버티지는 못했다. 1942년 허형식은 전사했고 그의 후임으로 잠입해 온 김책마저 1년여 후에 소련의 숙영지로 돌아갔다. 이로써 만주의 항일 투쟁은 완전한 침묵에 빠졌다.

나는 허형식희생지를 다녀온 뒤 다시 한번 허형식 답사 여행에 나섰다. 우리 현대사의 골조를 이룬다고 할 수 있는 김일성과 박정희와의 연관성 때문이었다. 두 번째 허형식 답사는 그의 출생지인 구미의 허위기념관과 박정희 생가를 거쳐 중국 지린성으로 향했다. 지린성 창춘에서 박정희가 다닌 만주군관학교(지금은 중국군 기갑부대)를 찾아보고, 지린시로 가서 김일성이 다닌 육문중학도 찾아봤다. 육문중학에는 지금도 김일성 독서[재학]기념실이 있다.

김일성은 동북항일연군의 다른 부대에서 유능한 간부로 활동했다. 그는 압록강을 넘어 보천보전투라는 깜짝 놀랄 뉴스를 만들어냈다. 그것은 조선인들이 그의 이름을 기억하게 됐다는 커다란 정치적 자산이 되었다. 김일성은 1940년 가을 일제의 토벌 압박이 거의 극에 달할 즈음 재빠르게 소련으로 피신해 일제가 패망할 때까지 살아남았다. 소련의 정치적 후원의 연결고리를 잡은 것도 이때였다. 신혼 생활 속에 장남 김정일을 얻기도 했으니 등짝 따뜻하게 살아남았다 해도 과언은 아니다.

살아남기에 성공한 그는 북한으로 귀국해 결국 최고 권력자가 되었다. 김일성은 남에서는 한국전쟁의 원흉이 되어 수많은 피해자들로부터 절대로 용서받을 수 없는 가해자가 되었다. 북에서는 경쟁자를 모두 숙청하고 권력을 삼대까지 물려주는 세습 신공을 발휘했다. 그런 와중에 허형식의 부관이었던 강건(북한 인민군 초대 총참모장)은 1946년 북한으로 귀국하자마자 허형식의 자녀인 창룡과 하주를 평양으로 데려가 보살폈다.

박정희도 허형식과 비교되는 바가 적지 않다. 그의 출생지인 구미시 상모동은 허형식 고향 마을과는 경부선을 사이에 두고 마주보고 있다. 허형식이 고향에 있었으면 청소년 시절에 마주쳐 호형호제했을지도 모를 일이다. 사범학교를 졸업한 박정희는 안정된 교사 생활을 접고 출세의 야망을 좇아 만주로 건너갔다. 1939년 만주군관학교에 들어가 우수한 성적으로 졸업하면서 일본육군사관학교에 편입까지 했다. 졸업 후에 조선인 출신으로는 촉망받는 일본군 장교가 되어 다시 만주에 부임했다. 그 땅에서 허형식은 박정희에게는 불령선인이고 비적이었다.

일제 패망 이후 아슬아슬하게 살아남은 박정희는 전쟁과 분단이란 살벌한 파도를 빠져나와 쿠데타를 일으켜서 남한의 최고 권력자가 되었다. 경제정책이 큰 성과를 낸 덕분에 지금도 그를 존경

하는 한국인이 적지않다. 김일성과는 적대적이었으나 그것을 이용하여 장기 집권을 끌어가는 데에서는 동류였다. 그는 정권 말기의 혼란한 정국 속에 부하에게 피살됐음에도 불구하고 그의 후광을 기반으로 그의 여식이 대통령까지 올랐다.

세 인물이 직접 대면을 하지는 않았지만 같은 시기에 겹치는 지역에서 서로 엇갈리는 길을 걸었다. 살아남은 자들의 리그에서 승리한 두 사람은 남북에서 각각 최고 권력을 잡았다. 마지막 3년을 버티지 못하고 장렬하게 산화한 허형식만 안타깝다는 소심한 생각을 지울 수 없다. 역사를 가정법에 결부시켜 허형식이 살아남았으면 김일성이 어떻게 되었을까 하는 생각이 들 때도 있기는 했으나 그건 무의미한 공상일 뿐이다.

나는 공상 대신 두 수의 시를 떠올린다. 허형식을 상기시켜 주는 하나는 이육사의 〈광야〉다. 육사가 노래한 '백마 타고 오는 초인'이 누구냐에 대해 두 역사학자의 서로 다른 주장이 있다. 장세윤 박사(전 동북아역사재단 연구원)는 육사 어머니의 사촌동생인 허형식이라고 했다. 육사는 1931년 3개월 동안 외삼촌 허규를 따라 만주에 다녀왔으니 허규의 사촌인 허형식의 존재를 모를 리 없었다. 그리고 1932년에는 김원봉의 조선혁명군사정치간부학교 1기를 수료했고, 귀국해서는 이로 인해 구속당하기까지 했다. 시인 이전에 투사였던 육사가 만주의 허형식을 염두에 두고 초인이라고 노래했다는 것이다.

도진순 창원대학 사학과 교수의 주장은 이와 다르다. 그는 이 시를 문학적으로 분석하여 광야는 육사의 고향이며, 초인은 육사 자신이라고 결론지었다. 육사 본인은 옥중에서 고문을 견디면서 피와 고름을 찍어 꾹꾹 눌러썼을 뿐, 따로 시작 노트를 남긴 것은 없으니 초인이 누구인지 단언하기는 어렵다.

또 하나의 시를 떠올린다. 장렬하게 전사한 허형식은 수급까지 경찰서 앞에 내걸리는 모욕적인 최후를 당하던 시절에, 그곳에서 멀지 않은 곳에서 조선의 한 시인은 '首'라는 제목의 연작시를 쓰고 있었다. 그 가운데 일부를 옮긴다.

이 적은 街城 네거리에

비적의 머리 두 개 높이 내걸려 있나니 (중략)

너희 죽어 律의 처단의 어떠함을 알았느뇨

이는 四惡이 아니라

질서를 보전하려면 인명도 鷄狗와 같을 수 있도다

혹시 너의 삶은 즉시

나의 죽음의 위협을 의미함이었으리니

힘으로써 힘을 除함은

먼 원시에서 온 피의 법도로다 (중략)

끝내 다스릴 수 없던 무뢰한 넋이여 瞑目하라! (후략)

명목(瞑目)하라니! 죽은 자를 향해 눈도 편히 감지 말라고까지 준엄하고 살벌하게 질책한 이 시인은, 바로 청마 유치환이다. 그는 1940년 가족을 데리고 만주로 이주했다. 1945년 6월까지 하얼빈에서 가까운 연수현이란 곳에서 농장 관리인을 했다. 사업은 부진하여 쓴맛에 절어 있던 시기였다. 어느 평론가는 고통스러운 시절의 허무와 생의 의지를 담은 시라고 해설했으나, 훗날 부왜시(附倭

詩)라는 딱지를 달고 유치환의 시비 건립을 강하게 반대하는 이들의 근거가 되었다.

유치환이 보았다는 네거리에 걸린 두 개의 수급은 누구의 것일까. 유치환이 칭안현에 거주한 게 아니니 허형식과 그의 경호원은 아니다. 차라리 다행이랄까. 지역과 시기로 봐서는 아마도 중국 혁명가 자오상즈(趙尙志 1908~1942)인 것 같다. 신중국은 그를 크게 기린다. 주하현을 상즈현(지금은 시)으로 개칭했고 하얼빈 시내에는 상즈대로도 있다.

일제는 중국인이든 조선인이든 자신들에게 저항하면 비적이라는 극단적인 멸칭으로 조져댔다. 경찰서 앞에 일부러 내건 비적이라면 항일 투사일 가능성이 높다. 이런 상황에서 자신의 죽음의 위협을 피하기 위해, 질서를 보전하기 위해 법이 엄정하게 처단해야 한다는, 그의 결연한 시구는 무엇인가. 아름다운 문학의 소리는 결코 아니다. 견디기 힘든 허무에서 나온 탄식이라고 보기도 어렵다. 중국인에게든 조선인에게든 대단히 모욕적이다. 시인의 언어가 아니라 불령선인에게 유죄를 언도하는 일본인 판사의 살벌한 판결문이라 해도 헷갈리지 않을 것 같다.

다시 쑹넌평원의 지평선을 떠올리며 그곳에서 게릴라전을 벌이다가 산화한 허형식을 상기한다. 허형식은 우리 현대사에서 1940년 전반이란 시기를 극적으로 드러내는 결절인 것 같다. 만지면 만질수록 아프고, 제대로 치유하지 못해 깊은 흉터로 남았다.

그의 33년 일생에서 뜨거운 투쟁과 차디찬 죽음을 목도한다. 그의 주위에서는 김일성과 박정희가 거물의 그림자로 어른거리는 뒤엉킨 역사를 발견한다. 그의 출생과 더불어 터져나온 조선의 자멸과 일제의 강점, 그의 죽음 뒤에 덮쳐 온 미소의 38선 분할과 점령, 그의 동지들이 깊숙이 관여한 남북 동족상잔이라는 불가역적 뒤틀림, 그리고 이육사와 유치환의 시에서조차 직면해야 하는 문학적 당혹감과 정서적 혼란까지, 이 모든 것이 바로 엄연한 우리의 현대사라는 것이다. 상처가, 참 깊다. 🔲

걸었던 길을 글로 풀어내는 여행을 마쳤다. 하고 싶은 말을 많았으나 역량은 딸리는지라 독자들에게 어떤 글이었을지 솔직히 걱정이다. 뒷북에 지나지 않지만, 내가 인용한 역사에 심각한 오류까지는 없고, 내 발상이 좁은 소견에 매몰된 것은 아니었기를 바랄 뿐이다.

아쉬움도 있다. 이 글에 담고 싶었지만, 애초에 갈 수 없었거나 글로 담아내지 못한 변방들이 있다. '화려한 변방 홍콩'은 연재를 시작하면서 뒤늦은 관심을 두기는 했으나 홍콩 사태로 인해 그만 예비목차에서 끝나고 말았다. '마지막 변방 티베트'는 2008년 베이징 올림픽을 앞두고 외국인의 개별 여행은 막히고 지정된 중국 여행사의 단체여행만 허용됐다. 통제받는 기분이 싫어서 뒤로 미루어 왔는데 코로나19마저 길을 가로막아버렸다. '변방의 정점 베이징'은 수없이 답사를 다녔던 지역이지만 만주족 황제들과 결부시켜 자금성 이야기 한 편만 썼다. 황제의 발꿈치에서 입으로 천하를 논하는 베이징을 글로 풀어보고 싶었으나 나의 부족함만 확인하고는 훗날의 과제로 미루고 말았다.

서역에서 시작해 시계방향으로 크게 한 바퀴를 돌았다. 글로는 동아시아라 하기도 했지만 실제 발걸음은 중국의 국경지대를 훑어 다닌 여행이었다. 중국여행에서 동반자와 주변 사람들에게 듣는 중국관은 상반된 두 가지가 있다. 중국은 공산당의 나라이고, 독재이고, 역사를 왜곡하고, 거짓말을 많이 해서 믿을 수 없고, 남북 또는 국제 관계에서 적대 국가일 수밖에 없는, 거북한 존재, 심하면 혐오의 대상이라는 게 하나다. 다른 하나는 오랜 역사와 축적된 문화에서 배울 것이 많고 결코 외면할 수 없는 시장이고, 여행할 곳이 많은 이웃 나라라는 것이다.

무엇이든 동전의 양면이 있다. 이웃 나라도 마찬가지다. 정부 사이에 말로 친한 척하거나 싸우는 것은 외무장관의 역할이고, 총으로 하는 것은 국방장관의 과업이며, 날카롭게 지적하고 부드럽게 칭찬하는 것은 저널리스트들의 업이다. 그럼 일반인들, 백성들은? 백성들은 서로 다른 사람들 사이를 한 올 한 올 친교로 잇는 것이 아닐까 생각한다. 긴장하고 싸우고 재는 것은 공직에 앉힌 머슴들이 하고 있으니, 백성들은 맛있는 음식이나 재미있는 이야기로 서로를 알아 가며 함께 하는 게 아니겠냐는 것이다. 이런 면에서 이 글이 독자들의 국경 넘는 친교에 작게라도 기여했으면 하는 게 바람이다.

이번 책은 내가 14년 동안 매년 5~6개월씩은 중국을 여행하면서 써낸 일곱 번째 단행본이다. 중국학을 전공한 사람도 아닌 터라 짧은 글 하나라도 꽤나 공부를 해야 낙제점을 면할 수 있다. 사정이 그러하니 글을 써오면서 많은 도움을 받을 수밖에 없었다. 다소 장황하지만 책을 낼 때마다 그 도움 하나하나를 기록해두는 것이 나의 도리라고 생각한다.

내가 써낸 글은 나름의 주제가 있지만 글을 담고 있는 그릇은 여행이다. 여행에서의 동반자는 길 위의 동지이자 선생님이다. 여행의 즐거움을 함께 나눈 것은 물론이요, 어디서든지 언제든지 자유분방한 '인문과 여행' 토크를 통해 나의 좁은 소견을 넓게 해주었다. 돌아와서 글을 쓸 때에는 응원군까지 해주었으니 어찌 고맙지 않겠는가. 일일이 거명할 수 없는 많은 동반자에게 고맙다는 말씀을 가장 먼저 전한다.

나와 가장 많이 동반한 여행가는 유광석(닉네임 춘향오빠)님이다. 내가 여행'가'라고 칭하는 거의 유일한 사람이다. 2009년 초 윈난 캠핑 여행에서 처음 만난 이후 윈난과 쓰촨 지역을 여러 번 같이 여행했다. 2016년부터는 타클라마칸사막 일주로 시작해서 신장과 칭하이 간쑤에서의 여행 상당수를 함께 했다. 직접 운전도 하고, 야전 요리에서 노지 야영까지, 여행 기획에서 동반자들 관리까지 나에게는 여행학 선생님이었다. 게다가 쿤밍에 있는 그의 아파트는 내가 수시로 쉬어 가는 중간기착지였고, 내가 사진을 놓쳤을 때에는 빈칸을 채워준 사진 후원자이기도 하다. 이 자리를 빌려 고마운 마음을 전한다.

차성호 대표와 조용주 변호사, 김기묵 사장과 김현수 회계사, 안시은 대표와 황한나 선생, 정득부 박미정 부부, 주한규 선생과 이경석 사장 등 여러 동반자와 함께 중국 답사 여행을 많이 했다. 이들과 나눈 다양하고 흥미로운 이야기들이 이 글의 바탕에 넓게 깔려 있다. 고마운 동반자들이다.

답사 여행에 동반한 선생님에게 크게 감사의 말씀을 전한다. 이번 글 전체로 볼 때 가장 비중이 큰 선생님은 이훈 박사(만주사 연구자)와 박한제 서울대 명예교수 두 분이다. 이훈 박사의 《만주족 이야기》와 《여진부락에서 만주국가로》 두 권의 책은 나의 북방역사 호기심을 깊게 만들어 주었다. 2018년 초여름 두 권을 통독하면서 답사 지도를 그릴 수 있었다. 곧이어 이훈 박사를 처음 만나는 자리에서 답사 지도를 보여줬고, 이훈 박사는 1년 뒤의 역사기행에 부인과 동반하겠다고 흔쾌하게 나서주었다. 부인 김선민 박사 역시 훌륭한 만주사 연구가였으니 나의 만주족 답사 여행에서 최고의 역사가 두 분이 현장 해설가가 되어준 것이다. 이 글을 연재해오는 동안 만주족뿐 아니라 신장에 관련된 글까지도 세밀하게 감수해주었다. 신장에서 초원을 거쳐 만주에 걸치는 북방역사에서 이훈 박사에게 과분할 정도의 도움을 받았다. 학비 한 푼 내지 않고 개인 교습을 받았다고 해야 한다. 다시 한번 고맙다는 말을 고한다.

박한제 교수는 이 글을 쓰기 이전부터 이미 나의 중국 역사기행에 가장 큰 영향을 준 선생님이다. 내가 박한제 교수의 《제국으로 가는 긴 여정》을 읽고 탁발선비의 알선동을 찾아간 것이 2010년 8월이었다. 그때의 경험을 통해 중국 역사기행에 눈을 뜬 셈이다. 알선동 답사 후에 박한제 교수를 처음 뵈었고 그 인연은 네 번의 역사기행으로 이어졌다. 2014년 탁발선비 천년 역사를 찾아 알선동에서 시안까지, 2015년 실크로드를 밟아 우루무치에서 시안까지, 2016년 황하 발원지를 찾아 쓰촨성 청두에서 칭하이성 마둬까지, 2019년 타이항팔형을 짚어 정저우에서 베이징까지, 네 번의 답사여행 모두 이 책에 담겨 있다.

홍승직 순천향대 교수는 5,464킬로미터의 황하를 세 구간으로 나눠서 갔던 답사여행을 모두 동반해 주었다. 홍 교수는 내가 은근히 외면해왔던 중원의 문명에 눈을 뜨게 해주었다. 송미경 서울여대 교수도 황하와 타이항팔형 답사 여행을 함께 하면서 복식을 포함한 문화사 선생님을 자임해 주었다. 국내에서도 나의 미술사 선생님이었고 타이완까지 날아와서 고궁박물관 해설을 기꺼이 해준 류승민 선생에게도 감사의 말씀을 적어둔다. 황하 답사여행 내내 여러 박물관에서 서예와 회화를 쉽게 이해시켜준 서예가 이경애 박사, 타클라마칸사막을 처음 일주할 때 보름 동안이나 미술사 선생님이 되어준 고정은 박사, 베이징과 허베이 그리고 장시성을 지날 때마다 함께 했던 류시호 중국 징강산대학 미술학 교수에게도 고마움을 전한다. 1년이면 한 번 정도는 중국여행 어느 길에서 만나곤 했던 최종명 작가, 한국에서의 답사 여행을 가장 많이 동반했고 연행과 통신사, 표류기에 해박한 신춘호 박사 역시 글과 사진으로 많은 도움을 받았다.

출간된 저서와 개인적인 소통으로 선생님이 되어준 지인들에게도 감사의 말씀을 빠뜨릴 수 없다. 김인희 박사(동북아역사재단 연구원)는 먀오족 역사, 동중국해의 교역사와 저우산군도의 역사, 북방의 소수민족 등에서 오래도록 친절한 선생님이 되어주었다. 자료를 찾아 보내주고 원고를 감수해주는 등등 그 세밀한 선생님의 손길에 크게 감사한다. 주강현 제주대학 석좌교수는 2017년 인천항 답사에서 만난 이후 바다의 역사에 대한 폭넓은 관심을 끌어주었다. 화교들의 페라나칸 문화를 입체적으로 분석하여《아편과 깡통의 궁전》을 출간한 강희정 서강대 교수에게도 감사의 마음을 전한다. 이 책을 통해 중국 땅에만 매어 있던 내 시야를 바다의 역사로 넓힐 수 있었다. 박혜숙 푸른역사 대표는 내게 필요한 역사서를 적시에 찾아주는 최고의 역사 읽기 지도 선생님이다. 항상 고맙게 생각한다. 황정하 선생은 나의 무딘 젠더 감각을 일깨워주었다. 그 덕분에 나는 샹그릴라로 가는 길에서 차분하게 페미니즘을 음미할 수 있었다. 생면부지의 여행객이 이메일로 했던 질문에도 친절하게 답을 해준 김영제 단국대 교수와 권덕영 부산외국어대학 교수에게도 이 지면을 통해 감사하다는 말씀을 남긴다.

글 한편 한편에 도움을 준 선생님도 많다. 실물을 보아도 헛갈리기 쉬운 야생화 이름을 생선 가시 발라내듯 하나하나 분별해준 번역가 조영학 선생. 함께 하기로 했던 바다의 역사 답사여행은 코로나19로 인해 불발됐지만 인연을 이어오면서 실론의 공주를 찾아 알려준 '진짜' 중국박사 황재원 KOTRA 경제협력실장, 가욕관의 조선 상인 문초운의 존재를 알려준 김형근 박사, 나의 두 번째 단행본《중국식객》이후 변함없는 음식학 선생님인 신계숙 배화여대 교수, 이탈리아가 어떤 나라인지 그들의 파스타가 뭔지 제대로 알려준 라영순 박사, 알타이어족에 대한 기초 지식을 전수해준 이상혁 성신여대 교수, 타이완에 대한 이해를 흔쾌하게 도와준 임대근 외국어대 교수, 타이완 현지 여행을 도와준 노홍금 신안산대 교수 등등 여러분들에게 고맙다는 말을 전한다. 페이스북 친구라고는 하지만 낯선 사람에게 고가의 도록을 흔쾌하게 빌려준 김종남 님에게도 고맙다는 말씀을 남긴다.

이 글을 쓰면서 인연을 맺게 된 독특한 나의 선생님 한 분은 페이스북을 통해 알게 된 이철락 사장이다. 베이징에서 농업시설 분야의 사업가로 신장 칭하이 간쑤 섬서 산시 등등 오지의 시골 구석구석까지 정말 많이 다닌 사람이다. 게다가 중국의 역사와 문화에 대해서도 관심이 많아 출장을 가면 역사답사가 반은 되었을 것 같다. 얼굴도 모르는 사이였지만 신장의 병단에 대한 여러 가지 질문을 하고 친절한 답을 들을 수 있었다. 이런 인연이 이어져 내가 베이징을 거쳐 갈 때에는 일부러 자리를 마련해서 환대해주기도 했으니 지면을 통해서라도 감사하다는 말씀을 남겨둔다.

　번역가 허원 선생과의 인연은 특별하다. 허원 선생은 이 글의 마지막 편에 등장하는 허위와 허형식 바로 그 가문의 후손이다. 허원 선생의 모친인 변창애님이, 허은님의 구술을 받아 쓴《아직도 내 귀엔 서간도의 바람 소리가》라는 책에 감동한 독자가 바로 나였고, 변창애님은 내가 쓴《중국에서 만나는 한국독립운동사》의 열렬한 독자였다. 페이스북에서 이를 알게 됐고 그 인연이 지금까지 이어져 '만주의 마지막 파르티잔 허형식'에 담겨 있다. 허원 선생의 부친 허술님은 허형식 편을 감수해주면서 허형식의 귀한 사진을 구해 내게 보내주었다. 본문에 실린 허형식의 사진은 이번에 처음 공개된 것이다.

　나의 글 솜씨가 부족하기 때문에 또 다른 도움도 필요했다. 지금은 호주에서 살고 있는 40년 넘긴 오랜 친구 김인구님과 미디어업계에서 만나 30년 넘게 우의를 나누는 김동진님에게 깊은 감사를 표한다. 수시로 초고를 보내 감수를 무탁하면서도 번듯한 사례 한번 하지 못했음을 실토하지 않을 수 없다. 연재한 글을 단행본 원고로 옮기는 단계에서는 진현 영남대 교수에게 큰 도움을 받았다. 맞춤법은 물론이요, 내가 중국을 바라보는 시각에 대해 일반 독자의 이해도까지 감안하여 많은 것을 지적하여 다듬게 해주었다. 내가 한창 배워야 할 나이에 이렇게 친절한 선생님의 치밀한 글쓰기 지도를 받지 못했다는 아쉬움이 새삼 더 크게 느껴졌다.

글이 쌓여오는 과정에서도 많은 후원을 받았다. 여행객의 서툰 역사 이야기에 의미를 부여하며 글쓰기를 격려해준 조관희 상명대학 교수와 홍상훈 인제대학 교수, 리무진 연성대학 교수, 김정웅 서플러스글로벌 대표, 여행하는 인문학자 공원국 작가, 강인욱 경희대학 사학과 교수, 주진오 상명대학 교수 여러분에게도 고맙다는 말씀을 남긴다. 대관령의 시인 김지원(김인자) 님도 내가 길 위에 있든 책상에 앉아 있든 격려의 말을 아끼지 않았다. 글 쓰는 공간에서도 큰 도움을 받았으니 진경환 한국전통문화대학 교수는 내가 보름 가까이 머물 수 있는 집필공간을 마련해주어 이 글을 제대로 시작할 수 있었다. 이 자리를 빌려 깊은 감사의 말씀을 전한다.

여행을 하고 글로 정리했다고 해서 그것만으로 완성되는 것은 아니다. 누군가가 이 글의 기획자가 되어 단계마다 울타리를 세우고 동선을 잡아주는 사람들이 있었다. 국수 한 그릇 하자는 말로 큰 울타리를 쳐준 오병상 중앙일보 전무, 내 글의 성격에 맞게 지면을 기획해준 손민호 중앙일보 여행레저팀장, 매달 부족한 글을 받아 멋지게 편집해준 한경환 중앙선데이 에디터에게 감사의 말씀을 전한다. 인문 분야의 출판시장이 얼마나 어려운지 잘 알면서도 내 욕심만으로 원고를 들이밀었으나 이를 기꺼이 받아준 시대의창 여러분에게 큰 감사의 뜻을 전한다. 편집부 한 분 한 분과 김성실 대표 모두에게 고마움을 전한다.

끝으로 항상 고맙고 이런 일이 있으면 더 고마운 사람들은 살을 맞대고 사는 가족들이다. 외국에서 살다가 십수 년 만에 돌아와 이제는 친구처럼 같이 살아주는 두영, 채영 두 아들의 변함없는 응원에 감사의 뜻을 전한다. 중국여행에 꽂혀서 돌아다닌 지 10년이 훨씬 넘었으나 한결같이 응원해주고 소리 없이 격려해준 아내 김현란에게는, 고맙다는 한 단어는 어림도 없다. 그리하여 깊은 감사의 뜻을 무딘 연필심에 침 묻혀 꾹꾹 눌러쓰는 마음으로 고하노니, 당신은 우리가 처음 만난 시절의 '하늘나라 선녀' 그대로였다는.

2021년 11월
암사동 서재에서
윤태옥

《1300년 디아스포라 고구려 유민》, 김인희, 푸른역사, 2010.

《1790년 베이징》, 신상웅, 마음산책, 2019.

《고려도경》, 서긍, 한국고전번역원 옮김, 조동영 감수, 서해문집, 2015.

《고려상인과 동아시아 무역사》, 김영제, 푸른역사, 2019.

《고운 최치원을 다시 만나다》, 고운국제교류사업회 편, 일곡문화재단, 2012.

《국어사개설》, 이기문, 태학사, 2006.

《길 위에서 읽는 중국현대사 대장정》, 윤태옥, 책과함께, 2014.

《김산 평전》, 이완규, 실천문학사, 2006.

《누들 로드》, 이욱정, 위즈덤하우스, 2009.

《당신은 어쩌자고 내 속옷까지 들어오셨는가》, 윤태옥, 미디어윌, 2013.

《대당제국과 그 유산》, 박한제, 세창출판사, 2015.

《대당제국의 탄생》, 윤태옥, 청아출판사, 2016.

《대만 거대한 역사를 품은 작은 행복의 나라》, 최창근, 리수, 2013.

《대만 아름다운 섬 슬픈 역사》, 주완요, 손준식·신미정 옮김, 신구문화사, 2003.

《대만 어디에 있는가》, 허영섭, 채륜, 2011.

《대청제국 1616~1799》, 이시바시 타카오, 홍성구 옮김, 휴머니스트, 2009.

《돌아올 수 없는 사막 타클라마칸》, 브루노 바우만, 이수영 옮김, 다른우리, 2004.

《동아시아 표해록》, 국립아시아문화전당 아시아문화연구소, 역사공간, 2018.

《류자명》, 박걸순, 역사공간, 2017.

《류자명傳》, 安奇, 중국농업출판사, 2004.

《만주항일 파르티잔》, 유순호, 선인, 2009.

《만주족 이야기》, 이훈, 너머북스, 2018.

《명대 왜구의 연구》, 윤성익, 경인문화사, 2007.

《몽골제국의 만주 지배사》, 윤은숙, 소나무, 2010.

《미완의 해방 노래》, 백선기, 정우사, 1993.

《바다에서 본 역사》, 하네다 마사시 엮음, 조영헌·정순일 옮김, 민음사, 2018.

《북대황》, 메이지민, 최홍수 옮김, 디자인하우스, 1992.

《사라져 가는 알타이 언어를 찾아서》, 김주원 외, 태학사, 2008.

《西部地表黃土高原》, 朱士光 외 편저, 상해과학기술문헌출판사, 2009.

《新疆兩千年》, 胡偉 외 편저, 홍콩誠諾문화출판사, 2012.

《신장의 역사》, 제임스 A. 밀워드, 김찬영·이광태 옮김, 사계절, 2013.

《실크로드 이야기》, 수전 휫필드, 김석희 옮김, 이산, 2001.

《아나타는 한국인》, 시미즈 기요시·박명미, 정신세계사, 2004.

《아리랑》, 님 웨일스, 조우화 옮김, 동녘, 1984.

《아버지가 없는 나라》 양얼처나무·크리스틴 매튜, 강수정 옮김, 김영사, 2007.

《아직도 내 귀엔 서간도 바람소리가》, 허은 구술, 변창애 기록, 정우사, 1995.

《아편과 깡통의 궁전》, 강희정, 푸른역사, 2019.

《양세봉》, 장세윤, 역사공간, 2016.

《어머니의 나라》, 추와이훙, 이민경 옮김, 흐름출판, 2018.

《어원커족》, 동북아역사재단 북방사연구소 편, 동북아역사재단, 2018.

《여진 부락에서 만주 국가로》, 유소맹, 이훈·이선애·김선민 옮김, 푸른역사, 2013.

《왕오천축국전》, 혜초, 김규현 역주, 글로벌콘텐츠, 2013.

《유라시아 대륙에 피어났던 야망의 바람》, 박원길, 민속원, 2003.

《윤세주》, 김영범, 역사공간, 2013.

《이순신과의 동행》, 이훈, 푸른역사, 2014.

《자금성 이야기》, 이리에 요코, 서은숙 옮김, 돌베개, 2014.

《재당 신라인 사회 연구》, 권덕영, 일조각, 2005.

《제국으로 가는 긴 여정》, 박한제, 사계절, 2003.

《조선후기 대청무역사 연구》, 이철성, 국학자료원, 2000.

《중국식객》, 윤태옥, 매일경제신문사, 2012.

《중국에서 만나는 한국 독립운동사》, 윤태옥, 섬앤섬, 2018.

《중국의 애국주의 홍위병, 분노청년》, 김인희, 푸른역사, 2021.

《중국 지리 오디세이》, 호이상·쌩안녹, 이익희 옮김, 일빛, 2007.

《청나라, 키메라의 제국》, 구범진, 민음사, 2012.

《치우, 오래된 역사병》, 김인희, 푸른역사, 2017.

《파스타로 맛보는 후룩후룩 이탈리아 역사》, 이케가미 슌이치, 김경원 옮김, 김중석
　　그림, 돌베개, 2015.

《표해록》, 최부, 허경진 옮김, 서해문집, 2019.

《한락연 기념활동 문헌집》, 주편 김동수, 연변대학출판사, 2012.

《해상 실크로드와 동아시아 고대국가》, 권오영, 세창출판사, 2019.

《해상 실크로드와 문명의 교류》, 강희정 엮음, 사회평론아카데미, 2019.

《허형식 장군》, 박도, 눈빛, 2019.

《현대중국의 중화제국 만들기》, 유장근, 푸른역사, 2014.

《흉노제국 이야기》, 장진퀘이, 남은숙 옮김, 아이필드, 2010.